"两化"教学模式在应用型大学人才培养中的探究和实践

主编 王 斌 丁煦生

北京理工大学出版社
BEIJING INSTITUTE OF TECHNOLOGY PRESS

内 容 简 介

北京科技大学天津学院针对应用型人才培养过程中遇到的实际问题，在教学实践中进行了一系列富有成效的改革，开展了深入探索和研究，并最终形成了"教学项目化、项目教学化"人才培养模式（简称"两化"教学模式）。

本书是编者对天津学院"两化"教学模式在教学实践中的体会和成果的总结，共有教学实践篇、教研教改篇、课程思政篇、科学研究与专业建设篇四个部分，集中体现了"两化"教学模式在提高应用型人才培养质量、提升区域经济和社会发展服务能力方面的促进作用。本书覆盖面广、语言流畅、结构清晰、内容丰富、数据翔实，对推动我国应用型本科人才培养具有积极意义，既可作为各类应用型大学人才培养实践的借鉴，亦可作为相关专业高校教师提高自身教研水平的参考书。

版权专有　侵权必究

图书在版编目（CIP）数据

"两化"教学模式在应用型大学人才培养中的探究和实践 / 王斌，丁煦生主编．--北京：北京理工大学出版社，2021.12

ISBN 978-7-5763-0758-0

Ⅰ.①两… Ⅱ.①王…②丁… Ⅲ.①高等学校-人才培养-培养模式-研究-中国 Ⅳ.①G649.2

中国版本图书馆 CIP 数据核字（2021）第 261299 号

出版发行 /	北京理工大学出版社有限责任公司
社　　址 /	北京市海淀区中关村南大街5号
邮　　编 /	100081
电　　话 /	（010）68914775（总编室）
	（010）82562903（教材售后服务热线）
	（010）68944723（其他图书服务热线）
网　　址 /	http://www.bitpress.com.cn
经　　销 /	全国各地新华书店
印　　刷 /	涿州市新华印刷有限公司
开　　本 /	787毫米×1092毫米　1/16
印　　张 /	15
字　　数 /	350千字
版　　次 /	2021年12月第1版　2021年12月第1次印刷
定　　价 /	89.00元

责任编辑 /	申玉琴
文案编辑 /	申玉琴
责任校对 /	刘亚男
责任印制 /	李志强

图书出现印装质量问题，请拨打售后服务热线，本社负责调换

前 言

2016年以来，北京科技大学天津学院针对应用型大学人才培养过程中存在的问题，诸如专业及岗位适应性不强、同质化现象突出、"双师型"队伍建设困难和实践教学交互性不足等，提出了一系列解决方案，特别是围绕学校专业建设方面，开展了富有成效的"教学项目化、项目教学化"人才培养教学模式的探索和研究，并在专业教学中加以应用和实践。

"教学项目化、项目教学化"，简称"两化"教学模式。针对现有课程，以项目为载体，将教学内容与项目开展相结合，实现教学项目化。教学项目化突破了传统教学方式，提高了学生解决实际问题的综合能力和岗位适应能力。通过主动寻找实际项目，以项目为导向，根据项目需求设置课程，把专业理论与实践紧密结合，实现项目教学化。项目教学化极大激发了教师教学和科研积极性，充分发掘了学生创新创造热情和潜能。"两化"教学模式在北京科技大学天津学院的应用良好，实践成果丰硕，并极大提升了学校为天津及宝坻区域经济和社会发展服务的能力。学院以"与一流企业合作，培养一流应用型人才"的定位为引领，正在建立和完善与新工科、新文科要求相匹配的专业人才培养体系。

本书以北京科技大学天津学院为例，总结了天津学院"两化"教学模式研究和应用实践的最新成果，愿以此与广大同人共勉，以期共同努力办好应用型大学，为国家培养出更多合格的应用型人才。本书在编写过程中，参考和借鉴了许多国内外专家学者的著作和文献材料，在此一并表示感谢。因作者水平有限，书中难免存在不足之处，恳请专家及读者批评指正。

编 者

目 录

第一部分　教学实践篇

"工程测量实训"教学项目化实践研究 ……………………………………… 徐兆赫（3）
项目化教学在"工程监理"教学中的应用探索 …………………………… 张子静（8）
基于项目化的"流体力学"课程教学创新探索与实践 …………………… 李　敏（11）
项目化教学在实践中的问题与对策研究
　　——以合生商业精英班为例 …………………………………………… 边　剀（14）
独立学院产学研合作人才培养模式的新探索 ……………………… 米　岩　谭冬旭（20）
新形势下独立学院护理学专业师资队伍建设探讨
　　——以北京科技大学天津学院为例 …………………………………… 邢冬婕（25）
独立学院大一学生劳动意识现状及培养路径初探
　　——以北京科技大学天津学院为例 ……… 石东峰　宋天月　刘　杰　王鹏文（29）
基础课教学与大学新生创新意识培育 ……………………………… 杨淑荣　徐美林（37）
新时代高校大学生就业观教育与引导模式及方法的探讨 ………………… 冯海燕（42）
独立学院人才培养模式与区域产业发展对接实践探索 …… 彭　鹏　谭冬旭　边　剀（46）

第二部分　教研教改篇

探究式教学模式在冶金专业教学中的应用研究 …………………………… 朱梅婷（53）
浅析疫情下嵌入式系统课程线上教学探索 ……… 刘俊培　张洪峰　王丽娜　孙晓楠（56）
后疫情时代线上线下混合式教学模式的探索与实践
　　………………………………………… 张洪峰　刘俊培　张　利　王丽娜　孙晓楠（59）
智慧教育视域下普通高校线上线下混合教学模式研究 …………… 杨　宇　任　洁（63）
"计算机网络"课程教学探究 ……………………………… 张　燕　王　芳　顾玲芳（68）
线上线下相结合教学模式的探索 …………………………… 李双双　许春意　戴璐璐（71）
POA理论观照下大学英语课堂如何提高学生参与度的研究 ……………… 姜艳丽（74）
基于表现性评价视角的大学英语口语教学设计分析 ……………………… 项瑞翠（78）
"互联网+"环境下天津独立院校英语移动学情研究 ……………… 钱冰尔　张　媛（84）

关于大学生劳动课程的几点建议 …………………… 宋天月　石东峰　刘　杰　王鹏文（90）
高校工程化学课程的形象化教学环节设计 ……………………………………… 贺亚飞（94）
独立学院大学数学学习现状的研究 ………………………………… 张悦娇　李　强（98）
三维建模和3D打印在工程制图课程中的应用 … 张　超　班　岚　迟　欢　张　卫（102）
C语言函数案例教学设计 …………………………………………… 顾玲芳　于　静（111）
本科"材料科学基础"教学中的物理图像问题 ………………………………… 沈卫平（119）

第三部分　课程思政篇

课程思政元素在管理学课程教学中的应用
　　——以"组织"职能教学为例 ……………………………………………… 邵　帅（127）
课程思政背景下"交互设计"课程教学改革探索与实践 … 孙　倩　李文红　孟　瑾（133）

第四部分　科学研究与专业建设篇

BIM+VR技术在建筑施工领域中的应用研究 ……………………… 邵　丽　王　璐（139）
行星齿轮传动系统的可靠性优化设计 ………… 焦万铭　李金英　徐　妍　徐江燕（144）
基于PWM和Android的智能LED灯控系统 … 王建亮　张　卫　张子正　汪毓铎（149）
一种A3144E霍尔传感器高精度磁场测量方法
　　………………………… 王建亮　张彦军　徐江燕　张　卫　耿一丹　汪毓铎（154）
一种分布式环境数据采集系统的设计与实现 … 陈儒敏　张鸿博　于　静　陈明旺（159）
多旋翼无人机在大气环境保护与监测中的应用研究
　　………………………………………………… 侯择尧　赵悦然　王　浩　杨　超（166）
疫情背景下助推"中国智造"转型的启示及对策研究
　　——以中小企业为例 ……………………………………………………… 张名素（171）
本科会计教育中大数据分析能力培养问题探讨 ……………………………… 陈　锋（177）
格力公司多元化发展的财务绩效研究 ……………………………… 邵　帅　张　媛（182）
基于EVA的唯品会价值评估研究 …………………………………… 张小云　张　军（188）
*ST盐湖财务困境研究 ……………………… 周小靖　梁可馨　严　骏　张小云（197）
高校声乐教学中关于歌剧咏叹调演唱的几点思考 …………………………… 刘心纯（204）
地方特色户外广告公益设计 ………………………… 王千妹　赵博靓　李文红（207）
单侧假设检验中假设建立的探讨 …………………… 郭　萱　梁登星　鲍　勇（210）
神经网络的自适应有限时间容错同步控制 ………………………… 李　强　张悦娇（217）
Dyck格路上高度统计量的计数 ……………………… 梁登星　郭　萱　王　娟（224）
高校开展信息推送服务对策与建议 …………………………………………… 郭小光（228）

第一部分
教学实践篇

"工程测量实训" 教学项目化实践研究[①]

徐兆赫[②]

(北京科技大学天津学院城市建设学院，中国 天津 301830)

摘　要：工程测量是土木工程等相关专业的基础技术，在工程项目规划、设计、建设、运维等全生命周期都有着重要作用。工程测量实践性极强，一般通过课堂理论教学、课内实验教学、集中实训教学进行综合培养。其中，集中实训教学作为单独开设的实践课程，在课程设置方面较为灵活，具有极强的可操作性。而教学项目化则是一种以计划任务和工作目标为驱动导向，注重理论指导实践的教学模式，提倡依托可以实际操演的教学任务，激发学生的自主学习热情，帮助学生在实践过程中牢固掌握相关专业知识和操作技能。在此，以北京科技大学天津学院城市建设学院土木工程专业开设的"工程测量实训"课程为例，结合实训教学设计和教学项目化的实践探索中积累的教学经验进行研究分析。

关键词：教学项目化；工程测量；土木工程；实训教学设计

当前，国家推动创新驱动发展，对工程技术人才提出了更高要求，迫切需要加快工程教育改革创新。近年来的工程教育改革，构建以项目为导向的工程教育课程体系，应用系统科学的理念和理论，注重培养工程技术人才。作为实践性极强的工程测量课程体系中最能够锻炼学生实践操作能力的"工程测量实训"，与教学项目化的结合也就成为必然。

1　研究背景

1.1　"工程测量实训" 教学目标

我院目前执行的"工程测量实训"课程的内容主要是进行区域大比例尺地形图测绘，根据地形图绘制某方向上的断面图、按照规定坡度选择最短路线，以及结合正常施测流程和相关数据信息倒推整个测量工作情况并完成数据处理的逻辑分析计算。

[①] 基金项目：北京科技大学天津学院第五批本科教育教学改革与研究重点项目：基于校企合作的土木专业 T 型人才培养模式研究（JY201901）。

[②] 徐兆赫，男，1988 年 12 月 8 日出生，吉林省吉林市人，城市建设学院教师，讲师，硕士，主要研究方向为建筑信息模型、工程测量，2011 年 9 月至今在北京科技大学天津学院工作。

通过相关实训环节,帮助学生深入巩固全站仪、经纬仪、水准仪、皮尺等仪器设备的操作使用方法,熟练掌握角度测量、高差测量、距离测量的施测步骤及处理方法,并综合运用测量手段和绘图知识完成区域大比例尺地形图测绘。绘制断面图和选择最短路线的实训练习能够帮助学生更好地掌握地形图应用的理论知识与操作方法,培养学生的工程应用能力。而逻辑分析计算则能全面考查学生对相关理论知识的综合掌握情况,同时能够锻炼学生的逻辑思维和创新应用能力,从而帮助学生熟练掌握工程测量的理论知识与操作技能,为学生今后从事专业相关的工程勘测、设计、施工和管理工作奠定基础。

1.2 教学项目化工作思路

教学项目化是一种以计划任务和工作目标为驱动导向,通过师生共同开展一个应用理论指导实践的特定项目的教学模式。[1] 这个项目最好是可以操作实施的真实工程项目,当然,考虑到教学条件的限制,也可以是根据教学目标而设计出来的模拟项目。

教学项目化需要将传统的课程教学内容体系重组,依托项目把专业知识与实践操作有机结合。学生团队明确项目工作目标之后,在充分讨论的情况下,进行内部分工,根据教学要求查阅资料,确定详细的实施方案,分工协同,技术运用,实践操作,逐步递进,直至最后完成项目;而教师仅进行适当的教学引导。这样,学生就能够充分把握项目中每一个环节和整个过程的具体要求,加深对相关理论知识的理解和综合运用,从而帮助学生激发自主学习意识,挖掘学习与创造潜能。同时,解决问题与完成项目工作也能够让学生获得相当的成就感,帮助学生建立学习自信,让学生在协商解决问题的过程中锻炼良好的团队协作意识,锻炼分析解决实际问题和创新应用的能力。

2 实践情况

教学项目化的执行过程一般可以分为明确项目任务、制订分工计划、项目工作实施、工作成果检查、总结评价归档等主要环节,我院的"工程测量实训"教学项目化实践也是如此。

2.1 明确项目任务

根据"工程测量实训"的教学内容,进行项目任务解析,以工程项目管理的方式开展实训教学。[2]

教师作为项目的甲方,给出的项目任务主要有:根据给定区域确定所有待测目标,结合给定区域选定规划测绘方案;根据测绘方案布置测量控制点;应用经纬仪进行角度测量,应用水准仪进行高差测量、应用皮尺进行距离测量;根据测量结果进行数据处理;根据数据成果手绘图纸,根据数据成果绘制CAD图纸;根据地形图绘制断面图,根据地形图和限制坡度选定最短路线;逻辑分析计算问题的解析与成果处理;测量仪器设备的管理与维护;工作情况检查,工作成果复核;工作情况的记录与存档;工作报告的编写和整理,工作情况汇报等。

学生作为项目的乙方,以小组的形式开展实训工作。

2.2 制订分工计划

综合考虑"工程测量实训"课程中的实训工作量及团队协同工作的需要,每个乙方小组规划在 12~16 人，称为项目部。项目部需要根据工作需要确定工作组织结构，进行具体工作部门与职能划分，形成项目工作组织结构，并以树状图等形式进行展示。

项目部一般会在进行项目工作组织结构布置时设立 3~5 位项目主管（如项目经理、项目副总、技术总监、人力总监等），并根据具体任务分工计划和分工详细程度设立 4~6 个工作部门（如综合办公室、设备管理组、技术监察组、数据测量组、图纸绘制组等），学生根据团队成员情况自行分配项目主管、部门组长或者组员。各工作部门根据任务分工提交本组的工作实施计划，项目主管综合整理相关信息之后确定整个项目的工作计划。

工作组织结构一经确立，非特殊情况不再调整。学生要遵循管理的基本原则，下级服从上级安排，在工作组织的领导下完成项目任务。[3]

2.3 项目工作实施

2.3.1 教学重点与难点

项目工作实施就是学生团队完成实际项目工作任务的过程。[4] 此处有几个重点和难点问题需要教师在教学过程中特别关注。

（1）学生实训过程中的安全与纪律问题。安全是工程行业的首要原则，纪律是工作和学习过程中的指导准则，实训安全和纪律教育务必要在全体学生面前作为一个单独的教学环节着重强调，可以采用一项否决制，即对于没有遵守安全要求或纪律要求的学生，直接取消其参与本次实训考核的资格，用以警示其他学生。

（2）仪器设备的使用、保管与维护问题。仪器设备从本质上来讲是相关从业人员的必备工具，从教学管理上来讲也是工程测量实验室的教学设备，一定要提醒学生遵照相关仪器设备的使用规程，爱护仪器设备，不得违反仪器设备的操作规程和保管与维护要求，否则出现仪器设备损坏的情况需要按照相关要求进行赔偿。

（3）学生在进行工程测量实训的过程中，有几个环节难度较大，而且对整个项目工作的实施影响巨大，如测绘方案的选择、测量控制点的布置、绘制图纸时的朝向、逻辑分析计算的思路等环节，这些都需要教师密切关注学生的实践情况，一旦发现方向性问题，及时对学生进行适当的引导，确保学生能够按照正确的思路完成项目实践工作。

2.3.2 逻辑分析计算

在这里还要特别说明一点，我们结合多年来的教学实践经验，开创性地设置了逻辑分析计算问题。

以我们设计的一个逻辑分析计算问题为例，某次水准测量，点 A 为已知水准点，H_A = 26.262 m，B、C、D、E 各点均为待测点，待测区域为测距不便的山地。测量人员在按照正常操作步骤没有完成全部的数据说明和整理，仅记录了部分数据信息。现已知 AB 段的观测数据依次为 1.614 m、1.537 m、1.489 m、1.720 m、1.733 m、1.324 m，BC 段的观测数据依次为 1.236 m、1.857 m、1.349 m、1.808 m、1.378 m、1.930 m，CD 段的观测数据依次为 1.767 m、1.124 m、1.685 m、1.674 m、1.869 m、0.943 m、1.725 m、1.484 m，DE 段的观测数据依次为 1.758 m、1.456 m，EA 段的观测数据依次为 0.914 m、1.479 m、0.589 m、1.498 m、1.644 m、0.873 m、1.424 m、1.236 m、1.183 m、1.410 m。试处理每个测段的观测成果，并对整个观测的成果进行正确处理。

想要解决这个逻辑分析计算问题，必须具备足够扎实的关于水准测定的理论与操作知识，并且具备一定的逻辑分析能力。解题者首先要判断出这是一个闭合水准路线的等外水准测量问题，从而分析出所有测段均为单程观测。综合考虑水准测量的施测步骤，分析出各测段设置的数量不等的转点。结合各站均应为后视、前视的观测顺序及转点数量，确定每个数据对应的具体观测位置，通过水准计算得出各主要测点的高程。考虑到水准测量误差的影响，此题观测结果设置有高差闭合差。结合已知的待测区域为山地的信息和之前分析出的等外水准测量级别，进行容许误差判断。检查得出误差符合容许要求之后，进行高差改正数的分配。检查高差改正数分配合理之后，完成各测段的高差改正，并得出修正后的各主要测点的高差。当然，在问题的解决过程中，还需要注意相关表格的格式、数据记录的格式、计算检核的过程等要求。至此，这个逻辑分析计算问题才得以完满解决。

这样的逻辑分析计算问题在知识点要求方面相对比较集中，如果学生对相关理论与操作知识掌握得并不透彻，或者逻辑分析能力不足的话，会产生较大的困难。我们还设计有一些类似的关于角度、高差、距离等方面的测定或测设的逻辑分析计算问题，这样的问题能够引导学生深刻认识和了解相关理论与操作知识，对学生的逻辑分析和创新应用能力的培养大有裨益。

2.4 工作成果检查

工作成果检查是对学生项目工作的验收过程。在"工程测量实训"课程要求中，除了要求学生按照传统成果提交方式上交个人的实训报告、绘制完成的图纸、实训心得体会之外，还会要求项目部汇总整理项目工作报告，全面阐述项目部在工作过程中的工作组织结构、人员具体分工、项目工作综述、部门工作小结以及在本次项目工作中发现的不足之处和计划的改进措施。

通过学生团队共同整理项目工作情况与资料，协力完成项目工作报告，能够进一步加深学生对项目工作的认识，而且能够锻炼学生的总结归纳能力、组织协调能力、文字表述能力等方面的综合素养。鼓励学生充分利用办公和展示软件技术，结合在项目工作过程中积累下来的视频和图片资料，利用多媒体的形式对项目工作进行展示。这也是对学生综合办公能力的引导与培养，让学生把自己的工作成果更好地说出来、展示出来，对学生综合素质的锻炼具有十分积极的作用，对学生正式上岗的表现也有积极的影响。

2.5 总结评价归档

总结评价归档是教学项目化实践的最后一个环节，师生也需要通过对学生团队工作成果的评价完成课程考核结果。而在我们看来，这个环节其实才是教学项目化实践中最为重要的一环。总结评价绝不能仅仅是教师根据学生上交的成果文件给出一个成绩而已，而应该是师生坐在一起，对整个项目进行完整的回顾和评价。[5]

学生需要通过工作汇报全面展示项目实践过程中的实际情况，这也是非常好的加深学生对相关知识、操作及重难点的掌握的过程。教师要在学生汇报的过程中对没有说明或者表述模糊的重点问题进行质询，确定学生的实际水平。学生要对自己的工作进行自评，并听取同项目部的同学和其他项目部的同学的评价，并与自己的工作情况进行对比，进一步总结分析自己的优点与不足之处，用于指导之后的学习和工作。

教师需要结合学生的工作情况进行有针对性的评价，帮助学生更好地把握相关的理论知识与操作技能，并鼓励学生在之后的学习和工作中不断提高自己的综合能力。教师也要虚心听取学生对教师和课程的意见与建议，从而提高自身教学水平，完善课程教学体系，实现教与学的共同进步。

最后，教师要根据总结评价结果评定课程分数，总结课程教学中的不足之处和改进措施，完成课程考核、总结与归档工作。

3 研究成果

3.1 结论

把"工程测量实训"这样的能够依托项目工作任务开展教学工作的课程与教学项目化结合在一起进行教学实践，有诸多优势。

通过项目工作的锻炼，把理论知识与操作技能和实际工作任务结合在一起，能够帮助学生更为深刻地掌握知识。教学项目化能够让学生自主进行工作研究、执行与决策，对学生创新实践能力的培养具有重要意义。教学项目化的实训教学设计，能够引导学生实现本专业和其他能力的交叉应用和共同促进，对学生综合素质的培养具有深远影响。学生通过团队形式完成工作任务，在共同工作、总结的过程中相互借鉴，有助于提高团队协作意识。全面的成果检查与总结评价，有助于学生认清自身的优势和不足，激励学生不断实现自我提升。

3.2 展望

在"工程测量实训"教学项目化实践中，我们通过合理的实训教学设计，切实提高了课程教学质量，学生对这样的教学方式也是颇为认同。

我们会在之后的工作中，继续深入总结相关实践经验，并将其合理应用在之后的课程教学中，不断提高课程教学质量。我们也希望本次的实践经验能够对相关课程教学设计起到参考作用，为教学项目化实践提供研究素材，为高等教育教学事业贡献力量。

参考文献

［1］张安富．项目化教学是提高工程型人才培养质量的有效之法［J］．高等工程教育研究，2019（3）：166-169．

［2］杨肖肖，秦延召．项目模块化的工程测量实训教学改革与探讨［J］．石家庄铁路职业技术学院学报，2015，14（3）：107-112．

［3］郭范波，邱战洪．工程测量项目式教学改革研究［J］．测绘通报，2014（6）：128-130．

［4］张辉．项目教学法在工程测量实训教学中的应用［J］．现代职业教育，2018（20）：102-103．

［5］霍如桃．浅谈工程测量实训课程考核评价与教学实施［J］．当代教育实践与教学研究，2015（9）：187．

项目化教学在"工程监理"教学中的应用探索

张子静[①]

(北京科技大学天津学院城市建设学院,中国 天津 301830)

摘　要：随着土木工程行业飞速发展,国家建设工程监理制日益完善,我国监理人员素质亟待提高。为推动教学改革,实现人才全方位培养,提升学生实践能力,培养出业务水平高、职业能力强的高素质监理人员,本文以项目化教学为工程监理专业教学核心思想,探讨项目化教学在该课程中的应用与实践。

关键词：项目化教学；工程监理；教学

"工程监理"这门课程发展已有二十多年,专业知识内容繁杂,对于基础差、学习能力不强的学生来说,教学效果不明显。目前,各高校积极响应国家提出的教育改革要求,其中,项目化、模块化的教学受到了各高校教师的青睐,在实践中也取得了一定的成果。因此,本文对工程监理项目化教学的应用进行探索,目的在于培养出业务水平高、职业能力强的高素质监理人员。

1 项目化教学简介

项目化教学是教师与学生共同完成一种项目性工作的导向教学模式。项目化的教学内容包括以下方面：第一,教师根据课程内容提出教学项目,明确学习任务；第二,结合班级情况进行分组,确定小组负责人；第三,学生根据学习任务制订计划并进行分工协作,通过查阅相关资料,相互探讨等完成任务,教师在此过程中给予指导；第四,各小组将项目任务进行汇总,并且将实践过程的心得进行总结,完成自评、互评、教师评价过程。在项目化教学过程中,学生是主导者,教师是辅助者,学生几乎参与了整个教学过程。学生不仅要独立完成项目任务,还要积极参与团队协作。

项目化教学的意义是让学生在学习过程中积累知识、参与实践,挖掘学生学习创造能力,培养学生团队协作意识。同时,项目化教学能使教师深入教学研究,自觉与社会接轨,积极了解企业吸收人才的标准,从而提高教学质量,有利于培养高素质、高能力的工程型人才。

[①] 张子静,女,1990年6月21日出生,辽宁凌源人,城市建设学院教师,助教,硕士,主要研究方向为桥梁抗震,2020年9月至今在北京科技大学天津学院工作。

2 工程监理项目化教学应用

"工程监理"作为与国家职业资格标准考试相适应的课程，与实际工程结合紧密，需要教师对课程核心内容进行项目化设计，根据工程岗位需求，将实际工作内容分解成不同的任务或者项目，并与监理工程师日常工作相对应，从而形成与实际工作岗位业务密切相关的课程体系。[1]

在教学过程中，教师根据社会对工程监理专业人才的需求，结合教学大纲，将教学内容分解成不同的模块，每一模块设计成一个独立的项目，让学生围绕实际工程，在学习专业基础知识的同时，学会解决实际工程中出现的问题。将枯燥繁杂的理论知识具体化、形象化，让学生在"做中学""研中学"，激发学生的学习兴趣，激励学生主动吸收专业知识。[2]

教师以现实监理企业的工作模式为依据，将工作内容分解成若干具体任务，将任务具体下发到学生个人，组建学生项目团队，以小组为单位确定任务方案，组织学生根据任务收集相关材料，并对其进行加工整合，遇到棘手问题，小组内部不能解决的，可向教师寻求指导。最后，对各小组完成任务情况进行自评、互评及教师总体评价。这个过程培养了学生自主学习能力、实际动手能力及相互协作能力，与监理行业岗位需求相适应，有利于培养行业储备人才。

工程监理项目化教学应用主要包含以下几方面内容。

2.1 转变教学模式

项目化教学与传统的教学模式是有所区别的。教师需要对我国建设工程监理制有明确的认识，对监理人员的价值进行准确定位，对监理人员的工作内容、工作流程、工作环境、素质要求、责任承担进行深入了解，从而建立稳定的教学活动结构框架。在教学结构框架中，注重核心课程开发，在宏观上把握核心课程与学生核心能力培养的协调性，并完成核心标准制定，确保教学标准与企业岗位标准相匹配。[3]

2.2 调整教学内容

在项目化教学过程中，教学内容应更加合理。在传统的教学过程中，各个知识点比较分散，教师在讲解过程中逐个进行讲解，而在实际工程中，解决问题时需要结合多方面理论知识，所以教师要重视实际工作要求，培养学生自主学习能力，发散思维，在解决问题时不单单将目光局限于单个知识点。在教学过程中，教师需要不断提出问题，以培养学生分析问题、解决问题、应用课程知识的能力。此外，利用大数据技术，了解学生学习需求，丰富学生学习资源。

2.3 强化师资力量

担任工程监理专业的任课教师应该掌握本课程的核心内容，并不断了解与工程监理相关的前沿知识。因此，学校需要加大工程监理专业师资力量，以监理企业优秀人才到校承担核心内容教学为主，以专职教师承担基础教学为辅，形成理论与实践并存的师资队伍。[4] 也需要派遣专职教师到企业进行培训学习，深入实际工程，参与监理工作，到实际工程中学习监理工作经验，为项目化教学做好课程准备，让学生与实际工程面对面，让学生对监理专业的认识更加直观。

2.4 创新教学方法

高校课堂传统的讲课方式是先概念再原理后例题的模式，此类"填鸭式"教学效果反馈并不理想。项目化教学在教学内容和教学模式上进行了调整，教学方法也要有所创新。教师可运用现代化、信息化技术丰富教学手段，将学生实习与课程相结合，强化实践培养，开阔学生视野。工程监理专业教师在教授课程时可运用案例教学、项目教学、参观教学、任务驱动及现场教学法，理论联系实践，吸引学生目光，激发学生学习兴趣，从而增加学生参与度，增强学习效果。

2.5 优化考核评价体系

在工程监理项目化教学过程中，要注重学生对理论知识的吸收、综合运用知识的能力，不能仅依靠考试分数来判定学生掌握知识的程度。在考核过程中可增加过程性评价，可将考核成绩分为教学评价和理论知识考核两个部分，其中，教学评价可由个人自评、小组互评、教师评价组成。按照比重将教学评价和理论考核进行核算，在很大程度上减少了"高分低能"的情况。

3 结语

工程监理专业涉及的学科知识丰富，很多教师并不能找到合适的教学方法，本文介绍的项目化教学方式在其他专业教学领域已经取得良好的教学效果。教师可以根据自身特点，将监理课程教学项目化，提高教学质量，使学生在掌握理论知识的同时能够合理解决工程实际问题，把学生培养成更加符合监理专业需要的高素质人才。

参考文献

[1] 郭孝华. 课程项目化在工程监理专业教学中的应用探索 [J]. 建材与装饰, 2018 (13)：176.

[2] 张安富. 项目化教学是提高工程型人才培养质量的有效之法 [J]. 高等工程教育研究, 2019 (3)：166-169.

[3] 王晓, 杨峰俊. 课程项目化在工程监理专业教学中的应用探索 [J]. 价值工程, 2016 (34)：217-218.

[4] 范梦婷, 孔春梅, 彭靖. 课程项目化在工程监理专业教学中的应用探究 [J]. 现代物业（中旬刊）, 2019 (7)：261.

基于项目化的"流体力学"课程
教学创新探索与实践

李 敏[①]

(北京科技大学天津学院城市建设学院,中国 天津 301830)

摘 要:在培养应用型人才的大背景下,课程教学改革需要不断探索新思路,北京科技大学天津学院结合自身战略定位,提出了"教学化项目"和"项目化教学"的教学改革新模式。本文介绍了"统体力学"课程的创新探索、实践,展示了"两化"模式教学效果,为教学改革的进一步发展提供借鉴。

关键词:教学化项目;项目化教学;教学改革

项目化教学是在一个真实的工作环境下,学生通过完成特定项目,实现对相应理论知识的理解和对专业技能的掌握,同时也使学生获得实际工作经验,培养学生的创新能力。在完成对学生专业技能培养的同时,项目化教学还能够使学生得到诸如团队精神、敬业精神、质量意识、创新意识、独立工作能力等综合素质的锻炼。教学化项目是为了完成某一特定的教学任务或掌握某一领域相关的操作技能而从企业的项目中引进或分离出的一个教学实践环节。[1]

1 "流体力学"项目化课程概述

在固态、液态、气态三种物态中,液态和气态都属于流体的范畴。由于流体在工程技术领域应用的广泛性,研究流体的力学性质显得尤为重要。自 18 世纪以来,流体力学经过不断的发展和进步,形成了完整的理论体系。

流体力学是高等工科院校土木工程专业、道路与桥梁工程专业、环境工程专业等诸多专业都需要掌握的一门重要的基础课,该课程"以学生发展为中心",具有较强的理论性与实践性,注重学生能力的培养和知识结构体系的构建,以培养学生的实际应用能力为目标,这是社会发展的需要。本课程对学生力学意识、综合分析能力、工程意识、解决实际问题的能力,以及创新能力方面的培养发挥着积极的作用。[2]

[①] 李敏,女,1983 年 9 月出生,山西晋中人,城市建设学院教师,副教授,硕士,主要研究方向为力学,2010 年 9 月至今在北京科技大学天津学院工作。

2　教学过程中存在的问题

目前，流体力学学科的发展相对完善，并且具备了现代化的研究手段，与其他工程类的学科结合更加密切和深入，符合当前高校推广的"学科交叉"的教学思想。虽然学生处处接触流体，但他们普遍缺乏对流体的感性认识。"流体力学"课程理论性强，概念也相对较抽象，需要较高的数学功底和较强的应用性。流体力学与工程实际联系紧密，要学生能够在工程现场提出问题并解决问题，因此对学生的理论知识要求较高。因而流体力学课程历来是教师难教、学生难学的课程之一。[3] 针对这一客观存在的实际问题，在"新工科"建设的背景下，流体力学教学改革迫在眉睫。北京科技大学天津学院教师团队在对照国内先进教学经验的基础上，更加注重培养学生的学习兴趣和实践能力，为学生提供更多的平台分析和讨论实际流体力学中存在的问题，鼓励学生多思考、多动手、多应用，建成了具有特色的课程教学体系。

3　基于项目化的课程教学创新解决的问题

根据以人才培养为根本、以提高质量为核心的本科教学理念，大学教育需要培养既具有坚实的基础理论，同时又具有创新思想和较强实际应用能力的创新型人才。因此，需要在现有的教学条件下，针对流体力学课程的特点和学生的接受能力，遵循知识发展规律，始终贯彻"以学生为中心"的教育理念，探索形式新、效果好的教学方法。

3.1　教学化项目——优化了教学内容，与实际工程紧密结合

在教学过程中不断收集查找资料，完善教学文件，形成系统、完整的教学内容和教学体系。

基于流体力学理论，以企业需求创新型、应用型人才为出发点，引入学科前沿知识，以具体的工程为项目教学的载体，优化了课程教学内容。对于流体静力学、动力学，以及运动学的公式推导、量纲分析等内容，引进翻转课堂式教学，将涉及公式推导的部分教学内容加到在线开放课程当中；并且扩充工程应用部分中有压管路中虹吸管的水力计算、水泵的工作原理及扬程计算、水击的危害与预防，明渠水面曲线的计算，闸孔出流的水力计算等的内容，使教学内容更贴合工程实际，为打造合格的流体力学工程师做好铺垫。

在教学过程中，针对企业需求打造课程内容。在教材选用方面，由于流体力学是重要学科，我院组织一线教师编写了注重工程应用的《流体力学》教材，由西北工业大学出版社出版，在教学中及时补充相关的工程应用实例。此外，将思想政治教育与专业教育有机融合，针对管材选用、水击等问题，引导学生树立节能环保意识。

3.2　项目化教学——创新了实践方法，把项目引入教学，用教学带动科研

打破传统的面授式纯理论知识教学，相对减少理论部分的教学学时，加大实践环节的课时，培养学生的动手、测量、计算，以及解决实际工程问题的能力。

结合各设计规范，带领学生进行高校民用水输水工程的实践活动，通过前期天津市大学生创新创业训练计划项目"长距离重力输水管道问题的研究"、中国建设教育协会项目"面向实际应用能力培养的水力学课程教学改革与实践"，以及"高校民用水输水方案优化研究"课题等的研究，引导学生进行输水管材的合理选用。指导学生选择合适的公式进行不

同风格建筑物输水管道水头损失的水力计算，针对输水过程中产生的水击，帮助学生提出防护方案，丰富学生的实践题材，使课程教学改革进一步深入。项目中提出的启闭阀门时，采用慢开慢关的方式以及变径输水等观点被认定为国内先进，并获得天津市科协成果登记。根据流体力学课程特点，把科研成果引入教学，优化教学内容，解决课堂中存在的各种问题和困难。另外，将科研过程中遇到的问题带入课堂，用理论教学带动科研，使理论与实践的结合更紧密。

3.3 改进了教学方法和手段，营造生动活泼的教学氛围

合理利用多媒体教学，课前借助微信群、QQ 群，将 MOOC（Massive Open Online Courses，慕课）、爱课程等线上资源推送给学生，学生可在课下自行反复预习和复习公式推导过程，不再占用课堂时间进行讲解，加强学生的自主学习能力，节省了课堂教学时间。

在教学过程中，结合教学内容，引入课程思政元素，主动开展教书育人的工作，介绍流体力学领域科学家的生平事迹，如伯努利、曼宁、谢才等，让学生了解他们研究问题的方法、科学作风和学术上的成就，进而激发学生的学习热情和创新动力。

3.4 丰富了教学活动，发挥学生自身的聪明才智

我院师生对在建教师单身公寓项目和专家公寓项目进行实践教学，开展施工全过程监理工作，将项目引入教学，如供暖管道的铺设、污水管道的布局等，都与流体力学息息相关，锻炼了师生的实践技能。教师带领学生走访企业，丰富学生实践经验。依托专业特色，结合专业课程内容，组织开展课程思政教育，举办建模大赛、LOGO 设计比赛、摄影作品征集、红色建筑模型设计大赛等活动。

4 结语

基于项目化的教学创新探索与实践对高效利用课堂学时、增强师生互动和生生互动、提高学生学习知识的兴趣、扩展教学问题探索的深度、开启学生创新思维方面具有积极作用。北京科技大学天津学院教师团队构建了全新的教学模式，充分调动学生在学习过程中的主动性和积极性，充分发挥教师在教学过程中的启发和引导作用，确保学生牢固掌握理论知识，激发学生的创新热情，提高学生的实践应用能力和科研创新能力。

在今后的教学过程中，要从学生的自身情况出发，以增强学生的实际应用能力为目标，建立多元化的理论与实践并重的新模式，采用线上线下混合式教学，采取针对性措施，继续突破和创新，持续积累教学经验，与学生多交流，使其成为学习的主导者，还教育以本来面貌。同时，加强教师间的交流，相互学习借鉴，促使教学工作日臻完善。

参考文献

[1] 陆勇星，戴素江，戴欣平. 企业项目教学化改造研究 [J]. 机械职业教育，2012（11）：61-64.
[2] 李敏，王瑞存，徐兆赫，等. 流体力学 [M]. 西安：西北工业大学出版社，2020.
[3] 郭楚文，王利军. 关于工程流体力学若干问题的探讨 [J]. 山东电力高等专科学校学报，2011（1）：37-39.

项目化教学在实践中的问题与对策研究

——以合生商业精英班为例

边 剀[①]

(北京科技大学天津学院管理学院，中国 天津 301830)

摘 要：为落实项目化教学在教学实践中的应用，更好地总结实践过程中的经验和教训，本文以合生商业精英班为研究对象，采用文献资料法、访谈法、问卷调查法、实地调查法对近两年合生商业精英班的实践情况进行研究。本文认为当前项目化教学存在学生参与积极性不高、项目的目标学员与学生的未来规划有偏差、项目转化率不足且下滑趋势明显等问题，并针对问题提出对策：帮助学生树立正确的择业观；深化项目化教学改革；优化实习方案。

关键词：项目化教学；合生商业精英班；校企联合培养

项目化教学虽然已经逐步落实到教学实践中，但是仍有许多问题需要研究和探讨，为未来进一步深化项目化教学的改革奠定基础。合生商业精英班经过两年的发展，招募了三届学员，培训了两届学员，签约了一届学员。随着项目的开展，我们对项目的认识逐步清晰，对项目的研究工作不断深入。并且通过观察，我们发现项目在发展过程中存在着许多问题。我们想要展开研究找到问题所在，并针对问题提出对策，期望项目能够朝着更好的方向发展。这就为我们研究项目化教学提供了非常好的研究对象。对合生商业精英班问题的研究分析，对项目化教学未来的发展有积极的促进作用。

1 研究方法

1.1 文献资料法

以"校企合作""项目化教学""教学项目化"等为关键词，在中国知网等平台进行检索，通过深入阅读和研究，搜集和应用与本研究相关的文献20余篇。

[①] 边剀，男，1985年11月2日出生，山东青州人，助教，硕士，主要研究方向为企业管理，2018年8月至今在北京科技大学天津学院工作。

1.2 访谈法

为了获得可靠的资料，本研究对2016—2019级多位同学和项目实施过程中涉及的多位企业员工进行了访谈。主要目的是通过访谈真实了解同学对于合生商业精英班的观点和态度、这些观点和态度产生的原因、不同年级同学的观点和态度是否发生变化。期望从同学和企业员工的叙述中找出问题，并有针对性地解决问题。

1.3 实地调查法

为保证研究的全面性和真实性，在学生访谈的基础上，对合生商业集团的部分部门进行了实地调研，主要走访了北京朝阳合生汇、欣雅汇、合创产业中心，观察、了解精英班学员真实的工作环境和工作状态，对相关部门的企业管理人员进行了咨询，掌握学员实习的状态和存在的主要问题。

1.4 问卷调查法

为了更全面地了解学生对未来的发展规划和对项目的观点。通过问卷星系统向经济学院和管理学院2018级所有同学进行了问卷调查。通过问卷调查更深入更全面地了解学生选择合生商业精英班的原因，了解学生对未来个人发展规划的选择和方向。

2 研究内容

2.1 项目化教学案例：合生商业精英班介绍

2.1.1 合生商业精英班的理念

合生商业精英班是合生商业经营管理有限公司与北京科技大学天津学院签订的人才联合培养战略协议。精英班的成立是学校为进一步深化产学研合作，创新完善人才培养模式的一次尝试，旨在充分发挥合生商业集团的项目优势和学校的人才、科研优势，完成共建人才培训基地、资源开发和有效利用，并有针对性地实现商业管理人才的专项培养，持续为合生商业集团人才储备和创新发展提供支撑，也为加速学院实现"工科特色鲜明的一流独立学院"的建设目标助力。

2.1.2 合生商业精英班的发展历程

2018年12月项目正式开始实施。2019年4月第一届合生商业精英班开班。2019年11月第一届合生商业精英班的学员进入合生商业集团各产业开始实习。2019年10月第二届合生商业精英班通过笔试面试完成招生开班。2020年10月第二届合生商业精英班的学员进入合生商业各产业开始实习。2020年11月18日，在经历了一系列的线上笔试、面试环节后，学院第三届合生商业精英班开学典礼在线上举行。

2.1.3 合生商业精英班的培养模式

精英班的培养模式是课堂教学和实践教学相结合。在合生商业精英班的开展过程中，首先聘请合生商业各个产业的职业经理人为学员讲授购物中心和产业园区这两种核心业态的相关课程，包括购物中心的营运管理、购物中心的市场营销、产业地产的经营管理、产业地产的市场营销等。学员先了解和掌握购物中心、商业地产及产业中心的概念、运营模式和经营理念等知识,然后对北京朝阳合生汇、合生产业中心进行实地调研考察,并针对两个项目完成调研并汇报。为了进一步增强学员的理论素质和专业技能,还邀请学校的教师为学员讲授专业课程,涵盖了人力资源管理、财务管理、市场营销和企业战略管理等,这些课程在讲授的过程中更注重应用性。通过更有针对性的案例教学,帮助学员有效地掌握相关理论的应用方法,为其进入相关工作岗位尽快适应工作建立基础。精英班的培养模式也是在开展过程中根据实际情况不断调整、不断优化的。第一届的学员在课堂上只学习了企业课程,在第二届增加了4门学校专业课程,第三届的学校专业课程还会进一步增加。

2.2 合生商业精英班面临的问题

合生商业精英班历经两年发展,招募了三届学员,第一届已经签约,第二届正在实习,第三届刚刚开始。在这个过程中,企业和学校都投入了大量的资源,双方的工作人员付出了辛勤的劳动,虽说取得了一定的成绩,但是也面临着许多亟待解决的问题,主要包括以下几方面。

2.2.1 学生参与项目积极性不高

合生商业精英班第一届学员是通过学院推荐的形式招募的,随后两届的招募经历了宣讲、笔试、面试三个环节。其中,宣讲会又分为分散宣讲和集中宣讲。分散宣讲是利用同学们的课间休息时间为同学们宣传、讲解合生商业精英班的相关情况,然后自愿报名参加在学校学术报告厅举行的集中宣讲会。宣讲会结束后进行笔试和面试流程,最终确定学员名单。表1列示了第二届、第三届合生商业精英班的各项招募活动的参与人数,因第一届的流程与后面两届有所不同,所以数据未进行统计。从表1中可以看出,在学院同时期没有其他类似项目的情况下,同学想要获得较好的培训和实习资源,可以说合生商业精英班项目是有限的或者说唯一的渠道,这样的参与程度明显偏低。而且这些数据是在进行了两次动员的基础上获得的,同时还要考虑到部分同学参加会议仅仅是为了获得创新创业学分的机会。

表1 项目各环节学生参与人数

届别	学校年级	宣讲会人数	宣讲会参与率	参加笔试人数	笔试参与率	在校生人数
第二届	2017级	178	20.53%	92	10.61%	867
第三届	2018级	162	18.90%	76	8.87%	857

2.2.2 项目的目标学员与学生的未来规划有偏差

合生商业精英班在招生过程中,企业想要招聘到最优秀的人才进行进一步的培养,因此想要选择各方面都表现特别优秀的那一部分学生。但是各方面很优秀的学生往往不愿意选择参加精英班的项目。而有一部分学生,他们虽然在各方面表现平平,却希望获得这样的机会,但企业又不愿意选择这些学生。所以就造成了精英班招收学员困难、而学生想要最终进入精英班也困难的现象。资源之间存在着严重的错配。

2.2.3 项目转化率不足且下滑趋势明显

合生精英班的最终目的是搭建学校和企业间的人才培养桥梁,项目最终为企业输送的人才数目是衡量项目成果的重要指标之一。参与实习的人数和完成签约的人数就是检验项目成果的重要数据。表2给出了前两届学员的实习率和签约率,可以看到,第一届参与实习比例相对比较正常，但是第二届与第一届相比出现了较大幅度的下滑。第一届学生最终签约率仅为 16.28%，可以说企业最终从项目中引进的人才非常有限。因为第二届学员还未进入签约阶段，所以未做统计，但是以参与实习的人数进行推算，最终的签约率很可能不足 10%。如果项目的转化率得不到提高，那么企业和学校投入的资源得不到有效的回报，就不足以支撑项目的持续开展。因此，项目的转化率亟待扭转下滑的趋势且尽快提高。

表 2　项目成果统计

届别	学校年级	录取人数	实习人数	实习率	签约人数	签约率
第一届	2016 级	43	25	58.14%	7	16.28%
第二届	2017 级	45	13	28.89%	/	/

2.3　合生商业精英班问题的成因分析

想要解决合生精英班面临的问题，首先应分析产生这些问题的原因。为了分析原因，我们进行了多种形式的调查研究，不仅访谈了参与项目的学员，参与项目的企业代表、课程讲师，还实地走访调研了学员的实习和工作部门，与其相关管理人员进行了交谈。同时，为了获得更全面的数据，还分别对 2018 级管理学院和经济学院的所有学生进行了调研，共获得有效调查问卷 559 份。在这些调查研究的基础上，认为合生精英班的问题成因主要包括以下几方面。

2.3.1　学生择业观念不成熟

我们对 2018 级管理学院、经济学院在校生，也就是第三届精英班的招募对象进行了调查，其中对未来择业方向的选择上的调研结果如表 3 所示。从表 3 中我们可以看出，合生商业集团所属的大型企业选项，选择的同学仅占 7.51%。这也是项目对同学缺乏吸引力的重要因素。

表 3　2018 级学生未来择业方向

选项	大型企业	中小企业	学校、银行等单位	公务员	考研或出国留学	创业	其他	不知道
小计/人	42	108	112	40	150	15	39	53
比例	7.51%	19.32%	20.04%	7.16%	26.83%	2.68%	6.98%	9.48%

我们对选择比例最高的三个选项（考研或出国留学，学校、银行等单位，中小企业）的部分同学进行了访谈，其中，选择考研和出国的学生比例最高，但是与之相对应的是，管理学院和经济学院每年能够达成考研或出国留学目标的毕业生只占所有毕业生的 4% 左右。而根据智联招聘发布的《2020 大学生就业力报告》显示，全国本科生考研或出国留学的比例为 8.8%，这个数据也远低于调研数据的 26.83%。在访谈中，多数同学表示，选择考研和出国留学的主要原因是逃避社会，因为感受到社会和职场竞争的残酷而尽量延缓进入的时间。对于排名第二位的选项"学校、银行等单位"，真正达成目标的学生也只有毕业生的 4% 左右。很多同学表示，选择这类单位是受父母影响，这类单位收入稳定、工作压力不大，而同学最看重的是工作压力不大的特点。这类单位需要积极准备，面临比较激烈的竞争，但是大多数同学明显准备不足，所以成功率较低。而排名第三位的选项被较多同学选择的原因，也是一般中小企业工作压力小。

从以上数据和访谈中可以看出两点：一是同学们明显缺乏拼搏奋斗的勇气，不敢或不愿面对残酷的社会竞争，或是逃避社会或者选择压力较小的生活方式；二是缺乏对社会和对自身的认识，选择了竞争较为激烈的方向，但是没有进行积极的准备，或是盲目自信，或是不了解竞争程度。

2.3.2 学生综合素质不足

企业选择学生考察的是学生的综合素质，是学生创新能力、经营管理能力、实际业务操作能力及前瞻能力等能力的综合。[1] 在精英班学员招募过程中，许多积极参与的同学最终没能成功进入精英班。通过查看笔试、面试的答题情况和访谈，了解到一部分同学社会实践不充分，在以往的学习和生活中，仅仅满足于掌握课本上的知识，假期社会实践弄虚作假，没有达成社会实践的目的，导致实际操作能力不足；另一部分同学基础知识掌握不牢，生活中认为自己社交能力强，盲目自信，缺乏基础的理论素质和专业能力，不能达到企业的基本要求。

2.3.3 项目实习待遇无法满足学员期望

对2018级学生进行择业因素的问卷调查结果如表4所示。其中，最重要的影响因素是薪酬。这与智联招聘发布的《2020大学生就业力报告》中"福利薪酬"的重要性为60.8%的数据相近。通过对学员的访谈我们也了解到，项目转化率低的主要原因是项目的实习待遇与学员的期望存在差距，其主要表现在两个方面。一是实习工资不足以支撑生活支出。虽说每位学员在实习期间可以获得实习工资、租房补贴和餐饮补助每月共3 000元左右，横向比较北京各单位的实习工资这并不低。但是由于我校不在北京，因此学生参与项目实习必须在北京租房，这样每月3 000元的薪酬就远不能满足。二是实习周期太长，第一届学员从2019年11月份一直实习到2020年9月份才签订劳动合同转正，而对比一般的企业在6月份就会签订劳动合同。实习工资和正式员工的工资之间存在着较大的差额。

表4 2018级学生择业因素

选项	地理位置	薪酬	行业	专业一致	企业文化	职业规划	没有要求	其他
小计/人	78	266	27	17	28	110	11	22
比例	13.95%	47.58%	4.83%	3.04%	5.01%	19.68%	1.97%	3.94%

2.4 合生商业精英班的发展对策

为了走出合生商业精英班当前的困境，发挥好人才培养的指引和桥梁作用，针对研究过程中发现的几个问题，提出以下对策。

2.4.1 帮助学生树立正确的择业观

加强对学生进行职业思想、人生观、价值观的教育，培养大学生的献身精神和敬业精神，帮助学生正确处理社会需要和个人成才、集体与个人以及自己与他人的关系，在社会的大环境中找到自己的合适位置，是高校思想教育的重要组成部分。[2] 在这个过程中，学校还应该积极与学生的父母进行沟通，促使父母与学校一同为培养学生正确的择业观努力，认清社会发展变化的形势和学生自身的特点，不盲目跟随社会舆论选择职业，应该遵循适合学生的原则选择职业。同时，更不应该让父母对孩子的溺爱成为学生逃避社会的救命稻草，塑造独立自主的人格才是对孩子最大的尊重。

2.4.2 深化项目化教学改革

虽然项目化教学改革在不断推进,但是未来应该在两个方向上深化改革。增加项目化教学在不同学科间的联系和纽带作用。项目化学习是基于真实情境和问题的跨学科学习方式,是培养学生综合素养的重要途径。[3] 每个专业的不同课程之间的项目化教学方案融合较少,不利于培养学生的综合应用能力。此外,就业指导和社会实践教育从新生入学就应被纳入重点教学领域,因为以前的学生是大四开始实习,所以相关的教育可以在大三开展,但现在的精英班大二下学期就要招募学员,在这个时间上学生的实践教育是缺失的,这也是导致学生综合素质不足的重要原因。

2.4.3 优化实习方案

提高项目的转化率,虽然提升实习薪酬是最有效、最直接的方案,但考虑到企业用人成本和实习工资绝对值并不低等因素,从其他方面对实习方案进行优化更为现实:一是缩短实习时间,按照一般企业的做法 6 月份签订正式的劳动合同;二是灵活安排实习地点,合生商业集团的产业布局已经覆盖全国,可以优先让学生选择其家乡进行实习,这样一方面解决学生住宿的问题,还可能因为靠近家乡,进一步增加了学生留在企业的概率,能够直接提升签约率;另外,还可以依靠企业的人文关怀,比如企业文化的熏陶等软实力来增强企业对学员的吸引力。

3 结论与展望

3.1 结论

合生商业精英班项目在开展过程中遇到了许多问题,这些问题的解决不能依靠凭空的臆想,需要深入到学生中去调查研究,与学生进行面对面、心连心的交流。在这个过程中,抓住问题的实质,以符合企业、学校和学生的实际情况且各方都能够接受的方法进行改革,才能够起到应有的效果。学生们需要在项目中增强自身的实践能力,教师更应该在这个过程中增强自身的实践水平。解决这些问题,总结经验教训,能够为未来更多的项目化教学方案提供思路。

3.2 展望

合生商业精英班项目是深化校企合作办学、落实项目化教学改革的一个探索,在这个过程中不可避免地会遇到许多问题。但是,只要有为社会培养更多高素质现代化人才的愿景,有深化改革的决心,有与企业共同探索人才培养方案的学习精神,我们就能够不断完善项目,打造出校企联合培养人才的优质品牌。

参考文献

[1] 董喜涛. 经济新常态背景下地方普通本科高校大学生就业能力提升路径研究 [J]. 科技经济导刊, 2018 (33): 129-130.

[2] 万玫乐, 张瑞英. 浅谈大学生的择业观 [J]. 中国市场, 2020 (18): 176-177.

[3] 陈素平, 缪旭春. 基于学科的项目化学习设计与实施样态 [J]. 上海教育科研, 2019 (10): 38-43.

独立学院产学研合作人才培养模式的新探索

米 岩[①] 谭冬旭

(北京科技大学天津学院经济学院，中国 天津 301830)

摘 要：独立学院办学模式已经在我国教育领域创新的过程中具备较为成熟的模式，但是就大部分独立学院的实际发展现状来看，社会对独立学院的认可度还不够高，同时，独立学院自身的办学模式，也未能体现出其自身的特色。本文便是建立在产学研合作教学的基础上，分析独立学院教学模式的改革，阐述独立学院以及产学研教学模式的基础概念，分析当前大部分独立学院办学过程中存在的问题，并且结合产学研合作人才培养模式，论述独立学院应该如何进行办学模式和理念的创新，意在通过本研究，为独立学院未来的改革和发展奠定完善的转型基础。

关键词：独立学院；产学研；合作；培养模式

随着我国高等教育体制的不断改革，独立学院在当前的教育发展环境下面临极为重要的优化机遇，同时，由于受到传统教学模式和教学理念的影响，在优化的过程中也存在着较多的问题，其中，形成自身的办学特色、打造高质量的人才培育模式、进一步提升办学质量是独立学院必须要解决的问题。因此，分析产学研合作教学模式的具体内涵，并且结合独立学院的实际办学现状进行优化分析，不仅是本文的重点，也是当前进一步提升独立学院社会影响力的关键研究课题。

1 研究方法

1.1 文献分析法

本文在对当前独立学院产学研合作人才培养模式进行研究时，主要基于近些年国内外相关学者的研究结果进行分析。经调查研究，目前知网上针对"独立学院"的学术论文近6 000篇，有关"产学研"教学模式的学术论文近20 000篇，针对独立学院的产学研合作人才培养模式进行研究的论文约2 000篇，这些研究成果能够为本文的研究提供相关理论依据。

[①] 米岩，女，1983年5月7日出生，河南南阳人，讲师，硕士，主要研究方向为国际贸易，2009年9月至今在北京科技大学天津学院工作。

1.2 社会分析法

独立学院的发展以及产学研合作人才培养模式是我国教学体系改革中的重要成果，当前有大量的独立院校落实了教学模式改革，在这些改革过程中出现的问题及成果，都具有极高的研究价值。因此，结合互联网分析当前社会众多独立学院的发展模式和问题，能够进一步强化本文论证的有效性。

2 研究内容

2.1 基础理论综述

独立学院办学模式及产学研合作人才培育模式，已经成为国际性的教学体系，国内外的众多学者对这两种模式进行了初步研究。本文从国内外对比分析的角度，结合学者的相关研究结果落实基础阐述。

从类型上来看，独立学院是我国民办高等教育的重要组成部分，具有一定的公益性本质，是结合民办教育促进法及相关条例实施的公益性教学机构。2020年5月，教育部印发了《关于加快推进独立学院转设工作的实施方案》，这份方案成为独立学院发展转型的重要政策依据，也成为独立学院改善自身办学模式的重要保障。针对独立学院自身的特点，有学者认为，独立学院必须利用校企合作，将培养针对性人才作为办学的重点目标，促使人才在毕业步入社会之后，便具有社会服务价值；也有学者认为，独立学院的办学理念必须结合当前社会的产业结构变动情况进行调整，打造具有极强实践性能力的人才。

另外，有学者指出，在当前的独立学院教学模式转设的过程中，必须进一步提升学生创业的有效性，学生创业能够为其未来的发展奠定良好的基础，同时也可以积累经验，促使高等教育能够逐步向创新型教育方向转型，也让我国的人才队伍具备创新能力，这是独立学院在办学过程中必须坚持的宗旨，也是改变传统教学模式实现创新的重要途径。

2.2 产学研合作人才培养模式

产学研合作人才培养模式是国际性的教学体系，发源于20世纪初，当时英国诸多院校实施了以"三明治理念"为主的教学模式，[1]将理论教学、实践教学、学生创新和自主学习管理进行重叠和穿插，让学生在同一时间内能够分层次地了解不同的学习体系，最终打造立体式的多样化教学机制，这种教学理念后来在西方社会得到了广泛传播，很多国家都借鉴应用。而且由于不同国家的不同理念，还出现了很多基础创新，例如，英国选择的BTEC（Business and Technology Education Council）又被称为商业科学综合体系，澳大利亚开展的TAFE（Technical and Further Education）被称为未来科学教育，究其内涵，都是结合当前的院校办学理念和学生的未来发展进行融合创新，打造具有前瞻性和预见性的教学体系。这种教学模式一经应用在全世界产生了较大的反响，国内的学者也对产学研教学模式进行了研究，并且认为，这种模式与当前的独立学院发展模式相比，有着极强的融合性特点，都是以人才的未来需求为目标、以社会产业结构的发展规律为核心理念打造的基于院校学习和创新科研为一体的综合性教学体系，使学生在学习过程中便可以接触到社会岗位及市场需求，从而为自身制定个性化的学习方案。

2.3 当前独立学院教学体系中存在的遗留问题

将产学研合作人才培育模式和独立学院的发展转型融合到一起,最主要的便是要从理念角度落实创新和优化,而这种教学思想的转变是独立学院创新过程中最大的障碍。传统的教学模式导致独立学院的教学思想较为封闭,而产学研合作人才培养模式强调学校主动与社会产业结构之间构建起紧密的合作联系,寻求合作机会,为学生的实践提供平台和途径,同时进一步转化独立学院自身的社会服务意识。在这个过程中,大部分遗留问题凸显出来,并且成为独立学院转设过程中的主要阻碍。

2.3.1 合作教学认知不够成熟

结合当前少部分独立学院的转设情况来看,大部分教师及院校的管理者认为,产学研合作人才培养模式只是简单地利用校企合作及实训平台,为学生的学习提供更加多样化的方法,对该合作模式中的"研"了解得不够透彻,无法实现学校和企业之间的联合研究、学生个人的创新性研究及教学体系的实践性研究。[2] 在这种认识不全面、转型不成熟的环境下,不仅无法提升独立学院自身人才培养的有效性,还会导致产学研教学模式的应用存在形式化问题。

2.3.2 产学研合作系统建设力度不够

具备完善的关系网络及合作链条是提升产学研合作人才培养模式应用质量的基础与前提,但是,受传统封闭式教学理念及教学模式的影响,部分独立学院自身缺乏完善的关系网络,与社会企业、其他教育机构及政府之间的联系不够紧密,缺乏丰厚的资源基础,无法满足学生的实际社会认知及创新需求,不仅无法形成完善的合作产业链条,也会导致学生的实践能力培育和创新思想培养存在偏重现象,过于注重理论却不具备实践平台,学生的积极性被打压,整体的教学模式改革事实上依然是止步不前。

2.3.3 运行管理机制不完善

早在 2003 年,教育部便发布了《关于规范并加强普通高校以新的机制和模式试办独立学院管理的若干意见》,独立学院的转型具有十分充足的时间,但在这样的环境下,大部分独立学院自身的管理运行机制依然不够完善,对母体院校的依赖较强,在课程以及专业设置方面缺乏较为明确的定位,也未能结合自己的未来发展趋势落实及时的调整,导致实践课程和理论课程之间的联系不够紧密,甚至比例失调现象十分严重。[3] 而在进行产学研合作人才培养模式研究的过程中,也缺乏规范性的管理方法,整体的研究和实践模式过于散乱,导致无法实现快速的发展。

2.3.4 资金投入力度不足

由于独立学院以民办院校为主,和其他的公办院校相比,在教学科研投入方面,经费的短缺限制了独立院校的自身发展,而产学研合作人才培养模式要求院校为学生提供科学合理的实验基地及模拟实验场所等,若院校自身的设施较为落后、数量不足,将影响学生的实际教学实践,也无法吸引高质量的人才团队落实教学创新,在争夺社会企业资源的过程中也就缺乏实力,导致产学研合作人才培养模式不仅无法落实,还有可能对院校的发展造成更大的压力和影响。

2.4 新时期独立院校落实产学研合作人才培养模式的优化建议

2.4.1 合理落实专业结构设计

在高等院校落实人才培养的过程中，结合人才需求以及整体社会产业结构需求，打造多样化的学科体系和课程体系至关重要，而独立学院建立在地方经济服务职能的基础上，也必须为人才的发展制定更多的目标，因此，可以打造多样化学科统一结合的课程体系。以基础理论学科、专业实践学科以及创新应用学科为主，实现教学内容和教学形式上的交叉及融合。另外，必须深入解析产学研合作教学模式的特点和内涵，坚持以提升学生的专业技能为目标，利用岗位实践和企业引导，提升学生的综合能力，进一步拓展创新应用学科的比例，同时，拓宽应用范围和学习平台，按照不同专业后期的社会岗位服务体系，打造实践性课程，利用企业的专业化人才进行技术引导，这种方式不仅能够强化学生的理论功底，还可以具备验证理论、应用理论以及创新理论的能力。

2.4.2 构建新型的校企合作机制

社会生产企业是独立院校落实产学研教学模式改革的重要参与主体，因此企业必须发挥自身的实际教育价值。独立院校在选择符合自身教学模式的企业机构之前，必须进一步增强自身的基础实力，具备完善的管理模式和教学体系，加强对社会企业资质以及生产运行质量的审查和分析，确保企业的加入能够为学生的发展提供价值。接下来可以打造"2+1"或者"3+1"的人才培养模式，让学生组成探究小组，由企业结合不同的岗位需求和自身的运行需求下发订单。[4] 在学生接受基础专业理论教学的同时，能够以订单为实践培养方法，进一步强化学生的综合实践能力。与此同时，也要让企业介入学生的学习成效评价，通过企业的订单式结论反馈评估学生的实际状态，并且打造基础人才培育信息库。将学生完成的订单任务，以数据的形式记录下来，不仅能够作为评估学生质量的重要依据，也可以为后续的企业落实订单教学方案的创新奠定基础。

2.4.3 进一步打造新型的师资团队

在注重产学研合作人才培养模式构建的过程中，企业要结合院校的需求，提供相应的教学辅助；而院校也要发挥自身的实际能力，为学生提供强有力的教学保障。其中，师资队伍是直接影响学生学习质量的重要因素，因此在产学研合作人才培养的过程中，学校需要构建起"双师型"师资队伍，即院校教师与企业引导人员相结合，提升自身师资队伍的双技能水平，即理论知识教学能力和综合实践创新能力，让学生在理论课堂上能够接受专业的理论教育和与实际企业要求相符的知识引导。院校需要通过外聘、引进、兼职等方式，让高级的技术人员以及企业专家等，参与到院校的教学中来，共同为学生提供更加全面的知识引导；要为院校自身的教师队伍提供自我提升和创新学习的平台，可以通过教学科研、课题研讨会、国际性的教学会议等形式，[5] 进一步加强独立院校自身教师的综合教学质量；要鼓励教师积极主动地落实自我技能和综合素养的提升。只有具备一支高质量、专业化，以及具备企业规范性的师资团队，才可以让产学研合作人才培育模式的落实具备多方面保障。

2.5 结论与展望

2.5.1 结论

综合来讲,当前独立学院的发展,必须结合教学模式和教学理念进行优化,那么,产学研合作人才培养模式本身便与独立学院的发展具有一定的交互关系,将产学研教学合作模式融入独立学院的创新,不仅能够提升独立学院的发展质量,还可以促使高等教育向创新型教育和实践教育方向转型。

2.5.2 展望

独立学院的发展必须符合社会的人才需求,同时也要坚持以我国高等院校教学模式以及教学理念为指导依据,共同打造新型的教学理念体系,要迎合当前社会产业结构调整的趋势,制定风险预控制度,确保能够及时跟进社会发展的脚步。

为了更需要贴近社会实际,打造高性能、智能化的实践平台,学校可以邀请企业介入,构建一线经营业务办理点,为学生参与校园社会实践提供依据,同时院校也可以将教职人员纳入企业的管理团队,亲身体会企业的发展形势和相关需求,为教学创新提供更加科学的依据。

参考文献

[1] 王保林,张铭慎. 地区市场化、产学研合作与企业创新绩效[J]. 科学学研究,2015(5):748-757.

[2] 黄菁菁. 产学研协同创新效率及其影响因素研究[J]. 软科学,2017(5):38-42.

[3] 王恒,曹洪珍. 创新创业教育背景下旅游管理人才培养模式的构建——以辽宁对外经贸学院为例[J]. 大连民族学院学报,2015(6):606-609.

[4] 李恩极,李群. 政府主导的产学研协同创新的利益分配机制研究[J]. 研究与发展管理,2018(6):75-83.

[5] 张纪尧. 市场导向的政产学研用协同创新模式及保障机制研究[J]. 才智,2018(32):223.

新形势下独立学院护理学专业师资队伍建设探讨

——以北京科技大学天津学院为例

邢冬婕[①]

（北京科技大学天津学院大健康学院，中国 天津 301830）

摘　要：本文以北京科技大学天津学院护理学专业为例，分析了目前一线师资队伍的现状、存在的问题及问题产生的原因，并结合独立学院面临的改制新形势，探索如何建设一支理论基础扎实、临床实践经验丰富、教学能力突出、职业发展稳定的师资队伍，从而稳步提高教学质量。

关键词：新形势；独立学院；护理学；师资队伍

独立学院作为高等教育大众化背景下产生的一种办学模式，为我国扩大高等教育资源供给、培养继续应用型人才、优化高等教育区域布局、促进高等教育发展做出了重要贡献。[1]

护理学科建设强调"加强基础理论、强化专业技能、注重综合素质发展的护理专业学科型与应用型相结合"的人才培养模式，护理学专业在独立学院中的开设标志着医学教育进入了新的时代，护理学专业作为实践要求较高、培养较为严格的专业，在独立学院的建设尤为重要。[2]

近年来，随着社会转型的加快和"后大众化"时代高等教育系统发展的需要，培养应用型人才和推进地方普通本科高校、独立学院向应用型大学转型成为政府和学界关注的热点。[3] 2020年5月，教育部印发《关于加快推进独立学院转设工作的实施方案》，指出到2020年年末，各独立学院要针对不同区域、不同类型、不同模式，全部制定转设工作方案，同时推动一批独立学院实现转设。

北京科技大学天津学院于2018年开设护理学专业，目前已招收三届学生，在校生共计323人。如何在新形势下构建一支理论基础扎实、临床实践经验丰富、教学能力突出、职业发展稳定的师资队伍，从而稳步提高教学质量，是亟待思考和解决的问题。

1 护理学专业师资队伍现状

经过近三年的专业建设，现拥有专职教师9人，兼职教师28人。

---

① 邢冬婕，女，1979年3月23日出生，天津宝坻人，北京科技大学天津学院大健康学院护理系副主任，主任护师、教授，硕士，主要研究方向为护理教育与管理，2019年5月至今在北京科技大学天津学院工作。

职称结构比情况：专职教师中，正高职称3人，占比33%；副高职称3人，占比33%；中级职称1人，占比12%；初级职称2人，占比22%。兼职教师中，正高职称10人，占比36%；副高职称11人，占比39%；中级职称7人，占比25%。

教师来源情况：专职教师中，由临床护理、护理管理岗位退休或辞职来院者5人，占比56%；医学教育岗位退休或辞职来院者4人，占比44%。兼职教师中，医疗机构临床工作人员9人，占比32%；医学院校教师19人，占比68%。

专职教师年龄层次情况：40岁以下3人，41~50岁4人，51岁以上2人。

2　护理学专业师资队伍存在的问题

2.1　专职教师

2.1.1　数量不足

2018年护理学专业招收第一届学生60人，2019年和2020年分别招收97人和166人，招生人数呈现明显增加趋势。但专职教师目前仅有9人，其中包括系主任1人、副主任2人（1人兼教学秘书），基础医学和临床护理实验教师各1人，其余为专职课任教师。专职教师的数量远不能满足逐年增加的学生数量和教学工作量需求。

2.1.2　临床经验与教学经验各有优势与短板

专职教师多为从临床护理工作岗位辞职来院，从年龄和经验来看，呈现两个端点。

年龄超过40周岁的教师，临床护理和护理管理经验丰富，均为硕士研究生学历水平，学习能力强，对教学工作的领悟能力高，能较快地进入教师角色，且能将自身优势充分发挥出来，带给学生多层次、多角度、多维度的课程学习内容与效果。同时，注重学生综合素质的培养，注重人际沟通能力、临床思维能力、发现问题、分析问题和解决问题能力等的提升，但基础医学理论功底不够深厚，需要尽快提升短板，融合基础医学知识，更好地为临床护理课程增加理论支撑。另外，她们从医院临床的护士培训走向本科护生的授课讲台，需要从各方面逐一规范，才能逐渐胜任角色。

年龄在30周岁以下的教师，多为本科毕业后直接进入学院，担任实验教师工作。她们年富力强，朝气蓬勃，接受新事物的能力非常强，也比较善于与大学生沟通。但欠缺临床工作经验，在教学中习惯性重理论而轻实践，自身也很少融入医院行业，实践经验明显不足，从而导致理论与实践、教与学等方面的脱节现象严重。[4]

2.1.3　短期内成长需要巨大提升

教师的成长需要一定的时间与空间，不是一蹴而就的。尤其是护理专业教师队伍，因为培养的是将来要直面生命的护士，是敢与死神赛跑、能在一线抢救病人生命的护士，是能够具备良好的职业素质，理论功底扎实、技术能力过硬、心理素质超强、人文关怀温暖的护士，而能够培养出具备这些优秀品质的护士，前提是大幅提升教师队伍的职业素质。要让他们在短期内迅速成长起来，发挥各自优势，补齐个人短板，才能不断提高教学质量。

2.1.4　青年教师未来职业发展不清晰

近两年来，陆续有两名专职教师离职，多名护理应届本科、应届研究生通过面试后放弃入职手续。这其中不乏个人选择因素，但新形势下部分独立学院的转制尚未清晰，也是造成青年教师对未来职业发展不明了的原因之一。对职业生涯发展方向的未知与迷茫,在一定程度上动摇了他们在独立学院从事教师职业的信心与决心,而教师队伍的稳定性恰恰是一个新建专业平稳有序发展最重要的前提。

2.2 兼职教师

2.2.1 缺乏归属感,未能充分发挥主观能动性

目前师资队伍仍以兼职为主,以签订劳务合同、结算课时费的形式完成。教师根据教学大纲和授课计划,按照学院专业统一要求,完成授课任务。但教师下课即离校,与学生课下沟通交流多在授课平台进行,与系部日常工作交集很少。兼职教师缺乏集体归属感,从而也很难激发出兼职教师的主观能动性,无形中浪费很多兼职教师的优质潜在资源。

2.2.2 教学管理有待进一步规范

兼职教师很大一部分是临床工作人员,临床任务繁重,在抽时间完成授课任务的同时,很难保证严格按照教学要求规范教学文件和教学流程;还有一部分兼职教师虽然是高校专职教师,但已退休或接近退休年龄,年龄大,对线上教学、APP平台授课等新鲜事物接受能力较差,这也是教学管理面临的问题之一。

3 构建稳定有力的师资队伍建议

3.1 继续引进专职教师,根据个人优势分担专业课程

在现有专职教师队伍基础上,继续择优引进,合理分配专业课授课任务,确保工作最优化。目前,根据专职教师队伍中各人能力优势,已分别承担外科护理学、基础护理学、护理综合实训、妇产科护理学、护士人文修养、儿科护理学、护理心理学、精神科护理学、中医护理学、医用生物化学等课程的授课任务。

下一步将引进教师,承担内科护理学、外科护理学、健康评估等主干课程的授课任务。逐渐形成以专职教师为主、以兼职教师为辅的师资队伍。

3.2 筛选保留优秀兼职教师,形成长期稳定兼职队伍

经过近三年的教学实践,已逐步筛选出一部分高度负责、认真严谨、教学经验丰富的优秀兼职教师,他们能够将深奥的医学知识化之有形、道之有迹,用生动形象的案例,将教材内容化繁为简,深入浅出,深受学生喜爱。

将这些兼职教师作为稳定的师资队伍成员,与学院签订长期聘用合同。同时,加强对兼职教师的尊重、关心与照护,让他们加深归属感,感受到学院的关怀,从而激发他们内在的主观能动性,多多提供优质资源,为护理专业的未来发展提供强有力的支持。

3.3 合理引进临床专业技术和管理人才,充实"双师型"教师比例[5]

适当引进基础扎实,具有丰富实践经验和操作技能,具备教师基本条件的专业技术人员和管理人员,充实师资队伍,充分发挥其临床资源优势,优化教师队伍整体结构。[6]

3.4 专兼职队伍合理搭配，根据课程结对，快速提升专职教师教学能力

从课程属性入手，认真分析各位专职教师的优势和短板，合理分配兼职教师作为其结对帮扶导师，尽快提升专职教师的基础医学知识水平、授课经验、课堂管理经验等。

通过结对帮扶，让专职教师在某个甚至数个方面迅速提高，同时也充分发挥兼职教师的特长，起到以老带新、以高带低的作用。

3.5 定期组织教师业务培训，鼓励专职教师继续攻读更高学位

由专职教师中两位博士负责制订教师培训计划，定期对专职教师进行业务能力培训，内容包括高校教师的素质要求，多媒体课件的制作，课堂管理与授课方式方法等。对系内新授课教师要严格把关，听课过程中发现问题要及时反馈，尽快改进。系部专职教师间互相听课，取长补短，不断提升授课水平。

同时，鼓励专职教师进一步提升学历，攻读硕士、博士学位，不断提高学习能力。

3.6 为青年教师创造外出进修学习机会，谋划职业发展方向

针对临床经验少、教学经验少的青年教师，利用寒暑假为其联系三甲综合医院进修学习，参加高校教师培训活动等，通过外出培训，结合目前工作现状，合理筹划职业发展，使其有目标、有定位、有方向，进一步促进其发展。

独立学院护理学专业师资队伍建设是学科发展的重要前提，新形势下如何构建一支理论基础扎实、临床实践经验丰富、教学能力突出、职业发展稳定的师资队伍，更是值得探讨的问题，因为它关乎护理学专业在独立学院的未来发展，关乎学院培养的护理人员质量，更关乎护理队伍接班人的品质。

参考文献

[1] 海琛. 独立学院护理专业学生就业前景与人才培养方法分析 [J]. 中国卫生产业，2016，13（9）：116-118.

[2] 牛育鸿，侯延丽，李淑娟. 独立学院护理学专业师资队伍建设探讨——以延安大学西安创新学院医学系为例 [J]. 新西部，2010（20）：121-123.

[3] 杨德广. 独立学院的发展模式及未来走向 [J]. 教育发展研究，2010（15-16）：103-107.

[4] 朱效迅. 关于构建创新型艺术设计人才培养模式的探索与研究——以高职院校为例 [D]. 苏州：苏州大学，2012.

[5] 李洪军. 高等职业教育"双师型"教师队伍的培养 [J]. 教育教学论坛，2013（42）：47-48.

[6] 杨亚. 独立学院护理类专业校企双导师制课程教学改革研究 [J]. 全科护理，2016（28）：3001-3002.

独立学院大一学生劳动意识现状及培养路径初探

——以北京科技大学天津学院为例

石东峰[①]　宋天月　刘　杰　王鹏文

（北京科技大学天津学院劳动学院，中国 天津 301830）

摘　要：通过对 2 342 份调查问卷的分析，本文对独立学院大一学生劳动意识现状作了分析。总的来说，学生具有基本的劳动习惯，劳动价值观基本正确，但是由于在成长过程中缺乏劳动实践教育，导致部分学生养成好逸恶劳、轻视体力劳动、劳动价值取向功利化等问题。针对这些问题，结合学校开展的劳动实践教育活动，本文提出独立学院通过开设劳动实践必修课程、加强劳动文化宣传、科学评价激励等路径培养学生劳动意识。

关键词：独立学院；劳动习惯；劳动意识；培养路径

习近平总书记在2018年全国教育大会上提出，"要在学生中弘扬劳动精神，教育引导学生崇尚劳动、尊重劳动，懂得劳动最光荣、劳动最崇高、劳动最伟大、劳动最美丽的道理，长大后能够辛勤劳动、诚实劳动、创造性劳动"，"要努力构建德智体美劳全面培养的教育体系"。[1] 2020年3月，《中共中央 国务院关于全面加强新时代大中小学劳动教育的意见》发布，进一步为加强大中小学劳动教育，坚持立德树人，贯彻五育并举，培养理论与实践结合、学用一致的时代新人进行了系统的设计和全面部署。2020年7月，教育部发布《大中小学劳动教育指导纲要（试行）》，明确了强化劳动教育的具体方案。大学生正确的劳动意识是否养成，是否形成完善的劳动观念，不仅决定着他们的学习态度、奋斗精神，而且对今后的择业就业、投身实现"中国梦"的伟大事业都有深刻的影响。[2]

劳动意识是指人们对劳动的看法和态度，它"由人们对劳动目的、价值、意义和态度等方面的内容构成"，影响着人们的世界观、人生观、价值观的形成。[3] 独立学院学生是大学生中比较特殊的一部分，他们既有当代大学生的共性、个性张扬、乐于表达、思想活跃、目标明确，又有其诸多特殊性。[4] 为了掌握学生的劳动意识现状，笔者通过线上调查的形式对大一学生的劳动意识进行调研。

---

① 石东峰，男，1991年3月12日出生，河南商水人，硕士，主要研究方向为农事劳动教育与植物营养，2019年8月至今在北京科技大学天津学院工作。

1 研究方法与思路

通过制作《大一学生劳动意识现状的调查问卷》进行线上调查，问卷主要用于调查大一学生的劳动习惯、劳动价值观、劳动意识现状，了解学生对劳动实践教育的看法。问卷主要包含三个部分，第一部分为个人基本信息；第二部分为劳动意识相关内容调查，包括劳动习惯、劳动价值观及劳动意识现状；第三部分为学生的劳动实践经历及对劳动实践教育的看法。掌握学生的劳动意识现状，初步分析形成原因，从而探索独立学院学生劳动意识培养的路径。

2 调研结果分析

2.1 调研对象基本情况

本次调查问卷面向全校大一学生，共计发放3 000份，总计回收问卷2 490份，问卷回收率为83%。对问卷进行梳理，去除题目回答不完整、答题不符合要求、选项前后矛盾等问题问卷，总计有效问卷2 342份，有效问卷回收率为78%。问卷资料经过核查之后录入Excel表格，进行汇总、分析。

如表1所示，本次调查问卷的样本的基本情况中，在男女比例上，女生参加调查的人数为1 330，占56.8%，男生1 012人，占43.2%，女生比例高于男生；在独生子女方面，独生子女家庭的学生有868人，占37.1%，非独生子女家庭的学生有1 474人，占62.9%，非独生子女家庭的学生比例高于独生子女家庭的学生；在家庭来源方面，来自农村的学生仅为736人，占31.4%，来自城镇的学生为1 606人，占68.6%（其中乡镇39.8%，城市28.8%）；在父母职业方面，农民为25.8%，工人为17%，公司职员为17.5%，公职人员为17.3%，商人为21.6%，其他为0.8%。

表1 调查对象的基本情况

基本情况	选项	频数	百分比
性别	男	1 012	43.2%
	女	1 330	56.8%
独生子女	是	868	37.1%
	否	1 474	62.9%
家庭来源	乡村	736	31.4%
	乡镇	931	39.8%
	城市	675	28.8%
父母职业	公职人员	404	17.3%
	公司职员	410	17.5%
	工人	398	17.0%
	农民	605	25.8%
	商人	506	21.6%
	其他	19	0.8%

2.2 大学生劳动习惯现状

2.2.1 家务劳动

如图1所示,偶尔做家务的学生数量最多,达52.56%,经常做家务的学生比例为45.86%,从不做家务的学生最少,为1.58%;在被问到家长是否要求做家务的问题时,获得的调查结果与做家务的学生的趋势是大致相同,家长偶尔要求做家务的学生最多,占71.70%;经常被家长要求做家务的学生比例为20.32%;从来没有被家长要求做家务的学生最少,占7.98%。

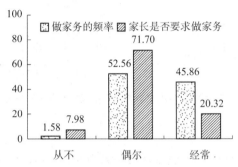

图1　学生做家务及被家长要求做家务的比例（%）

大学生做家务的频率不但与个人的劳动习惯有关,也与父母是否要求做家务有关。从调查结果来看,只有极少数的学生（0.26%）认为"家务是父母的事,和我没有关系";有3.93%的学生认为"在父母的要求下做一些家务可以";25.83%的学生认为"父母工作比较累,偶尔帮一下还是可以的",认为做家务是在帮助父母;大多数的学生（69.98%）在做家务方面还是有正确的认识,选择了"作为家庭的一分子,我应该主动承担一部分家务"。

2.2.2 宿舍内务

如图2所示,在打扫宿舍卫生的频率上,67.25%的学生能够参与其中,每周能够打扫一到两次,只有32.02%的学生能够做到每周打扫三次以上,仍有0.73%的学生从不打扫宿舍卫生。大部分学生（77.67%）能够意识到宿舍是公共卫生区域,应该大家轮流打扫,也有不少的同学（21.65%）认为打扫宿舍卫生全靠自觉,自己看不下去就打扫一下,只有很少的学生（0.38%）认为打扫卫生是浪费时间,应该请家政来完成或采取消极态度让愿意做的舍友去打扫（0.30%）。在宿舍需要打扫卫生时,有68.96%的学生愿意自己主动承担打扫任务,有28.74%的学生选择提醒值日的同学打扫,而视而不见等别人打扫的学生占1.62%,也有0.68%的学生选择采取消极抱怨的态度,看是否有人主动打扫。

如图2中Ⅳ图所示,学生的床单衣物的洗涤方式主要是自己动手洗,占62.51%;花钱用自助洗衣机洗的学生占29.76%;有6.19%的学生选择雇阿姨或者送到洗衣房;选择带回家让父母洗的学生有36人,占1.54%。

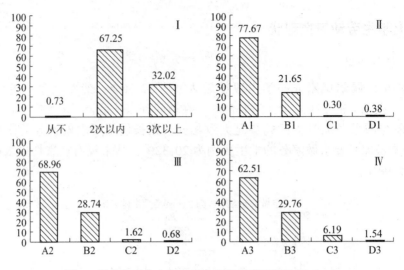

图2 学生在宿舍内务整理方面的劳动习惯比例（%）

注：图Ⅰ为每周在宿舍打扫卫生的频率分布；图Ⅱ为对宿舍打扫卫生的看法，A1表示公共卫生应该大家轮流值日，B1表示全靠自觉，看不下去了就打扫一下，C1表示让愿意做的室友去打扫，D1表示打扫卫生浪费时间，应该请家政来完成；图Ⅲ为打扫宿舍卫生的主动性调查，A2表示自己主动打扫，B2表示提醒值日同学，C2表示视而不见等别人打扫，D2表示抱怨一下看看有没有人打扫；图Ⅳ为关于洗衣方式的调查，A3表示自己动手洗，B3表示用洗衣机洗，C3表示雇阿姨洗或者交给洗衣房，D3表示带回家洗。

2.3 大学生对劳动价值观的认知

大学生对劳动价值观的认知调查结果如表2所示。

表2 大学生对劳动价值观的认知调查结果

观点	选项	频数	比例
劳动最光荣	劳动创造价值，很光荣	1 964	83.86%
	我劳动，但是没觉得光荣	330	14.09%
	谁觉得光荣谁劳动	48	2.05%
劳动首要的目的	服务社会，实现自我价值	1 616	69.00%
	实现个人发展，达到一定的社会地位	325	13.88%
	获得劳动报酬，满足生活需要	382	16.31%
	其他	19	0.81%
体力劳动的作用	非常重要，是人类建设的基础	1 500	64.05%
	比较重要，部分岗位需要体力劳动	780	33.30%
	不重要，体力劳动终将被科技替代	62	2.65%
对体力劳动者的看法	劳动人民最光荣	1 601	68.36%
	和其他劳动没有区别	510	21.78%
	地位低，不体面	231	9.86%

续表

观点	选项	频数	比例
参加工作后的劳动方式	体力劳动	80	3.42%
	脑力劳动	135	5.76%
	体力脑力劳动结合	2 127	90.82%
好（多选）工作的标准	收入高，福利好	1 363	58.20%
	当白领，坐办公室	408	17.42%
	受人尊敬，地位高	883	37.70%
	自己喜欢的就是好工作	1 942	82.92%
	只要不是体力活就行	86	3.67%
	其他	30	1.28%

从表2的调查结果可以看出，大学生的劳动价值观基本正确，认为"劳动创造价值，很光荣"的学生占83.86%，认为"我劳动，但是没觉得光荣"的学生占14.09%，仍然有48名学生关于劳动光荣的看法比较消极，认为"谁觉得光荣谁劳动"，占2.05%；对于劳动的首要目的的问题上，有69.00%的学生认为通过劳动"服务社会，实现自我价值"，13.88%的学生认为劳动的目的就是"实现个人发展，达到一定的社会地位"，部分学生认为劳动就是为了"获得劳动报酬，满足生活需要"，有19位学生表达了自己的看法，"为了钱""为了自我快乐和满足""不知道"等，占0.81%。

在对体力劳动的看法上，64.05%的学生认为体力劳动"非常重要，是人类建设的基础"，33.30%的学生认为"比较重要，部分岗位需要体力劳动"，认为"不重要，体力劳动终将被科技替代"的学生有62位，占2.65%；在对体力劳动者看法的问题上，仅有68.36%的学生认为"劳动人民最光荣"，认为"和其他劳动没有区别"的占21.78%，有9.86%的学生认为体力劳动者"地位低、不体面"；大部分的学生（90.82%）能够正确认识到参加工作后自己要付出体力和脑力劳动，有5.76%的学生认为参加工作后只从事脑力劳动，3.24%的学生认为参加工作后只从事体力劳动；在工作选择方面，大学生的个性比较强，82.92%的学生认为"自己喜欢的就是好工作"，其次是"收入高，福利好"，占58.20%，"受人尊敬，地位高"占37.70%，选择"当白领，坐办公室"的学生占17.42%，也有学生（3.67%）表示"只要不是体力活就行"。

2.4 大学生对自身劳动观念的认知

本次问卷调查关注了大学生对自身劳动观念的认知，结果如图3所示。认为目前大学生劳动观念普遍缺失的学生占21.73%，认为部分缺失的学生比例最大（58.03%），只有9.14%的学生认为当代大学生劳动观念完善，有11.10%的学生表示"不清楚"；在问到部分大学生不爱劳动的原因上，63.19%的学生选择了"做事怕苦怕脏怕累"，55.68%的学生认为是"好逸恶劳，懒惰使然"，"认为自己不应该劳动"的学生占41.84%，"讲求个人利益"的学生占46.58%，有2.86%的学生提出了自己的看法，认为是"被父母宠坏了""学习比较忙""没有劳动习惯"。

在大学生劳动观念缺失原因的问题上，有45.60%的学生认为是"溺爱使之缺乏劳动习惯"，31.64%的学生认为是形成"错误的劳动观念"，而认为是"不良社会风气的影响"的学生比例占14.90%，有5.00%的学生认为是"学校劳动教育缺乏"，2.86%的学生表示"功利主义""没有兴趣"等；关于大学生劳动意识缺失的表现，43.85%的学生认为是"缺乏奉献精神"，而认为"贪图安逸，好吃懒做"的学生占42.14%，也有不少的学生（11.57%）认为是"金钱至上，利益为先"，2.43%的学生表示"没有正确的价值观""没有时间参加劳动""不知道"。

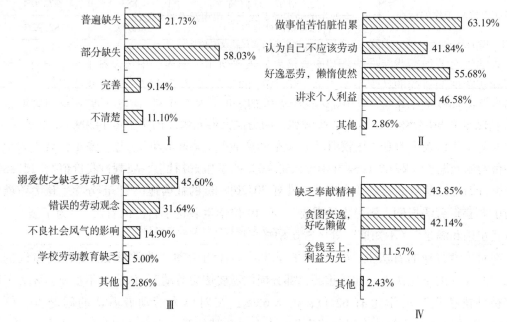

图3　大学生对自身劳动意识的认知调查结果

注：图Ⅰ为大学生劳动观念现状；图Ⅱ为部分大学生不爱劳动的原因；图Ⅲ为大学生劳动观念缺失的原因；图Ⅳ为大学生劳动观念缺失的表现。

2.5　大学生对劳动实践教育的认识情况

大学生劳动实践课经历及课程开设的必要性如图4所示。从图4中可以看出，大学生在求学经历中从来没有上过劳动课程的学生占29.25%，只有47.05%的学生偶尔有过劳动实践课，经常上劳动实践课的学生仅占9.09%，一直有劳动实践课的学生比例为14.60%；在问到本专业是否有必要开设劳动课程时，有22.16%的学生认为十分必要，18.10%的学生认为是相当必要，而认为必要性一般的比例最大，为38.22%，有点必要的学生占9.65%，认为没有必要的学生占11.87%。

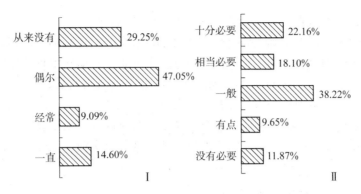

图4 大学生劳动实践课经历及课程开设的必要性

注：图Ⅰ为大学生劳动实践课经历；图Ⅱ为大学生劳动课程开设的必要性。

大学生对劳动实践课程的认知调查结果如表3所示。从表3中可以看出，学生对学校开设劳动实践课的目的的认识基本正确，80.66%的学生选择了"以劳动为载体提高学生综合素质"，70.24%的学生选择了"通过体力劳动锻炼一下身体"，选择"课上学一些劳动技能"的同学占49.27%，有32.41%的学生认为是"学习累了，让大家放松一下"，只有3.80%的学生认为上劳动实践课是"对学生的惩戒"；在课程内容方面，学生最感兴趣的是"种植作物，管理小菜园"（64.43%），54.40%的学生选择了"植树种花，绿化校园"，有53.80%的学生选择了"手工创作"，只有20.20%的学生选择"打扫校园，美化环境"，"都不感兴趣"的学生占3.25%。

表3 大学生对劳动实践课程的认知调查结果

观点	选项	频数	比例
开设劳动实践课的目的	以劳动为载体提高学生综合素质	1 889	80.66%
	学习累了，让大家放松一下	759	32.41%
	通过体力劳动锻炼一下身体	1 645	70.24%
	课上学一些劳动技能	1 154	49.27%
	对学生的惩戒	89	3.80%
感兴趣的劳动实践内容	种植作物，管理小菜园	1 509	64.43%
	手工创作	1 260	53.80%
	打扫校园，美化环境	473	20.20%
	植树种花，绿化校园	1 274	54.40%
	都不感兴趣	76	3.25%

3 结论与展望

3.1 大学生劳动意识现状

家长对子女的百般呵护、过分溺爱使子女难以形成良好的劳动习惯，缺少艰苦奋斗和脚踏实地的精神。在家庭里，父母主观上缺乏劳动教育意识，片面地认为孩子的任务就是学习，未长远考虑，并没有去培养孩子的劳动习惯与劳动意识。

大学生劳动价值观基本正确，但是受不良社会风气影响，互联网上内容良莠不齐，大学生的三观正处于不断确立的时期，未形成自身的社会观念，易受到潜移默化的影响，进而导致部分学生形成个人主义，利益至上，缺乏奉献精神，不懂得与他人合作。[5] 这就导致大学生劳动意识淡薄，做事怕脏怕累，轻视体力劳动。

大学生缺乏系统、完善的劳动实践教育，学校要与时俱进，根据政策要求开足开齐劳动实践课，补齐短板。调查结果显示，大学生已经认识到开设实践课程的意义，认为有必要让其动手锻炼，以劳动为载体提高学生综合素质。

3.2 大学生劳动意识培养途径

（1）开设劳动实践必修课程。以必修课程的形式普及通用劳动科学知识，通过参与课堂劳动任务，提高动手实践能力，树立正确的劳动意识，形成科学的劳动观。编写劳动实践指导手册，明确教学目标、活动设计、工具使用、考核评价、安全保护等劳动教育要求。

（2）构建劳动实践教育宣传平台。用好橱窗、海报、标语、报纸等传统媒体，发挥网络、微信、微博等新媒体平台优势，提升劳动实践教育的吸引力和感染力；通过微直播、微寄语等板块，分享劳动实践教育感悟，增强劳动实践教育的互动性。

（3）科学建立劳动评价标准和激励机制。注重学生对劳动过程和成果展示的日常活动记录，对学生进行年度考核，根据日常活动记录及反思总结，对大学生劳动素质进行评价，结合实际学校情况，出台与评优评先、毕业等相关的激励政策，引导学生将自我价值与社会价值相统一。

3.3 展望

家庭重智轻劳，学校劳动实践教育体系不完善，及社会不良风气的影响，使新时代大学生出现"不爱劳动、不想劳动、不会劳动"的现象，因此需要家庭、学校和社会共同努力，为大学生营造良好的劳动实践教育环境，加强劳动意识的培养，促进其形成正确的劳动观念，养成良好的劳动习惯，促进大学生自由而全面发展。

参考文献

[1] 杜人杰，高天. 大学生劳动意识现状及培养路径研究[J]. 沈阳建筑大学学报（社会科学版），2020（1）：82-86.

[2] 万婕，朱惠蓉. 新时代高校劳动教育的价值意蕴与实践路径[J]. 山西师大学报（社会科学版），2020（6）：118-122.

[3] 陈建波，游宗英. 新时代大学生劳动教育现状及提升路径分析[J]. 当代教育实践与教学研究，2020（4）：212-213.

[4] 汪萍. 高校劳动教育的发展历程、基本经验与进路选择[J]. 黑龙江高教研究，2020，320（12）：12-16.

[5] 梁广东. 新时代应用型高校劳动教育的时代价值、实践原则及推进理路[J]. 教育与职业，2020（20）：108-112.

基础课教学与大学新生创新意识培育

杨淑荣[①] 徐美林

（北京科技大学天津学院基础部，中国 天津 301830）

摘　要：创新意识是应用型高校人才培养质量的重要体现。本文探讨了基础课教学培养创新思维的重要性，分析了应用型高校大学新生入学时的状态及传统教法的局限性，并结合近几年基础课教学实践，提出了教学过程中注重多学科的融合、知识迁移等教学改革的方法和思路，为培养学生创新意识提供了有益的参考。

关键词：大学新生；创新意识；基础课；应用型人才；教学方法

应用型高校教育思想的核心是为国家培养合格的高素质应用型人才，开展素质教育和培养学生创新能力是新时代院校对人才培养的基本要求，也能更好地满足社会的需要。[1]

当前，由于中学阶段仍面临升学压力，以应试教育为主的教育环境没有发生根本性的转变，长期接受的传统教学模式使学生考入大学后很不适应。[2] 如何正确引导大学生学习，提高他们的创新意识与能力，是摆在基础课教师面前的一个重要问题，也是大学生在校培养阶段的一个不可忽视的过渡环节。近几年来，我们在教学改革与教学实践中，注意正确引导学生由应试学习向自主学习转变。随着5G时代的来临，互联网教学平台的发展为深化教育改革提供了新机遇，也提出了新的要求，[3] 使各院校迸发出加强大学新生基础课创新教育的思想火花。2020年新冠肺炎疫情期间，基础课教师们离开传统教室，广泛地使用网络资源进行教学，这让我们不断反思传统教法，思考新形势下的教学理念，强化以创新为核心的素质教育，以理论研究指导我们的教学实践，达到良好的教学效果。

1　科学素质和创新意识培养的教改实践

随着教学改革的日益深入，针对基础课教学相对稳定的特点，以减轻学生负担、提高教学质量为目的，以适应培养高素质应用型人才的需要，处理好基础课内容与教学方法的与时俱进。

1.1　适应教学改革的要求，在教学中注重数理融合

从微积分的产生、发展的历史可以看出，物理学的研究和发展需要是微积分产生的

---

① 杨淑荣，女，1963年11月出生，天津宝坻人，北京科技大学天津学院基础部副教授，主要研究方向为常微分方程稳定性理论，2018年9月至今在北京科技大学天津学院工作。

"催生婆"和原动力，而微积分的产生和发展又为物理学的研究和发展提供了有力的工具，同时也为物理学由经典向近代发展建构了强有力的桥梁。[4] 因此，我们要在高等数学、大学物理等课程教学中，注意相互融合。例如，在介绍导数概念时，除讲清其概念和几何意义外，还特别讲清其物理背景：位移对时间的变化率——速度、速度对时间的变化率——加速度问题。在讨论两类曲线、曲面积分的差别时，结合物理学教学中求曲线和曲面形构件的质量时，不用考虑曲线的方向及曲面的侧，引入第一类曲线、曲面积分；而从物理意义要求需要考虑曲线的走向，如当计算变力推动物体沿某曲线运动做功时，就需要讨论第二类曲线积分；又如，物理课在介绍电场、磁场和引力场时，重点讲清概念、性质；对于数学描述，结合数学教学中的曲线、曲面积分和场论，使学生很容易掌握计算方法，通过数理融合的教学，使学生对数学理论、物理背景及实际模型印象深刻，便于理解和掌握，从而培养学生理论联系实际的能力。

1.2 适应创新意识培养的要求，改进教学方法

在基础课教学中，围绕培养学生创新意识这个核心，拓展灵活多样的教学方式。

1.2.1 讨论式教学，培养学生的团队协作创新精神

如，在数学建模相关课程的教学中，教师可以提出问题，然后由学生成立讨论小组，大家认真思考、充分交流、彼此启发，这样博采众长，既解决了问题，又培养了学生的团队意识和协作精神，能很大程度上激发学生创造性工作的热情和群体创造性思维的能力。

1.2.2 类比式教学，培养学生知识迁移能力

类比法在科学发展中有十分重要的意义。例如，在数学中可以采用多种多样的类比，如从多元函数与一元函数微积分概念的类比，到定理间类比、观点类比、方法类比、章节类比和习题类比等，这是一种拓展思路的联想思维方法，也是一种创新思维的过程。实践中，在教导学生解题时，如果遇到一时解不出或证不出来的题目，引导学生回忆一些类似、熟悉但不难解答的"老问题"，再从"老问题"入手，启发式地引导学生进行分析对比，获得新题的解答思路，从而激发和培养学生知识迁移能力。

1.2.3 研究式教学，鼓励学生发现和探索

在对同一问题进行讲解时，要引导学生从问题的各个侧面进行探索，从中发现解决问题的线索，这时需要给学生留有充分的思考空间和时间，去图书馆、网络查阅资料分析研究。同时，对学生的点滴发现都给予热情的鼓励和赞扬，激发学生的兴趣和求知欲。在这方面我们做了大量工作，也取得了显著的效果，学生反映对知识理解得更透彻了。结合培养应用型人才的需要，基础课教学中虽然在教学方法上进行了很多新的尝试，但结合应用型高校大一新生特点，将来还有大量教学探索工作要做。

2 在理论教学中培养学生正确的世界观和方法论

以数学知识为其坚实基础的自然科学以物为研究对象。数学、物理教学是基础课教学的重要部分，基础课对学生科学思维方法的训练，正是数学教学通过各个教学环节对学生进行的；而世界的物质性和物质世界的同一性，体现了物理教学中的矛盾对立统一的辩证性。[4] 学生在接受基础课教育的同时也受到唯物辩证法思维的训练，这本身就是素质教育。它的思

想方法是唯物辩证法的具体形式化，能够引发学生的灵感思维，达到培养学生创造性思维的目的，从而使学生解决问题的能力得到极大的培养和提高。未来的竞争是科学技术高度发达的条件下的竞争，作为一名高素质的、具有创新意识和能力的应用型人才，应具备理论联系实际的能力、果断的判断力、敏锐的洞察力，在艰难面前有坚持不懈、百折不挠的勇气和毅力，以及驾驭困难的能力，而这些技能素质的形成离不开基础课教学的支撑和推动。[5]

为此，在教学过程中，我们应注意把握以下几点。

2.1 在讲授理论知识的同时，引导学生树立正确的世界观和方法论

在教学过程中，激发学生的自由灵感，努力创造一个轻松愉快、益人心智的良好学习氛围。教师从哲学的高度注重讲思想、讲方法、讲应用，而不是将美妙的基础课教授成一些公式、规则和步骤的堆积。在教学中，应尽力拉近数学与生活的距离，让学生不仅仅学到知识，更重要的是学到思维。这也是一个数学文化的渗透过程，让同学们充分感受数学文化的博大精深。

2.2 在教学过程中注重师生交流，拓展学生的知识面

教师在传授知识的同时，应当引导学生去发现知识，并独立地去掌握、应用。好教师应是教人发现真理，而不是把定理、公式直接硬塞给学生，尤其是学习习惯尚待形成的大一新生。在教学过程中，我们在打牢基础的前提下，提高教学起点，注重增加各学科的新知识、新理论、新技术。教师不能只教到书本为止，学生也不能学到书本为止。教师可通过一些讨论课，开展专题讲座，帮助和提高学生分析问题解决问题的能力。此外，平时应多锻炼学生思维方向选择能力，引导学生把理论知识与实际问题结合起来解决，学以致用，形成技能，这对学生将来立足于社会、在各行业中发挥技能是至关重要的。

2.3 要有意识地培养学生获取信息的能力

5G时代背景下，多渠道获取信息的能力是应用型人才必不可少的。对于大一学生来说，除了课堂之外，获取信息的其他主要途径就是图书馆和网络，因此，从新生入学开始就应培养学生检索和查阅资料的能力，以及充分利用网络学习资源的能力。用改革作业和考试等形式来促使学生阅读大量教材以外的书籍和资料，让学生的知识转化为智慧与实践技能成为可能。

3 改革考试方式，培养学生综合运用能力

考试是现代教育中最基本、最重要的教学质量测定和检查方式，是教学过程中一个重要环节。一次性闭卷考试，不但存在着"一考定成效"的局限性，而且考试形式比较单一，题型比较固定，以再现知识为主，记忆的内容较多。这种情况客观上造成了学生死读书，读死书，提不起学习兴趣，知识面狭窄的情况，限制了学生自主性的发挥和对知识的应用能力的考察。[6] 高等教育实践中，已经不能只将考试分数作为衡量教育成果的唯一标准。[7] 要结合传统考试方法的特点，对考试内容和考试方法积极地进行探索和改革，使之既能全面评价学生的学习成绩，又能调动学生的学习积极性，促进他们实践能力的提高，从而避免传统考试的局限性和不合理性。在5G信息化背景下，我们对高等数学等课程进行了网上考试的

改革尝试。教师按章节建立网上试题库，随机组成充分涵盖课程知识的试卷，让学生在规定时间内完成。此外，我们适当调低期末考试成绩占总成绩的比重，调高学生平时课堂上参与（线上、线下）互动的成绩比重，这样可以激发学生自主学习的积极性，充分调动学生的主观能动性。这些考试改革，符合课程大纲的基本要求，达到了预期的目的，取得了良好的效果，受到了学生的欢迎和好评。通过考试改革的实践，我们有以下两点体会。

3.1 进一步解放了教学、教育观念

哲学家罗素认为，教育的最高目的应当是"培养人的独立思考能力和鉴赏能力""培养人的同情心和创造精神"。过去，我们被旧的应试教育束缚在狭小的框框内，思想上的僵化，必然导致观念上的落后，我们培养的学生往往是高分却低能，有聪明却不一定有智慧，有知识却不一定有思想。[8] 实际上，传授给学生独立思考的能力、缜密的科学态度和勇于创新的精神，要远比教给学生一张100分的成绩单重要。通过考试改革，我们解放了过去陈旧的观念，深刻地认识到改革教学、教育观念的重要性和必要性。

3.2 达到多学科融合，提高学生的综合运用能力

通过教改，加强各个学科之间的联系，使学生综合运用所学知识的能力得到提高，达到将理论转化为实践、将知识转化为能力的目的。例如，在撰写小论文和数学建模过程中，既有缜密的数学论证和推理，又有物理学研究的步骤和方法；既有动手能力，又有创新思维，这就无形中提高了学生的综合运用能力。同时，通过上网查阅大量相关的英文资料，无形中提高学生的英语阅读、写作能力和信息检索应用能力，达到多学科的融合和互动学习，这对信息化时代的应用型人才培养来说是很有益的。

目前，关于考试改革方面的理论研究很多，但在教学中实施的较少，这也是我们考试改革的创新所在。另外，考试还可以采用笔试、口试、搞设计、实际操作等多种形式，尤其是运用互联网平台对基础课进行更全面灵活的学习考核，还需要进一步研究和实践。

4 结束语

5G时代的到来，为基础课教学提供了更广泛的信息化资源，我们应抓住这个机遇，对基础课的传统教学方法进行及时更新，为学生未来创新能力的建立与发展奠定基础。培养应用型人才创新意识是一个系统工程，必须从大一新生抓起，从基础课抓起。承担基础课的老师有义不容辞的责任，只要大家齐心协力，大胆实践，定会走出一条培养学生创新思维的成功之路。

参考文献

[1] 徐理勤，顾建民. 应用型本科人才培养模式及其运行条件探讨[J]. 高教探索，2007（2）：57-60.

[2] 苏君阳. 素质教育认识论的误区及其超越[J]. 北京师范大学学报（社会科学版），2008（6）：29-35.

[3] 李海峰，王炜. 5G时代的在线协作学习形态：特征与模式[J]. 中国电化教育，2019（9）：31-37+47.

［4］劳承万，蓝国桥．数理视野中的西方本体论与先验论［J］．清华大学学报（哲学社会科学版），2014，29（3）：5-37+171．

［5］吴中江，黄成亮．应用型人才内涵及应用型本科人才培养［J］．高等工程教育研究，2014（2）：66-70．

［6］王立冬，张春福，陈东海，等．高等数学教学中创新思维培养：问题与对策［J］．数学教育学报，2019，28（4）：81-84．

［7］杨宏林，丁占文，田立新．关于高等数学课程教学改革的几点思考［J］．数学教育学报，2004（2）：74-76．

［8］夏欢欢，钟秉林．大学生批判性思维养成的影响因素及培养策略研究［J］．教育研究，2017，38（5）：67-76．

新时代高校大学生就业观教育与引导模式及方法的探讨

冯海燕[①]

(北京科技大学天津学院,中国 天津 301830)

摘　要：新时代，我国经济实力大幅跃升，经济结构持续优化，科技创新硕果累累，为决胜全面建成小康社会取得决定性成就。丰硕成果背后，新业态蓬勃发展，不断涌现，给当代大学生创造了更多就业机会。同时，社会岗位需求对大学生的要求也越来越高，大学生就业难的问题也越发严重，其中，大学生的就业观念成为影响就业情况的重要因素，导致大学生在就业过程中遇到了很多问题，因而解决当代大学生的就业观念是非常关键的。树立积极的就业观是实现大学生充分就业的重要因素和价值引领。本文将学生思想政治教育与就业工作相结合，提出当前大学生就业观存在的主要问题，分析就业观对大学生就业的影响，并提出应对策略，进一步阐述进行就业观教育的方式方法。

关键词：大学生；就业观；教育；对策

在新时代经济社会发展和就业形势下，高校毕业生在就业市场的竞争更加激烈，就业压力不断增加，大学生就业难的问题逐渐严重。导致大学生就业难的原因有很多，而大学生的就业观是其中非常关键的问题。引导大学生树立正确的就业观、择业观，对于促进大学生高质量就业，推进高校大学生就业工作的顺利开展，以及适应社会各项事业发展极为重要。

1 大学生就业观存在的主要问题

1.1 大学生就业存在的困难

大学生就业意识不足，工作意向不明确。部分大学生就业仍处于迷茫期，在就业态度上存在轻发展、重待遇的现象。一是大学生就业意识不强，不愿意从大学生活中脱离走进工作岗位；二是向往比较轻松、舒服、悠闲自在的工作，同时还存在消极的就业情绪，如不关心

[①] 冯海燕，女，1982年5月7日出生，天津宝坻人，硕士，主要研究方向为思想政治教育，2016年8月至今在北京科技大学天津学院工作。

就业形势，不重视就业信息，不关注就业动态，甚至觉得单凭父母可以帮助其找到工作；三是缺乏求职主动性，就业方向不明确，对行业信息了解甚少，暂时找不到对口意向单位，缺乏一定的求职技能，在简历准备和面试环节存在一些困难；四是大学生逃避就业现实，因就业压力大，选择考研、各类职业资格考试等，暂时不考虑就业。

1.2 求职中遇到的主要问题

大学生缺乏对职业的认知。部分学生对就业方向不明确，不知道自己毕业以后想要从事什么职业、成为什么样的人，没有方向，只是以试着问问哪家企业工资高、待遇好的态度和企业交谈，甚至对岗位的选择也无所谓，以个人利益为主要考核因素。初入职场，不愿意从基层做起，不愿意通过艰苦工作获得发展，试用期后就辞职，频繁换工作，其结果一方面耽误了自己的发展机会，另一方面给用人单位也带来了一定损失。

2 就业观对大学生就业的影响及应对策略

2.1 呈现"理想化、高期望"就业现象

部分大学生自我认知不够清晰，只谈理想，希望找到收入高、待遇好、稳定性高的工作，明确表达要选择私企或民营企业的同学较少。从中可以看出，部分学生非常理想化，并且存在矛盾的一面，既承受不住压力性的工作，又缺乏从基层做起的勇气和毅力，难以结合自身实际及就业现实，表现出就业理想化和期望值过高。

主要对策：加强引导大学生进行阶段性自我剖析。首先加强自我认识，引导学生对自身的学历、专业、工作经历等条件进行优劣势分析，并选择适应自己的就业城市、行业、岗位等。对自身优势不明确的同学，需要老师在就业指导课程中结合学生的特点，给予有针对性的建议，引导毕业生找准方向，然后进行综合评估，通过自我评估、他人评估等方法来选择最终目标岗位。

2.2 呈现"等就业、慢就业"就业现象

当前，越来越多的大学生加入"慢慢考虑人生道路"模式中，一方面是就业形势严峻，找不到工作岗位，另一方面是对未来职业没有规划，没有就业方向，即便有多个岗位选择，也会表现得犹豫不决。此外，部分大学生把就业当成是父母的事情，让他们选择；还有部分大学生因就业能力不足，自信心不够，不急于就业，因此，"慢就业，等就业"现象日趋凸显。

主要对策：开展职业技能培训。针对学生应聘期间的相关技能进行培训，邀请具有专业能力的从业人员进行专业讲座指导。例如，举办职业规划主题讲座或者活动，开展模拟招聘、模拟面试、简历制作大赛等活动提高学生就业能力和水平，并进行"一对一"简历制作指导，为学生提供就业前的帮助，提出合理化建议，提高应聘技能。

2.3 呈现"专业对口、一步到位"就业心态

大学生因有牢固的专业思想和较高的自我发展要求，以及对工作稳定性的追求，在求职中往往选择专业对口岗位和稳定性较高的单位，具有盲目选择大型企业、不愿到基层单位、渴望一步到位等不良心态。

主要策略：做好职业生涯规划。就业观教育培养，主要目标是消除学生思想障碍及心理障碍，帮助学生正确地认识自身所学专业及未来所从事岗位，提高学生专业学习与就业积极性，确保学生能对就业形成正确认知及理解，不断提高学生专业就业职业素养，为其未来在专业岗位中更好地发挥自身专业优势奠定基础。帮助学生正确认识自身所学专业以及未来所从事岗位，[1] 了解所学专业行业发展趋势，不要片面追求专业对口，正确理解所学专业和就业的关系，了解当下社会更需要的是一专多能的通用型人才，要发挥自己的优势，找适合自己的行业。积极引导大学生突破传统就业观念的束缚。由于科学技术的发展和经济的变革，所学知识也会出现脱节现象，理论知识不够全面，还缺少实践经验，所学知识有待丰富与提高。因此，大学生对就业单位、岗位的挑选要适度，树立先就业后择业的就业观念和终身学习的理念。

3 就业观教育的方式方法

3.1 加强就业指导，树立先就业再择业的就业观

从低年级起，引导学生对就业问题进行了解和关注，不断培养学生的就业意识，引导其关注国家当下就业形势及社会的发展趋势；[2] 树立"大就业"的观念，培养学生运用开放性、多角度的思维方式，从实际情况出发，综合各方面因素，在对自己全面认知的基础上，深入探索职场环境，制定合理的就业规划并实施；树立"先就业，后择业，再发展"的观念。在对就业与择业的认识上，不要把初次择业看得过重，通过在基层各领域的锻炼，积累大量的工作经验，为实现远大的职业目标而奋斗。

3.2 聚焦主题教育，树立正确的就业观念和就业意识

开展"扎根基层、服务人民、报效国家"就业观主题教育公开课，组织历届毕业生参军入伍的优秀人员、在基层工作的模范代表及返乡成功创业者等组成就业观宣讲团，协助大学生实现理性、充分就业。开展"青春、奉献、责任、担当"就业观主题教育活动，将学生专业教育与职业能力提升相结合，将爱国主义教育与就业观教育相结合，组织各院系的院长、主任、党总支书记及专业老师、企业负责人等成功人士面向大学生开展主题教育，引导学生树立脚踏实地、不畏艰辛、勇挑重担的就业观念，帮助学生建立提前规划、尽早行动的就业意识。

3.3 强化精准帮扶，实现更高质量、更充分就业

结合专业特色，分类指导，进行有针对性的精准帮扶。针对大学生就业实际需求，收集毕业生求职意愿信息，建立毕业生就业需求信息库，建立用人单位岗位需求信息库，实现岗位信息与求职信息"无缝对接"；积极组织各类招聘活动；努力在拓宽就业渠道、拓展就业范围上下功夫，通过积极引导大学生到基层去、到西部去、到部队去，促进高校大学生多元化就业；加大对就业困难大学生的倾斜帮扶，为暂时未就业的毕业生提供不断线的就业推荐服务；加强建档立卡的贫困家庭毕业生的就业帮扶；强化就业管理、服务和指导，引导大学生树立正确就业观，增强就业信心。[3]

4 总结

就业是民生之本,大学生就业问题关系到千家万户的切身利益,更关系到国家的建设发展和社会的和谐稳定。高校作为输送大学生的人才基地,在响应国家就业创业政策的同时应注重加强对学生就业观的教育和引导,帮助学生树立正确的择业观。[4] 大学生的就业观教育是一项系统性且长时间的过程,因此必须在更加科学的理论指导下,根据学生自身发展,在高校及学生家庭的共同努力下完成,让学生对自己有清晰合理的定位,并建立科学的教育管理体系,采用合情合理的教育方式方法,实现对学生正确就业观的教育。

参考文献

[1] 赵海军,周敏. 大思政背景下民办高校学生就业观的教育与引导[J]. 就业与保障,2020(17):55-56.

[2] 任志敏. 浅论新时代大学生就业困境[J]. 就业与保障,2020(9):37-38.

[3] 杨潇. 新常态环境下大学生就业问题研究[J]. 商业文化,2020(34):22-23.

[4] 周建勋. 轨道类高职院校学生就业观教育的研究[J]. 湖北开放职业学院学报,2020,33(20):15-16.

独立学院人才培养模式与区域产业发展对接实践探索

彭 鹏[①] 谭冬旭 边 剀

(北京科技大学天津学院,中国 天津 301830)

摘 要:在我国高等教育由外延式发展向内涵式发展转变的过程中,独立学院在培养和输送应用型人才方面扮演着重要的角色。随着经济结构调整、产业转型升级,特别是创新驱动发展战略的实施,高等教育结构性矛盾突出,同质化倾向严重,应用型人才培养机制尚未完全建立,导致独立学院未能很好地融入区域产业发展。本文以"产业订单班"人才培养模式为例,深入探讨独立学院人才培养模式在对接区域产业发展过程中的价值和内涵,通过构建并实施"四位一体"的人才培养体系,以"教学项目化、项目教学化"思路为指导,搭建"合作共建、定向培养、联合育人、融合服务"四大平台,全面提升人才培养质量。本文提出独立学院融入地方产业发展的实现路径是"示范化、工程化、适应化、项目化",通过加强高校优势专业与区域产业发展需求的精准对接,更有效地增强校地合作、产教融合。

关键词:独立学院;人才培养;产业发展;实践探索

随着科技进步和经济飞速发展,我国对人才培养规模和质量提出了多类型、多层次的需求,高等教育必须紧跟经济社会高质量发展要求。为优化高等教育布局结构,培养各类专门人才,从1999年开始,高等教育学校开始扩招,通过新建、合并、升格的应用型本科院校应时而生,这部分高校占据我国本科院校的"半壁江山",截至2019年6月,我国共有应用型本科高校693所,占我国所有本科高校的56.88%。应用型本科高校在推动高等教育大众化、促进高等教育公平、培养应用型本科人才、服务地方经济社会发展等方面,发挥了不可或缺的重要作用。

1 独立学院概念和内涵

独立学院是指实施本科以上学历教育的普通高等学校与国家机构以外的社会组织或者个

---

① 彭鹏,男,1982年1月19日出生,山东人,北京科技大学天津学院产学研办公室主任兼学科办常务副主任,讲师,硕士,主要研究方向为校企合作和产教融合,2005年8月至今在北京科技大学天津学院工作。

人合作，利用非国家财政性经费举办的实施本科学历教育的高等学校。独立学院是民办高等教育的重要组成部分，属于公益性事业，依法享有《中华人民共和国民办教育促进法》《中华人民共和国民办教育促进法实施条例》规定的各项奖励与扶持政策。国务院教育行政部门负责全国独立学院的统筹规划、综合协调和宏观管理。省、自治区、直辖市人民政府教育行政部门主管本行政区域内的独立学院工作，依法履行职责。截至2019年6月15日，全国普通高等学校共有2 688所，其中独立学院有257所。

应用型本科教育是处于研究型大学和高职高专之间的一个相对独立的办学类型，以地方院校、新建本科院校、民办本科院校、独立学院为主体。应用型本科高校是类型，不是层次。要突出应用型办学特色，确立办学发展定位和人才培养路径，以培养高素质应用型人才为目标，以产学研协同发展为突破，根据所服务区域、行业的发展需求，在不同学科、不同方面争创一流。

2 独立学院与区域产业对接现状

以北京科技大学天津学院为例，依托母体校和投资方，搭建合作共建平台，积极拓展与地方政府、行业龙头企业合作，相继建设"学院+母校合作共建平台""学院+资方定向培养平台""学院+社企联合育人平台""学院+政府融合服务平台"；构建并实施以应用型理论教学、职业能力培养实践教学、创新创业教育和同时教育为核心的"四位一体"人才培养体系；大力推广"教学项目化、项目教学化"，深化教学体系改革，倡导"行为导向"教学方法，探索将教学课程与项目研究有机结合，培养学生的适应能力和协作能力。

依托投资方在建筑行业、商业地产等相关板块的先进生产及管理经验，打造城市建设学院土木工程、工程造价等品牌专业，建设"城建精英班"，推行校企合作"订单式"培养，优化人才培养方案，建设特色课程，实现学校到企业人才输送的无缝对接。围绕经济学院和管理学院的国际经济与贸易、金融工程、会计学和财务管理等专业，组建"商业精英班"，与企业共同安排制订教学计划、建立实训基地等，努力破解人才供需"最后一公里"难题。

3 独立学院与区域产业对接路径

3.1 产业互动"示范化"

聚焦区域优势产业体系建设和促进经济转型升级，以提高自主创新能力为核心，以市场需求为导向，集成政产学研等创新要素和创新资源，筹建"示范化"产业创新和孵化平台，积极融入"京津冀一体化"战略，服务于区域经济社会发展需求。形成高校与区域产业联动发展的格局，不断提升社会服务能力，有力推动区域经济高质量发展。产品有品牌，人才也要有品牌，产业互动"示范化"就是要打造人才培养的品牌，只有形成了品牌的示范效应，才能不断地吸引学生和企业加入，才能不断扩大双向选择范围，为企业提供更多优质的人才，为学生提供更好的就业环境，形成良性循环。

3.2 师资队伍"工程化"

高校教师，尤其是工科教师，是学生首先接触到的"工程师榜样"，应该具有一个优秀工程师的素质、能力和品质，并作为榜样来影响学生。[1] 实际上，不只是工科教师，经管学院的老师,也要走向"工程化"。"工程化"一方面体现出培育人才知识结构的合理性和完整性,也体现出人才培养目标的逻辑性和严谨性,另一方面也突出了培养体系可以被复制、可以大规模扩展的特性。只有合理完整的知识结构才能培养出合格的人才,只有严谨的教学风格才能培养出优秀的人才,只有能够被复制的培养体系,才能源源不断地为区域提供合适的人才。实施人才强校战略,要从教学的工程实践性出发,依托合作共建平台,形成面向产业需求的校企战略联盟,构建师资"工程化"培养体系,探索"项目化"教学模式,建立一支高水平、高素质的"双师型"教师队伍。

3.3 专业结构"适应化"

专业建设要适应、融入、引领区域经济社会重点发展的新产业、新业态,瞄准产业发展的新增长点,围绕产业链调整专业设置。通过提高与区域产业需求的吻合度,整体上不断增强与区域产业发展的"适应化",紧扣行业企业人才素质及能力要求,找准专业结构与产业需求的切入点,推动专业设置与产业链对接,打造育人为本、就业导向、注重实效的产教融合、协同育人培养特色。[2] 人才培养模式与区域产业发展对接就是学校的专业建设适应区域产业的发展。企业是最能适应市场环境变化的,因为不能适应市场环境就会被市场环境抛弃,那么企业需要的人才也必须是符合当前环境形势的。落后的技术、过时的理论是相当一部分课程设计中依然存在的问题。学校的人才培养必须紧跟时代,只有适应时代的人才才是企业需要的人才,只有能培养出时代需要人才的专业才是合格的专业。

3.4 实践教学"项目化"

在"双师型"教师队伍建设背景下,"项目化"教学具有提升学生实践创新能力和提高教师教学能力的双重作用。在人才培养过程中,营造与项目实践相结合的课程教学环境,建立高校和行业龙头企业之间的长效沟通机制,通过课程内容与岗位标准对接、教学过程与生产过程对接,采取校内外结合的考核方式,探索以"项目化"结果申报各级各类科研课题的教学方法。教学过程中最需要解决的是培养什么样的人才的问题,教学"项目化"可以更好地为教育指明方向,不仅使教学目标更明确,教学内容更有针对性,而且便于更好地分析教学效果,因为项目有完成进度、完成结果,也就能够从更广的范围上去评判教学的结果。有了评判结果就能更有针对性地解决和调整教学过程和教学方法。同时,教学"项目化"可以为教学积累大量的事例和经验,能够快速提升教学水平。

4 独立学院与区域产业对接的重要意义

4.1 提高应用型人才培养质量的重要举措

独立院校通过与区域内的产业对接,提高学生的实践能力,同时,区域产业会被注入新鲜力量,有助于企业的创新发展。在对接过程中,企业进行创新管理,针对校企结合的模式进行企业管理、人才培养,为独立院校、企业的快速发展提供保障。通过适应性的集训、个性化的教学加快对人才的培养,结合区域产业让学生将理论知识用到实践中,在实践中不断发现问题、解决问题,促进学生的综合发展,为社会输送了更多实践型人才。

4.2 提升服务地方经济社会发展水平的坚实保障

独立院校通过与区域产业结合,创新了区域内的产业发展,为提升地方的经济提供了支持。目前地方进行产业体系建设,以提高区域内的经济发展为目标,并不断创新,但是由于人才缺乏,整体创新受到影响。[3] 独立院校通过创新的教学体系,培养了大量的人才,与区域产业结合,促进校园发展的同时,加快了地方经济的发展,为区域产业输送了大量人才。双方对接实现了双向互利,为地方的经济发展提供了坚实保障。

4.3 建设特色鲜明的一流独立学院的必由之路

独立院校通过创新性的人才培养,与区域内的产业进行对接,对于发展和提升我国国民的实力有非常重要的意义。在近些年的社会发展过程中,我们清楚地认识到了科教兴国和人才强国战略的强大力量,并且作为社会文化的重要组成部分,独立院校具有鲜明特色的教学方式,为我国的教育发展提供了支持。[4] 独立院校通过进行个性化的教学、轮岗的实践,与区域内的产业对接,建设了具有特色的院校,为我国教育的创新发展奠定了基础。

5 结论

独立学院作为应用型本科的重要组成部分,发展历程不长,沿用现有的培养模式、培养计划、教学方法无助于自身长足发展,出路只有改革。改革的根本目的只能是提高教学质量,让学生受益,所有改革必须面向学生实际,面向社会需求,面向教育规律。应将传统教学模式转变为以学生、能力、创新为中心的能力型教学模式,做到面向应用学理论、面向实际搞科研、面向学生促改革、面向过程抓考核,尽快走出一条符合独立学院自身定位的办学之路。

参考文献

[1] 庞敏,黄科,杨东林,等.基于"产教融合"的地方本科院校园艺专业应用型人才培养模式的探索与实践[J].安徽农业科学,2019,47(20):264-266.

[2] 杨凯,安江英.构建基于工程实践的"工程化"师资队伍和教学模式[J].中国大学教学,2010(2):15-16+24.

[3] 韦冬萍,唐新来.独立学院校企合作人才培养探析[J].科技信息,2013(22):46+48.

[4] 王辉,夏新斌,詹志方.校企合作人才培养中企业机会主义行为研究[J].现代商贸工业,2017(7):88-89.

第二部分
教研教改篇

探究式教学模式在冶金专业教学中的应用研究

朱梅婷[①]

(北京科技大学天津学院材料科学与工程系，中国 天津 301830)

摘 要：随着教育体制不断改革，为了适应社会的发展要求，冶金专业的教学活动应培养出具备较强实践能力的专业人才，通过创新冶金专业教学的模式，让学生在自主探究中加强对知识的有效运用，提高实践能力。本文对探究式教学模式的重要作用进行了探讨，详细分析了探究式教学模式在冶金专业教学中的具体应用。

关键词：探究式；教学模式；冶金；专业；教学

1 前言

冶金专业的教学活动目的是培养符合社会发展需求和岗位要求的冶金技术人才，使人才能够以最快的速度融入实际的工作岗位，推动我国的社会经济建设。探究式教学模式是对实践教学的创新探索，有助于培养冶金专业学生良好的实践能力，培养学生自主发现问题的意识，提高学生解决问题、分析问题的能力。探究式教学不受传统单一的冶金专业教学模式的限制，提高了冶金专业的综合教学效率。

2 探究式教学模式的重要作用

2.1 强化学生学习主动性

将探究式教学应用到冶金专业的教学活动中，探究实践项目，可充分调动学生的学习积极性，提高其自主探究的意识，增强其自主学习的综合效果。学生可以从学业中获取成就感，强化学习动力。探究式教学模式是由教师指导和引导，通过对问题的优化设计，让学生体会到知识的形成过程和实践应用。学生融入探究式教学活动，能够对解决问题的过程形成充分的体验，激发自主探究意识，将更多的精力投入到学习和探究活动中，充分融入探究式教学实践课堂上来，大大提高了冶金专业的教学综合效率。[1]

---

① 朱梅婷，女，1986年11月20日出生，吉林松原人，北京科技大学天津学院材料科学与工程系讲师，硕士，主要研究方向为材料工程，2012年3月至今在北京科技大学天津学院工作。

2.2 提高学生的综合能力

探究式教学模式下的冶金专业教学活动，不再将教师作为课堂活动的主体，而是让学生成为课堂上的参与主体，提高了学生参与课堂实践的主动性，学生的综合能力得到了有效的培养。在运用探究式教学模式时，教师首先需要设立相应的教学主题，再展开相应的冶金专业教学活动，使学生能够参与教学的各个环节。在探究式教学模式下，教师通过对学生的有效引导，互换了师生的地位，让学生能够独立地发现问题、分析问题和解决问题，教师构建起符合教学内容的良好教学情境，学生能够结合当前所学的知识进行知识体系的建构，促使学生自主地对相关的信息资料进行搜集、整理和分析，并大胆提出质疑和假设，结合所学的知识重点提出假设，并展开相关的验证。在探究式教学模式下，学生通过实践探究、自主思考，提高了学习能力和探究能力，强化了综合能力和综合素质水平。[2]

3 探究式教学模式在冶金专业教学中的具体应用

3.1 创建合理的教学情境

在探究式教学模式下，教师应结合冶金专业的教学目标和教学现状，创建合理的情境，提出相关问题，学生在刚刚接触冶金专业的相关知识时，通常有浓厚的学习兴趣，但是由于缺少冶金专业知识的相关基础，面对复杂的知识点及运算过程等会产生畏难心理，认为冶金专业学习难度较大，甚至对学习冶金专业的相关课程产生恐惧。针对这一现状，冶金专业的教学活动在探究式教学中展开，可以通过创建合理的教学情境，帮助学生树立起学习信心，重新强化学习兴趣，帮助学生树立起积极乐观的学习态度。教师可以结合本专业的教学目标和教学任务，设计简单、趣味性较强的教学问题，向学生提出相关的学习任务，在任务驱动下学生的学习积极性可以被调动起来，通过循序渐进的学习和探究，提高自主学习能力。为了完成学习任务，学生会展开对各个知识点的探究与深入学习，从而激发学生的学习兴趣，融入教室创建的场景，展开对冶金专业知识的自主探究，提高了冶金专业教学的综合效率。[3]

3.2 深入探究和分析问题

教师可以引导学生树立良好的兴趣探究意识，结合冶金专业教学的相关重点知识展开分析和深入的探索，对相关知识点进行详细的分析和讲解。以"热力学在冶金中的应用"这一章节的教学为例，其中涉及大量的热力学计算，学生的畏难心理较强，教师可以通过对教学内容的深入分析，将实际的不锈钢冶炼工艺发展阶段制作成图片、视频，让学生对各个工艺的原理、原材料实际要求及不同施工工艺阶段的特点等，进行深入的探究和分析。根据不同阶段中热力学冶金存在的问题展开相关的计算，学生可以融入实践，提高对知识点的理解和掌握能力，扩大知识视野。在直观、形象的图片、视频中，学生可以自主地对知识进行深入的探究和学习，例如借助互联网、信息技术等，将行业的最新进展、先进工艺、先进的设备设施等内容进行搜索和整合，形成对冶金专业知识体系的深入了解与掌握。在图片、视频形式下，学生的学习兴趣提高，提高了对问题探究和分析的积极性，在自主探究中加深对热力学在冶金应用中的知识点的了解与掌握。学生通过自主探究，构建起冶金专业知识体系，增强对相关资料和信息的搜集与分析能力，在验证和探究等相关活动中强化创新实践能力。[4]

3.3 提高学生解决问题的能力

通过冶金专业的教学课堂活动，学生通常已经对相关知识点有所掌握，但是仍旧会有许多的实践问题需要学生进行更进一步的探究，教师应耐心引导。在实践项目的探究中，学生的解决问题能力得到有效的培养，学生获得了学习的成就感，提高了学习冶金专业知识的兴趣。例如，教师可以在讲解相关的知识点时向学生展示应用到的仪器或图片，对实验的方式、方法进行详细的讲解，让学生对知识和实验活动形成深刻的认知。由教师提出相关联的问题，让学生进行自主思考，可以采取小组学习的方式，让学生在小组探究中自主思考、分析问题，提高解决问题的能力。学生可以通过自主探究，在不断努力中获取答案，从而构建起对冶金专业知识的科学认知，在解决问题的过程中获取满足，强化学习兴趣，更进一步加强解决问题的能力和实践能力。评价总结环节是必不可少的，由于学生的理解能力及学习基础能力各有不同，教师在对学生完成任务的具体情况进行检验后，需要加强最终的反馈评价和总结，以鼓励、引导、表扬为评价原则，致力于强化学生的学习信心，激发学生学习冶金专业知识的热情。[5]

4 结论

综上所述，我国的经济建设进程不断推进，钢铁冶金行业快速发展，冶金专业教学有必要加强对专业型、实践型技术人才的有效教育，培养学生自主思考问题、解决问题的能力。引进探究式教学模式，激发学生对冶金专业教学活动的探究兴趣，将学习和实际的工作结合在一起，培养学生较强的专业能力、实践能力。在探究式教学模式下，推动冶金专业教学工作的创新改革，培养出符合社会实际岗位需求的专业型、技术型、实践型人才。

参考文献

[1] 赵岩. "新工科"背景下冶金工程专业耐火材料课程教学改革［J］. 中国冶金教育，2020（4）：26-27.

[2] 何生平，王强强，王雨. 冶金原理教学探讨［J］. 中国冶金教育，2020（4）：18-20.

[3] 李林波，郑泽锟，刘漫博，等. 案例教学法在冶金工程专业教学中的应用［J］. 中国冶金教育，2020（3）：28-30.

[4] 成泽伟. 冶金工程实验技术课程探究式教学［J］. 中国冶金教育，2019（6）：69-71.

[5] 彭小敏，徐若，董丽君，等. 新工科背景下专业课程项目式教学的探索与实践——以"焊接冶金学"课程为例［J］. 湖南工程学院学报（社会科学版），2019，29（3）：117-121.

浅析疫情下嵌入式系统课程线上教学探索

刘俊培[①] 张洪峰 王丽娜 孙晓楠

(北京科技大学天津学院智能制造学院，中国 天津 301830)

摘　要：因新冠肺炎疫情的出现，学校教学模式发生了重大改变。本文以"嵌入式系统原理与应用"课程为例，对线上教学进行了深入探讨，同时也对后期的教学改革创新具有一定的借鉴意义。

关键词：新冠肺炎；教学模式；线上教学；创新

受新冠肺炎疫情影响，2020年春季学期学生均不能如期按时返校。为响应教育部"停课不停教，停课不停学"的号召，北京科技大学天津学院教学均由线下转为线上授课。"嵌入式系统原理与应用"是自动化专业大三学生的必修专业课。

1　具体措施

1.1　结合课程性质，完善教学设计，保障线上授课

嵌入式系统课程知识容量大，综合性强，对专业性和实践性要求较高。在传统的教学中，主要以板书与多媒体课件相结合的线下面授方式，课上老师讲解理论知识内容，对于课上不理解的知识点，老师也能面对面地给学生予以解答。[1] 线上教学打破了传统的固有教学模式，针对本门课程自身的性质与特点，在线教学存在诸多需要克服的问题。

（1）嵌入式系统课程涉及知识点较多，有些晦涩难懂，线上理论教学中，在有限的时间内学生理解难度增大。

（2）在正常教学过程中，实验教学与理论教学相结合，受线上教学的局限性，实验教学会受到影响。

（3）线上教学对网络通信环境要求较高，偏远地区无法满足该要求，势必会对部分同学的学习效果产生影响。[2]

随着问题的出现，教学设计过程也随之改变。首先，建立QQ、微信群，保证每个学生进群，建立与学生的交流通道，保持互动学习，任课教师之间也实时沟通。利用网络平台查

[①] 刘俊培，女，1989年3月13日出生，河南许昌人，北京科技大学天津学院智能制造学院讲师，硕士，主要研究方向为自动化，2015年5月至今在北京科技大学天津学院工作。

找适合本专业学生的优质线上资源，根据疫情期间的教学安排，重新编写教学大纲及教学计划。对在线测试、课后作业、参考学习资料等内容进行查找、编写及整合，对本课程线上教学过程中可能会出现的情况进行预案设定并提供解决方法。课前进行多次模拟演示，并总结经验。其次，针对学生，通过引导预习，帮助学生提前学习课上所讲内容，并消化简单知识点。提供 MOOC 平台上相关学习资源的链接，学生可以通过视频对一些基本概念有所了解，也能适时缓解部分偏远地区对线上教学网络通信环境的要求。将所学知识点设置成不同的问题，有导向地将知识点传递给学生。学生须提前自主学习，搜集相关资料解决问题，并将答案提交到指定网址，老师查看作答情况，实时掌握学生预习状况。[3] 做好课前准备工作，保障线上教学的顺利进行。

1.2 科学引导学生，变客为主，保证教学质量

嵌入式系统课程线上教学过程通过多软件同时进行，增添教学活力，促进学生与教师、学生与学生之间的互动。腾讯会议网络较稳定，界面运用灵活，教学内容讲解是通过腾讯会议共享屏幕进行的。在上课前使用微助教软件签到，并对部分同学进行针对预习内容的提问，加深对预习内容的认识和理解。在上课过程中，结合对学生预习内容的掌握情况，由浅入深地讲解重点、难点，有效提高上课效率。讲课时，带着问题讲解并适当引导学生，增加参与性环节设计，与学生形成互动，将学生角色变客为主，针对问题在引导过程中由学生进行讲解，让学生感受到面授上课时的氛围。划分学习小组，对问题进行分析与讨论，让所有同学都参与到教学过程中，激发学生的主观能动性，提高学生的学习兴趣。后期的实验教学部分，学生自行划分小组，教师给出相应的实验内容及相关性资料，学生结合上课教学内容，进行小组实验。在实验的过程中，大家能够进行分析讨论，教师负责对实验中学生没有解决的问题进行指导。[4]

线上教学时，我们不仅要传授学生专业知识，还要注重学生的精神建设，利用疫情当下实时状况推进课堂思政教学，传播正能量，帮助学生树立信心。在课程开始阶段，进行第 1 章"概述"和第 2 章"ARM 处理器"介绍时，穿插引入中国制造话题内容，引导学生进行讨论，进而激发学生的爱国情怀。

1.3 综合分析教学成效，适时调整教学方法

课后发布习题和作业，巩固课上所讲知识点，通过批改作业查看学生知识掌握情况。定期收集学生的反馈意见，根据实时需求及时调整。从课前、课上、课后的整体情况来看，基本能达到预期的教学效果。

2 结论

在新冠肺炎疫情的特殊时期，教学模式的改变是大势所趋，这也进一步加快了教学方式的改革和创新，为线上和线下多样化教学提供了一定的参考。

参考文献

[1] 程雪姣, 皮忠玲, 洪建中, 等. 网络直播模式对教学效果的影响——以"职业规划课程"为例 [J]. 现代教育技术, 2020 (2): 85-90.

［2］刘威，常瑞，谢耀滨. 面向系统能力培养的嵌入式系统课程教学模式改革与实践［J］. 计算机教育，2019（1）：39-41.

［3］杨康. 基于雨课堂的混合式教学模式探索研究［J］. 智库时代，2018（35）：289-291.

［4］李传娣，赵常松. 嵌入式系统课程教学方法的改革与实践［J］. 理论观察，2019（1）：144-146.

后疫情时代线上线下混合式教学模式的探索与实践

张洪峰[①] 刘俊培 张 利 王丽娜 孙晓楠

(北京科技大学天津学院智能制造学院 中国 天津 301830)

摘 要：由于新冠肺炎疫情的影响，线上授课成为 2020 年各个学校上半年授课的主要形式。线上授课在资源分配、在线沟通交流等方面的优势，且线上有大量的慕课和微课资源。但线下授课方式，学生和老师之间互动性强，体验感远远强于线上。基于此种情形，本文进行了线上线下混合教学方式的一些探索。

关键词：疫情；线上线下混合教学；数字电路与数字逻辑

本文对 2020—2021 学年第一学期北京科技大学天津学院计算机技术专业 1905 班和 1906 班的"数字电路与数字逻辑"课程进行了线上线下混合式教学模式的探索与实践。

1 课程性质与任务

"数字电路与数字逻辑"课程是计算机技术、自动化、通信技术、智能制造和电子科学技术等专业本科生的必修课程，属于专业基础课。[1] 其任务是使学生建立数字电路的学科思维，掌握数字电路与系统的工作原理，学会使用标准的集成电路和高密度可编程逻辑器件，具备数字系统的基本设计方法，为各种超大规模集成电路的系统设计和后续其他电子类课程的学习打下良好基础。

2 教学实施

课程的教学实施方面：课前采用线上预习的方式进行；由于疫情的原因第 1、2 周以及第 13~17 周（11 月天津滨海新区冷链运输引起了新的确诊病例）课中讲授采用线上腾讯会议的方式进行，其他时间段课堂讲授采用线下面对面的方式进行。课下采用线上复习与交流、适当提交线下作业的方式来完成练习巩固的任务。整个教学过程中，应用任务驱动教学法、讨论教学法及翻转课堂等手段，将学生作为整个课程的主体，发挥学生学习的主观能

---

① 张洪峰，男，1986 年 6 月 9 日出生，山东潍坊人，北京科技大学天津学院智能制造学院讲师，硕士，主要研究方向为先进控制技术，2019 年 8 月至今在北京科技大学天津学院工作。

动性。

2.1 课前预习

随着"互联网+"技术的进一步发展，近年来我国建设了一大批针对不同层次、不同水平学生的慕课、微课等网上教学资源。这些资源已经在各种线上线下混合式教学过程中发挥了一定的作用，蓝墨云班课、云课堂、腾讯会议及腾讯课堂等教学手段也逐步被教师和同学们所接受。2019—2020 学年第 2 学期正处于我国疫情高发期，计算机专业 1905 班和 1906 班的同学已经通过学堂在线网站进行过"电路与电子技术"课程的学习，也已经使用过腾讯会议和微助教等线上教学软件，对线上教学手段有一定的接触，掌握了线上课程的一些学习方法。

本学期"数字电路与数字逻辑"课程采用由中南大学覃爱娜和李飞教授录制的"数字电子技术"作为 1905 班和 1906 班课前预习的慕课资料。教师每节课前将下节课需要预习的在线课程章节在微助教作为预习作业要求进行发布，学生按照要求进行预习，并提交预习报告，将预习报告作为成绩的一部分以督促学生课前认真完成预习。通过对当次课的内容进行预习，同学们对课堂中所要讲授的知识点有基本的理解和认知，对重点难点和弄不懂的问题会在上课时认真听讲，更有利于课堂效果的呈现。对于课前预习中遇到的难点，通过同学和教师之间的交流，使教师上课的教学指导更具有针对性。

2.2 课堂讲授

根据教育部《关于做好 2020 年秋季学期教育教学和疫情防控工作的通知》和学院的要求，2019 级计算机专业的"数字电子与数字逻辑"教学采用第 1、2 周以及第 13～17 周进行线上授课，其他时间进行线下授课的混合式教学方式开展教学任务。

本门课程的第 1 章"数制"的内容是通过腾讯会议线上授课的方式完成的，通过课前的预习，同学们基本掌握了数制的概念和简单数制转换的基本思路，使得线上授课的方式可以以翻转课堂的形式来进行。通过用微助教进行二—八—十六进制和各进制与二进制之间的转换的练习，同学们总结出进制之间的转换规律和转换方法。教师对慕课视频中没有讲到的原码、反码和补码的内容进行补充讲解，并让同学们讨论总结出反码和补码的运算规律。下课前用微助教进行本节课内容的测试，收到了良好的效果，同学们对本节课所学的知识都能够灵活运用。通过翻转课堂的运用，提高了同学们学习的积极性和思考问题、总结问题的能力。并且整个课堂通过线上点名、线上测试的方式进行，既节省了时间，又能及时得到每位同学对各个问题的掌握情况，方便老师对课堂知识讲解的把控，极大地提高了课堂的效率。

线下讲授部分以第 13 周进行的第六章"计数器"中的 N 进制计数器部分为例。通过课前的慕课预习，大部分同学们已经基本理解用中规模集成电路构成 N 进制计数器的主要思路，课上教师通过 PPT 对 74LS161 和 74LS163 芯片以及 74LS160 和 74LS162 芯片之间的异步清零、同步清零及同步置数功能的区别进行了总结，并通过一个简单的例题来对这个问题进行讲解。接下来请同学上讲台进行 3 道课后题的练习、其他同学同步练习，发现绝大部分同学掌握了用中规模集成电路构成 N 进制计数器的方法，通过同学们的相互点评和指正，对易错点做了进一步梳理，达到了对这个知识点的熟练掌握的学习目的。在教学过程中，教师由"知识传授者"翻转为"学习的引导者"，学生由"被动接受者"翻转为"主动研究者",教学由"课堂灌输"翻转为"课堂研究",达到了翻转课堂的教学效果。[2]

2.3 课后复习

在课后复习阶段,对于课前预习时的难点和课中掌握不太熟练的内容,学生结合教师课上的讲解,通过再次观看慕课视频的方式来加深对这些知识的理解。充分发挥第二课堂的作用,通过微助教等方式发布拓展作业和练习,以学习小组的形式,请同学们进行作业互评;同时教师在线回答学生的问题、对小组作业互评情况进行点评,对学生难以理解的知识点和掌握不透彻的地方及时进行指正,以免问题堆积而形成学生的畏难情绪,从而促进学生对数字电路与数字逻辑课程理论和概念的掌握。由于数字电路与数字逻辑课程配有单独开设的实验课,通过与实验课教师的沟通,了解学生理论与实践相结合的能力。对于实践和实验中遇到的理论问题,及时向同学们进行"回炉讲解",增强学生们的动手能力和理论联系实际的能力,为学生创新创业素质的培养奠定基础。

3 教学效果对比

在考勤方面,由于采用微助教线上考勤的方法,在课前点名的时候就能及时掌握同学们的出勤情况,很好地解决了传统点名方法浪费时间的问题,对于个别未来上课的同学,能够及时发现并督促其立即到课学习。基于此,本学期除了病假和事假的同学外,"数字电路与数字逻辑"课程的到课率比往届线下课程有了很大的提高。

在平时成绩方面,往届学生线下课程的平时成绩由出勤、作业和课堂表现等过程性考核组成,最后按照平时成绩占40%、期末成绩占60%形成最终成绩;采用线上和线下混合式教学探索之后,本学期的平时成绩加上了学生的课堂测试和集中性讨论等组成部分。由于学生对课程学习的主动性提高,学生参与讨论及课堂测试的积极性和效果都明显提升,学生的平时成绩有了普遍的提高。采用线上线下混合式教学探索后,计算机1905班和1906班本学期"数字电路与数字逻辑"课程的平时成绩平均分比2019年通信1801班和1802班本门课程平时成绩平均分有3.81分的提高。

在最终成绩方面,采用线上和线下混合教学探索之后,计算机1905班和1906班"数字电路与数字逻辑"课程最终成绩的平均分比2019年通信1801班和1802班本门课程最终成绩平均分有7.44分的提高,最终成绩优良率比2019年通信1801班和1802班优良率提高了14.86%。

从学生课程成绩的反馈来看,线上与线下混合式教学的方式在教学效果上初步达到了学期初的教学规划,取得了一定的教学效果。

4 总结与反思

通过线上线下混合式教学模式的探索与实践,同学们的学习主动性相比传统被动式学习有了很大的提高,对知识点的掌握更加牢固和熟练,也增强了同学们思考问题的主动性和团队合作意识,锻炼了同学们的语言表达能力和逻辑思维能力。

本人在进行线上线下混合式教学模式的探索与实践中也发现了很多不足,比如对线上教学软件的部分功能开发使用不足,线上和线下的衔接设计有待进一步提高,另外有一些较难的内容还是需要通过老师线下的讲授来完成的。今后要更加积极地进行线上线下混合教学,及时总结线上和线下混合教学的经验和不足，针对不同基础的同学，加强学生个性化的培养，扬长避短，更好地发挥线上线下混合式教学的效果。

参考文献

［1］吕萌. 职教师资本科电子信息科学与技术专业培养标准研究［D］. 杭州：浙江工业大学，2016.

［2］耿大勇，蓝和慧，魏玲. 互联网+背景下电工电子技术课程混合式教学研究［J］. 中国教育技术装备，2018（16）：81-82.

智慧教育视域下普通高校线上线下混合教学模式研究

杨 宇1[①] 任 洁2[②]

(1. 北京科技大学天津学院信息工程学院，中国 天津 301830
2. 北京科技大学天津学院管理学院，中国 天津 301830)

摘 要：随着科技的不断发展和进步以及对传统教学模式的不断改进，越来越多的教育工作者采用混合教学的模式进行教学。本文介绍了线上线下混合教学模式的概念特点，并论述了改革的思路，以会计学专业线上线下混合教学模式的改革为应用案例，重点设计了成本与管理会计课程的线上线下混合教学模式，最后，提出了高校利用线上线下混合式教学提升教学质量的策略。

关键词：智慧教育；普通高校；线上线下；混合教学研究

随着近年来智慧教育的大力推广，让越来越多的老师重视起了智慧教育在课堂上发挥的重大作用。智慧教育就是指以物联网、云计算、无线通信等信息技术为基础，互联网和智能设备为载体，将知识的传授多样化、易感知、增强教与学的互动性，共同构建起来的信息化的课堂。就目前的形势来看，越来越多的高校都已经重视起了现代化网络技术在课堂上的应用，其中最值得关注的就是混合式的教学方式，线上和线下相结合的教学模式能够帮助老师进行创新性的教学改革。在信息化的时代，老师和学生的角色，都发生了不同形式的转变，对教学模式进行改革，让学生能够有主动学习的欲望才能达到最终的教育目的[1]。

1 线上线下混合式教学的概念及优势

1.1 线上线下混合式教学的概念

线上线下混合教学是一种结合了网络教学方式和传统课堂教学方式的教学模式。通过线上与线下两种教学组织形式的有机结合，学生能够真正参与课堂、主动获取知识，与此同

---

① 杨宇，男，1992年6月出生，河北定兴人，信息工程学院讲师，主要研究方向为物联网工程，2014年10月至今在北京科技大学天津学院工作。
② 任洁，女，1990年10月出生，天津宝坻人，管理学院讲师，主要研究方向为财务管理，2015年9月至今在北京科技大学天津学院工作。

时，教师也能够及时获取教学反馈，提升授课质量。线上线下混合式教学应该以线上教学为主、线下教学为辅。线上与线下相结合的教学模式颠覆了传统课堂教师讲学生听的教学模式，改变了传统课堂上沉闷的学习氛围，能够让学生在课堂上始终保持独立的思考和对问题独特的见解，有利于学生更全面的发展和养成更加独立的人格。

1.2 线上线下混合式教学的优势

线上线下混合教学模式，能够让学生拥有一套属于自己的学习体系，有利于学生个性化的发展，可以打破传统的大班式教学给学生个性化发展造成的阻碍，让每一位学生都能在教学中收获不同的教学体验。学生在线上学习时能够有很大的参与感，在线下学习时就能有充足的自主学习空间和实践时间[2]。

2 线上线下混合教学模式的改革思路及应用案例

2.1 混合式教学模式的改革思路

混合式教学模式在改革过程中应注重整体思路的可操作性。本文以会计学专业为例，设计混合教学模式的改革思路。首先，为了保证课程群内课程线上教学资源的充足完备，以专业课程群模块为单元进行教学资源大类建设；其次，从教材建设、网络课程资源建设、在线财会推荐书单建设等方面进行线上课程教学资源建设；最后，从案例库建设、习题库建设等方面进行课后教学资源的联动建设，具体措施如下：

（1）启动专业系列理论与实验教材的编写与整理

为凸显会计专业应用型人才培养的校本特色，在甄选优秀应用型理论教材的基础上，发挥教师团队的师资实力，组织编写特色理论与实践教材，整合现有自编教材。编写的理论教材应与出版社合作实现"实体教材+线上教材资源库"的资源建设形式，并紧跟法规与政策调整知识内容。编写的实验教材内容在与理论教学知识点无缝对接的同时，还需开发专业课程群的综合性实验项目，设计相应的实验内容已达到训练学生财务会计业务处理能力、会计综合分析能力、会计创新创业能力的培养目的。

（2）录播核心理论课课堂实况形成微课视频资源

任课教师可利用"超星学习通"、"微助教"、"云班课"、"中国慕课"、图书馆优秀课程网站，以及自建的公众号或网站等智慧平台，发布核心课程。如《基础会计》《中级财务会计》《高级财务会计》《成本与管理会计》等课堂实况视频经过录制、裁剪，上传至各平台，供学生根据个人情况选择观看。构筑以课程群为模块的资源共享平台。按归属的各模块的课程内容制作各类微课视频，并围绕重构后的知识体系快速融合颗粒化的教学资源，发挥会计专业课程群信息化智慧联动的特色。

（3）师生共享实时更新的平台资源

为进一步完善课程群共享平台，平台上的资源信息需不断更新完善，比如基础会计、财务报表分析案例库和中级财务会计应试考试的习题库。课程群内任课教师可共享此平台资源，在教学信息对称前提下，灵活抽取资源库内容进行备课，提高备课效率，保障课程群课程的教学质量。

2.2 混合式教学模式的应用案例

在课程群资源共享平台建设的基础上，可利用手机 App（"超星学习通""问卷星"）、公众号（"微助教""云班课"）等智慧教辅工具，实现"内容沉浸式"互动课堂教学模式，打破教材、PPT、考试老三样的教学模式，通过签到、抢答、点答、讨论、小组作业、随堂测试、活跃度排名、云词墙等方式进行线上互动教学，可极大地激发会计专业学生的学习热情和创造力。

应按不同的课程群培养与目标匹配的教学方式，并全面开启互动模式，同时合理高效使用手机 App、公众号翻转课堂等平台。表1以课程群模块的核心课程《成本与管理会计》90分钟课程设计（利用微助教公众号）为例，展示了具体的互动教学开展方式和流程。

表1 智慧平台互动教学开展方式和流程

序号	时间分配	课程设计	目的实现
1	课前热身	发布活动	明确任务
2	2 分钟	手机签到	统计出勤
3	5 分钟	引导动画	激发兴趣
4	30 分钟	理论讲解	深入教学
5	10 分钟	课堂练习	发现难点
6	25 分钟	推送案例	分组讨论
7	8 分钟	思维导图	勾画重点
8	10 分钟	练习指导	布置作业
9	课后总结	答题统计	发现问题

老师要注重引导学生充分利用网络上的优秀教学资源，要能够让学生充分利用线下时间进行实践及交流讨论，让理论知识在实践中"落地"。

3 高校利用线上线下混合式教学提升教学质量的策略

3.1 筛选适合混合式教学的课程

没有一种教学模式是完美无缺的，因此混合式教学虽然有它本身的优势，但也不是适用于所有课程。因此在准备进行线上线下混合式教学时，老师首先要对本课程线上的教学资源是否充足，是否质量优良来进行初步考量；其次，老师要根据本班学生对于知识的认知程度来衡量现有的网络学习资源是否能够对学生起到积极的引导作用，是否有利于学生对知识点的把握和理解；最后老师要考量线下活动的组织和安排是否能够顺利开展和进行。只有这样的层层分析才能够确保线上线下混合教学能够对学生起到积极的影响[3]。

线上线下混合式教学模式对学生本身的要求较高：要求学生有较高的自律意识以及较好的学习基础。

3.2 混合式教学课程开展数量要适当

对于大学生的教育，更加重视对学生实践能力的培养，但是学生的精力和时间是有限的，如果一学期中安排的实践性作业过多，很容易导致学生产生厌烦的心态进而产生敷衍的行为，这样的学习状态不利于线上与线下教学的进行。混合教学模式的改革应循序渐进，改革课程数可以学期课程总课时的10%，或者每门课程总学时的10%逐步推进。老师要保障每一位学生在接受教育的过程中都能够有得到最好的教育，充分提高学生的参与感和学习意识。

老师要对学生线下的实践时间有一个科学的规划和宏观上的掌控，要合理分析学生的自主时间以及学习时间，不能够让学生所有的课下时间都用在线下的学习中，这样会让学生在学习的过程中产生很大的疲惫感，进而出现厌学和敷衍情绪。老师在保证学生有足够的实践性学习的同时，也要保证实践的学习质量。老师每学期安排的线上线下混合学习的课程不在于数量而在于质量。

3.3 学生是否适合开展混合式教学

线上与线下混合式教学能否顺利开展，取决于学生的学习基础。因此老师要了解学生的整体学习水平。由于线上教学模式较为开放，这就要求学生在学习的过程中，首先要对学习有兴趣，只有这样才能够保证学生在独立进行线上学习的过程中全身心投入。对于一些自控能力较强，有一定自学意识的学生来说，这个教学模式能够很好地满足他们对知识的需求，同时也能够让他们对自己的水平进行一定的提升。但是对于一些自控能力较差、基础差的学生来说，有可能在线上学习的过程中浑水摸鱼，老师要对这类学生重点关注。

在以学生为基础的线上线下混合式教学模式中，老师要针对基础较差的学生进行必要性的引导，只有保证了这类学生线上学习的效率和质量以及线下学习的顺利交流和实践，才能够让混合式教学发挥出最大优势。

3.4 教师是否适合混合式教学模式

混合式的教学模式，不仅对学生的学习基础有一定的要求，对于老师也有一定的选择性。只有信息技术掌握较好、专业知识应用灵活、对线上教学方式有一定经验的教师才适合使用混合教学模式。教学经验较为匮乏，而且对学生的了解和认识不足的老师，很可能会在尝试混合式教学模式中出现一些问题。因此，混合式教学模式在开展时要有策略地开展，不能盲目跟风，要让混合式教学真正发挥智慧教育的作用。

4 结束语

线上线下混合式教学模式的提出并不是要替代传统的教学模式，而是充分利用现代信息技术打造一个现代化的智慧课堂。高校在具体的实施过程中，要注重对具体科目、学生、教师进行具体分析，保障线上线下混合教学能够发挥出最好的效果。

参考文献

[1] 王德鹏，姚子凡，何明明，马天浩，周泽宇. 线上线下混合教学模式研究 [J]. 福建

电脑,2020,36(05):50-52.

[2] 凌小萍,张荣军,严艳芬.高校思政课线上线下混合教学模式研究[J].学校党建与思想教育,2020(10):46-49.

[3] 刘晓燕,王丽媛.线上线下混合教学模式实施的关键环节分析[J].环渤海经济瞭望,2020(03):189-190.

"计算机网络"课程教学探究

张 燕[①] 王 芳 顾玲芳

(北京科技大学天津学院信息工程学院,中国 天津 301830)

摘 要:随着科学技术的不断发展,计算机和互联网得到了普遍推广与广泛应用。计算机网络课程作为培养学生计算机网络理论专业基础知识的一门重要课程,越来越受到高校的重视。本文首先分析了计算机网络课程的特点;其次,叙述了目前课程教学现状的若干问题;然后,针对计算机网络课程教学现状中存在的问题,并结合学生实际,提出了课程改革探究内容,通过采取多种教学方式和方法来激发学生的学习兴趣,以达到更好的教学效果。

关键词:计算机网络;教学探究;改革

随着互联网技术的快速发展和普及,人们的生活、娱乐、学习方式都发生了较大变化,计算机也成为人们生活和工作不可缺少的重要工具,对计算机网络技术的掌握和实践运用因此成为教育教学的重要内容。

"计算机网络"课程是高等院校计算机技术类专业的一门重要专业基础课,也是计算机类专业考研的四大专业课程之一,具有协议较多、概念抽象、原理复杂、理论性强等重要特点。因此,为了充分调动学生的积极性,让学生熟练地掌握课程的理论知识,老师需要不断地创新和改革教学方法。

1 教学现状

1.1 课程理论抽象

"计算机网络"课程的重点内容主要包括计算机网络的概念、计算机网络的体系结构、各应用层协议的工作机制、数据交换方式、交换机工作原理、路由器工作原理、局域网、以太网、IP 协议、IP 分组格式、IP 地址及相关技术、UDP 和 TCP 报文段格式、TCP 传输机制等。[1] "计算机网络"课程涉及知识面广、理论性强、知识点较抽象,不易激发学生的学习兴趣。

[①] 张燕,女,1989 年 10 月出生,河北邢台人,信息工程学院助教,硕士,主要研究方向为电子与通信工程,2016 年 3 月至今在北京科技大学天津学院工作。

1.2 教学方式传统、单一

"计算机网络"课程要求学生掌握理论知识,并具备根据现实环境设计、组建和管理网络的能力。课程通常设置为理论课程和实践课程。理论课和实验课分开教学,无法将理论直观应用于实践当中,再加上理论原理较抽象,所以,学生若不能很好地理解课程内容,就会导致理论课枯燥、实验课教学效果不佳。

2 改革探究

2.1 引入多元化教学方法

计算机网络的概念和原理较为抽象,对刚接触的学生而言比较难以理解,虽然教师在讲解这些概念时深入浅出地进行细致的讲解,以及用PPT、Flash动画等来演示网络的工作原理,但这不能直观地体现网络工作和数据传输的实时性,更不能对网络传输中的数据包进行捕捉和分析,仍不能使学生对网络工作有深入的了解。因此教师可以把网络仿真工具引入教学,如使用Cisco Packet Tracer、OPNET、NS2等,[2] 使学生在学习理论知识的同时,理解网络工作的本质。

2.2 体现综合性

综合运用多种方式,加强培养学生解决复杂问题的综合能力。鼓励、引导学生积极参加政府和校企举办的各类网络竞赛。在教学中融入思政元素,正确引导学生的价值观、世界观,拓宽学生的知识面。[3]将理论知识、实践能力和综合素质高效融合,培养学生在网络分析、网络布设、网络安全管理方面的综合能力,培养德才兼备的优秀学生。

2.3 体现前沿和时代性

随着"互联网+"的不断发展,各种新技术,如云计算、边缘计算、软件定义网络等也如雨后春笋般涌现,教师就需要在计算机网络课程中增加相关的新知识,来拓展学生的知识容量,增加学生的学习兴趣和自学能力,为学生的课程创新打下良好基础,提高学生的综合素质和竞争力。这也进一步体现了计算机网络课程的前沿性和时代性。[4]

3 结语

随着计算机和互联网技术的不断发展,计算机网络变得越来越重要,它覆盖了各行各业,社会对该领域的综合型人才需求也稳步增加。本文就该课程教学中存在的问题,提出了引入多元化教学方法、体现综合性及体现前沿和时代性等改革措施,提高学生的学习兴趣,增强学习的主动性和积极性,提高学生的实践能力,从而增强学生的综合素质和创新能力。[5]

参考文献

[1] 邹新裕."互联网+"时代下网络学习在技工院校计算机专业中应用探讨[J].中国新

通信，2016，18（11）：95-96.

[2] 赵开新，吕书波，马同伟. 金课背景下"计算机网络"课程教学改革与探索［J］. 无线互联科技，2020，17（20）：131-133.

[3] 姚建盛，刘艳玲. 智慧旅游学科网络课的教学改革与实践［J］. 福建电脑，2020，36（4）：115-117.

[4] 朱新建. 技工院校计算机网络专业教学资源包开发的探索与实践［J］. 教育现代化，2015（15）：247-248.

[5] 王昊翔. 基于翻转课堂的计算机网络课程教学重构［J］. 计算机教育，2018（2）：43-46.

线上线下相结合教学模式的探索

李双双[①]　许春意　戴璐璐

(北京科技大学天津学院管理学院，中国 天津 301830)

摘　要：2020年线下面对面教学受到剧烈冲击，为保证"停课不停学"，线上教学模式得以普遍应用。如何保证线上教育与线下教育的有效融合，尽可能确保教学质量不受影响，是值得每位教育从业者深思的问题。本文通过调查法和观察法研究所在院校学生线上线下学习情况，通过文献资料法检索借鉴已有研究成果，探寻线上线下有机融合的教学模式，以期为特殊情况下需要开展线上线下相结合教学提供思路。

关键词：线上教学；线下教学；高等教育

2020年新冠肺炎疫情的爆发给教育行业带来了前所未有的挑战，如何在保证公共安全的基础上确保教学稳中有序开展，尽可能保证教学质量不受影响，是每位教育从业者要攻克的难题。虽然目前线下教学已全面恢复，但仍存在为保证师生安全需要进行一段时间的线上教学的情况，如学期初各地学生返校后自行隔离、学期初学生在"高风险地区"无法返校，在学期中有学生因有事外出后停留"高风险地区"无法线下学习等。在这些情况下，如何构建较为合理的教学模式，既保证师生顺利开展教学学习，又能保证恢复线下教学后课程能够有效衔接，同时兼顾突发事件下的学习质量，是本文的研究重点。

1　线上教学模式分析

1.1　传统线上教学模式分析

传统的线上教学指的是学生利用课下时间，通过互联网结合微课、慕课等已有教学资源对课上内容进行补充学习。传统线上教学模式打破了时空的限制，可以让不同时间、不同地点的学生学习同样的知识。传统线上教学模式充分利用了学生的零碎时间，借助科技的优势让学生可以选择随时学习，在整个学习过程中学生可以根据自身学习情况随时暂停学习、反复学习。作为对线下课堂教学的补充，传统线上教学模式能够整合资源，创造便利的学习环境，能够更好地平衡学生学习进度不一致的情况。

[①] 李双双，女，1989年12月15日出生，新疆昌吉人，教师，硕士，主要研究方向为内部控制与审计，2020年8月至今在北京科技大学天津学院工作。

但是在传统线上教学中,隔着电脑屏幕师生间无法进行眼神动作的交流,教学效果受到一定程度的限制。此外,师生无法实时互动,教师无法直观地观测到学生的学习情况,不能有效根据学生特点加以引导。虽然目前在线课程通过线上答疑、课后考核等方式有效减少此类情况,但是这种模式的沟通存在着一定的时效性,有可能学生一周前提到的问题在一周之后才能解决,也加大了老师的工作量。传统线上教学更多的是依赖学生的自主学习能力。一些学者研究发现,在自主学习方面很多学生表现不佳,他们缺乏对自己学习过程的精准调节能力,而且可能会存在高估自己学习能力的可能性,从而学习效果不理想[1]。

1.2 "新"线上教学模式("直播课")分析

自 2020 年年初以来,受环境因素影响,传统线下面对面授课受限,线上教学多为利用直播授课平台如腾讯课堂、腾讯会议、学习通等平台开展线上实时教学,也形象称之为"直播课"。与传统的线上教学模式一样,"直播课"也打破了空间的限制,让无法在一个空间的师生们可以实时开展教学活动,此外借助平台的录制功能,学生可以课后反复学习加以巩固。"直播课"解决了传统线上教学中师生无法互动的缺陷,教师可以巧妙地设计互动环节,利用直播授课平台实时得到学生反馈,及时答疑。

但一些老师的线上授课仅仅是把线下授课的内容搬到了线上授课,没有针对线上的情况单独设置符合线上教学环境的教学设计,由此呈现的课堂更像是一堂"表演课",放大了由于无法面对面学习的学生的焦虑。笔者通过观测询问大一、大二、大三不同年级约三百名同学线上线下上课的状态及感受发现,大多数同学认为线上教学效果不佳。由于无法直接面对面观测到学生的学习状态,虽然可以利用互动环节观测学生学习情况,但仍有学生在学习中会"跑神"。此外,学习环境不稳定,学习过程中网络不稳定也会影响教学,师生在家开展教学时可能会受到其他与学习无关事物的影响。

2 线上线下相结合教学模式探索

线上线下交替进行的教学模式是受环境影响而应运而生的新教学模式。在 2020 年的教学中发现存在以下情况。

(1)师生双方一段时间内需要交替进行线上线下学习。

(2)教师无法进行线下授课而出现教师线上授课、学生线下听课。

(3)部分学生无法进行线下学习,教师和一部分同学开展线下学习,同时教师利用授课平台对无法线下学习的同学开展线上学习。

通过 2020 年学生线上线下交替学习的经历,学生普遍反映无法完全适应此类学习方式,学习效果受到一定的影响。线上线下相结合教学模式存在着一定的挑战,包括以下几点。

(1)具有一定的不可控制性,教师无法完全确定何时开展线上教学,何时开展线下教学。

(2)教师如何设计课堂活动,确保最大限度上减少学生"跑神"的情况。

(3)如何解决线上线下交替进行的学生适应性问题。

3 线上线下相结合教学模式反思

线上线下相结合教学模式是对教育从业者的一种考验,也是对未来多样化教学模式的反思。面对如此挑战，教师理应充分准备、积极应对。在设计课堂活动时，教师可以充分发挥互联网平台的功能，设置阶段性问题弹屏，在提醒学生认真学习的同时检测学生学习效果；利用点名连麦功能，在给学生们展示自我机会的同时提醒其他同学认真听讲；此外，还可以通过过程性考核的设置，调动学生学习的积极性。

教育不仅仅是教知识，学生的学习也不只是学习知识本身，更多的是学会如何学习，学习如何应对环境调整自我。这一次线上线下学习的过程，本身也是极具学习意义，及时引导学生面对当前环境进行调整，引导学生利用现有资源进行充分学习。此外，我们也可以将这种模式应用于大四需要重修却没有充足时间的学生中，让重修不流于形式，打破时空限制，让每一位同学有机会去接受跨空间的"面对面"的交谈。

参考文献

[1] 奥尔加·维伯格，默罕默德·哈利勒，马丁尼·巴斯，等. 在线学习环境下的自我调节学习和学习分析实证研究述评［J］. 中国远程教育，2020（12）：28-41+58+93.

[2] 安永泉，禹健，程耀瑜. 本科教育中的过程性考核探讨——动态学情分析平台［J］. 教育教学论坛，2020（53）：161-163.

POA 理论观照下大学英语课堂如何提高学生参与度的研究

姜艳丽

（北京科技大学天津学院外国语学院，中国 天津 301830）

摘　要：大学英语是高校课程规划中一个必不可少的组成部分。本文通过剖析大学英语课堂现状及学生课堂参与度的影响因子，提出在 POA 理论指导下有效应对学生"不愿意"或"不能够"参与课堂活动的具体做法。

关键词：POA；大学英语；课堂教学；学生的参与度；驱动；促成；产出

语言学习是一种群体社会行为，是所有参与者互动的产物，而课堂正是师生间各种交流产生的场所。因此，要使学生保持较为积极的学习状态，教师要创造性地建构适宜的课堂氛围，最大限度地调动学生学习的积极性。[1] 对于我国大学英语教学而言，学生在课堂中的参与度普遍不高，甚至会出现课堂沉默现象，这不仅影响了学生学习英语的体验，而且也不利于学生的身心发展。

"产出导向法"（Production-oriented-Approach，POA）是文秋芳教授提出的一种全新的中国大学外语课堂教学理论，其前身是"输出驱动假设"[2] 和"输出驱动—输入促成假设"[3]。POA 提倡"学用一体"的教学理念，将产出活动作为驱动手段（Output-driven）和教学目标，将输入活动作为促成手段（Input-enabled）。就教学目标而言，它既以输出为起点，驱动学生的学习热情，又以输出为目标学以致用；就教学而言，它强调产出活动在语言学习中的作用，并将输出与输入对接，为提高大学英语课堂教学的效率提出了新的教学思路。本文研究了 POA 理论框架在提升学生课堂参与度方面的理论指导作用，进而提出提升学生课堂参与度的具体方法和途径。

1 研究方法

1.1 文献资料法

以"大学英语课堂教学""学生课堂参与度""POA"等为关键词，通过中国知网、万方

---

① 基金项目：全国高校外语教学研究项目，基于产出导向法的大学英语教学实践的研究，项目编号：2020TJ0009。
② 姜艳丽，女，1984 年 2 月 10 日出生，内蒙古宁城县人，外国语学院教师，硕士，主要研究方向为大学英语教学，2007 年 8 月至今在北京科技大学天津学院工作。

知识服务平台等数据库进行检索，收集到与本研究相关的文献 27 篇。

1.2 专家及同行访谈法

为了获得可靠的资料，针对大学英语课堂教学现状及学生课堂参与度等方面，与校内外的专家及同行多名老师进行探讨，了解情况。

1.3 行动研究法

为保证研究的真实性，在专家同行访谈的基础上，笔者观察了用 POA 理念设计的课堂教学活动中学生的表现。

2 研究内容

2.1 大学英语课堂教学及学生课堂参与度

2.1.1 课堂教学中存在的问题

成功外语课堂的三个基本要素是投入、学习和运用。[4] 实际上，在课堂教学中，学生沉默不语，缺乏课堂参与的积极性和主动性，英语应用能力难以提高。受此影响教师的情绪受挫，课堂气氛沉闷，教学效果受损。[5] 目前，高校大学英语课堂教学存在着以下较突出的问题。

（1）师生共同体意识有待提高。在课堂教学中，教师是主导，应该明确课堂教学目标，灵活选择恰当的教学手段、方法及媒介实现教学目标，而学生是主体，应该表现浓厚的学习兴趣，配合教师并向其反映自己学习的情况，从而教师适时调整教学内容、方法及进度。然而，在实际的教学过程中，教师与学生之间往往容易产生"误会"，教师怪学生不主动，学生怪老师太死板。结果一堂课下来，老师讲了该讲的内容，学生却感觉收获甚微。

（2）学生学习主动性不强，学习方法不得当，应用英语能力亟待加强。一般高校至少开设 2 学期的大学英语课程，多采用通用英语教材，主要目标是培养学生的英语听、说、读、写和译等方面的技能，通过几个学期的英语学习和积累，希望学生通过大学英语四级，少数成绩优异者可通过六级考试。然而，学生忽略了语言学习是一个长期的积累过程，由于平时学习方法不得当，实际应用能力较差，甚至有些同学的期末考试成绩也不尽如人意。久而久之，上完两个学期的英语课程，学生在第三学期开始明显表现出倦怠情绪，学习兴趣及主动性明显降低。

（3）教师对自己在课堂中的角色认识不足，导致未能充分发挥在课堂中的主导作用。教师是信息的提供者、课堂的组织者、指导者、控制者、评估者、提升者、参与者和心理支持者。[6] 那么，在课堂教学中，教师应敏锐地发现学生可能存在的问题，如，无法适应课堂节奏，有情绪问题，学习中遇到困难，笔记没有记完等，并在第一时间向学生回应，而不是表现得视而不见。学生因不成熟，做出一些让老师"寒心"的举动，比如，老师花了很多时间心思批改的作业及点评，学生可能不看，甚至作业都不领走，导致日后还会重复相同的错误。此类的事情，易激起教师本身的情绪，使师生关系及课堂教学进入恶性循环。

2.1.2 学生参与度的影响因子

课堂不活跃与学生在课堂中的参与度密切相关。学生的课堂参与模式是一个复杂的问题，影响参与模式的因素是多方面的。其中，文化背景、外语水平和学生的个性是影响学生课堂参与度的重要因素。[7] 首先，受中国传统文化的影响，学生习惯于被动学习，课上很少提出问题，尤其不会提出与老师不同的观点。其次，多数学生对自己的外语水平，尤其是对口语表达能力信心不足，很少主动回答老师提出的问题，很多时候不是学生没有想法，而是不知道如何用英语表达，所以就算被点名回答问题，可能只是简单地说句"Sorry!"，不想多说。最后，性格偏外向的同学更可能主动参与课堂讨论，性格偏内向的同学则采用深思内省的方式，一般不主动参与课堂讨论和回答问题。

2.2 POA教学理论与学生课堂参与度

2.2.1 基于POA理念的课堂教学设计

POA提倡学生的输出是教学目的，而输出需要有效的输入才能实现。如果没有外部输入的有效参与，语言学习者的大脑再发达，自身的语言学习机制也无法完善。[8] POA的教学流程涵盖三个阶段：驱动（Motivating）；促成（Enabling）；评价（Assessing）。这三个阶段必须以教师为中介。这里的中介作用具体表现为引领（Guide）、设计（Design）、支架（Scaffolding）作用等。[9] 文秋芳（2015）提到，与传统教学不同，POA将产出的"驱动"置于新单元的开头，主要是教师呈现交际场景；学生尝试产出；教师说明教学目标和产出任务。促成主要包括教师描述产出任务；学生进行选择性学习，教师给予指导并检查；学生练习产出，教师给予指导并检查三个环节。评价包括即时评价和延时评价。即时评价指学生在选择性学习和产出任务练习过程中教师对学生学习效果给予评价，这有助于教师调整教学节奏，掌控教学进度。延时评价的产出结果有两类：复习性产出和迁移性产出。复习性产出是指课上未完成的产出任务，在课下完成后，下次课呈现；迁移性产出是指学生利用所学知识，完成具有一定相似性的新任务，这有助于高水平的学生进一步提升自己。

2.2.2 提高学生课堂参与度的具体做法

综上所述，学生课堂活动参与度不高归根结底可以概括为"不愿意"或"不能够"两个方面。结合上文提到的课堂教学存在的问题和学生课堂参与度影响因子的描述，笔者以POA教育理论为基础，提出以下几个提高学生课堂参与度的具体做法。

（1）针对学生"不愿意"参与课堂活动，教师主要从影响学生的认识和态度方面入手，让学生明确自己的学习动机，让他们感受到学习过程的必要性、乐趣性和获得感，从而变得愿意参与，主动参与课堂活动。在此，教师需要用POA理念武装自己，精心设计产出驱动的课堂活动，明确学生学习目标。另外，学生的产出必须得到老师或同学的积极评价及反馈，学生才会觉得自己的产出活动是有意义的，因此，多元评价变得尤为重要。

（2）针对学生"不能够"参与课堂活动，教师从情感方面给予鼓励和支持，引导学生从少量产出到较多产出，从简单的产出到复杂的产出逐步发展。一方面，根据学生能力层次，准备不同难度级别的辅助材料，供学生选择学习，在此基础上，学生完成教师提出的任务。所以，充分利用课下时间，即学生课前、课后的时间，提前布置预习任务非常有必要。水平较差的同学如果肯花时间提前做好功课，在课堂上就会变得更加自信，更容易融入课堂活动。另一方面，教师适当地增加一些双人或多人的小组活动，让学生在合作学习中相互取长补短，学会倾听，同时敢于跟别人辩论、说服别人。

3 结论与展望

3.1 结论

教学实现过程直接影响教学质量,对教学质量的评价应以教学过程为依据,而不能只关注习得效果。[10]尽管学生的课堂参与度与其考试成绩并没有呈现正相关,从教学质量及学习体验的角度看,学生的课堂参与度都具有不可替代的作用。本研究通过查阅文献、访谈专家及同行,结合笔者自身的教学实践,探讨了当前高校大学英语课堂现状及学生参与度偏低原因,进而说明以 POA 理论为指导的课堂活动设计有助于提高学生课堂参与度的原因,并提出提高学生课堂参与度的切实做法。需要强调的是,教师在课堂教学中起着主导作用,无论面对何种学生、何种教学内容,教师都要做到自身教学目标明确,同时让学生明确学习目的,密切观察学生,通过灵活处理教材内部和教材外部知识的有机融合,培养学生产出能力,在学生的学习过程中始终保持"脚手架"的作用。

3.2 展望

如今,信息技术越来越多地被引入课堂教学,教师可以有效利用移动互联网提供的便利条件,优化课堂设计,吸引学生参与到课堂活动中,为外语教育的进一步发展不断努力。

参考文献

[1] 李国宏,刘萍,杨娟,等. 大学英语教师课堂行为与学生课堂参与的调查研究 [J]. 西华大学学报(哲学社会科学版),2005(S1):25-27.

[2] 文秋芳. 输出驱动假设在大学英语教学中的应用:思考与建议 [J]. 外语界,2013(6):14-22.

[3] 文秋芳. "输出驱动—输入促成假设":构建大学外语课堂教学理论的尝试 [J]. 中国外语教育,2014(2):3-12.

[4] Harmer J. How to Teach English [M]. Beijing:Foreign Language Teaching and Research Press,2000.

[5] 张慧琴,张琨. 大学英语课堂沉默现象探究 [J]. 中国外语,2009,6(2):78-84.

[6] 钟启泉,崔允漷,张华. 为了中华民族的复兴,为了每位学生的发展 [M]. 上海:华东师范大学出版社,2001.

[7] 张烨,周大军. 大学英语学生课堂参与模式研究 [J]. 外语界,2004(6):28-33.

[8] 周晓武. 大学英语课堂教师教学行为优化策略探究 [J]. 大学教育,2016:92-93.

[9] 文秋芳. 构建"产出导向法"理论体系 [J],外语教学与研究,2015(4):387-398.

[10] 高倩. 大学英语参与式教学模式教学质量评价研究 [J]. 语文学刊(外语教育教学),2016(1):67-68.

基于表现性评价视角的大学英语口语教学设计分析

项瑞翠[①]

(北京科技大学天津学院外国语学院,中国 天津 301830)

摘　要:为提高中国非英语专业大学本科生英语口语水平,根据《大学英语课程教学要求》对口语教学的具体要求,基于表现性评价视角来设计大学英语口语教学内容。表现性评价在大学英语口语教学中有三点优势:情境性的口语交际为表现性评价提供了有利条件;表现性评价适应口语学习的要求;表现性评价可以保障学习者的主体地位。本文基于表现性评价的大学英语口语教学设计应遵循三个原则——以学生为中心,以"表现性任务"为核心,以"评分规则"为导向,结合案例,从教学目标设计、教学内容设计和教学评价设计三个方面分析大学英语口语教学设计的主要策略。

关键词:表现性评价视角;大学英语口语;教学设计;分析策略

英语口语既是国际交流的一个重要桥梁,又是人们了解不同文化的重要工具。英语口语更可以直接发展个人思维。但中国学生的英语口语水平普遍较低。本文结合《大学英语课程教学要求》,从教学目标设计、教学内容设计和教学评价设计三个方面来分析大学英语口语教学设计的主要策略,旨在为大学英语口语教学设计提供一些有价值的信息,提升大学生英语口语教学的质量。

1 研究背景和意义

1.1 研究背景

随着经济全球化的不断发展,各行各业都对英语口语人才有强烈的需求。早在2007年,教育部就颁布了《大学英语课程教学要求》,其中对大学生英语口语表达能力也进行了明确的要求,实际在教学的过程中也形成了终结性评估。[1]我国大学英语口语教学一直处于较

[①] 项瑞翠,女,1983年10月2日出生,天津滨海新区人,外国语学院讲师,硕士,主要研究方向为英语教学,2007年8月至今在北京科技大学天津学院工作。

为弱势的地位，不仅教学方式较为单一，教学内容也不够丰富。在此背景下，重新构建合适的大学英语口语教学设计变得相当重要。[2]

1.2 研究意义

随着经济全球化的不断发展，英语作为一种沟通工具正发挥越来越重要的作用，英语的交流价值也日益凸显。但是从国内的中学升学考试、英语专业四级和八级考试等都可以看出我国英语口语教育的短板，中国人普遍存在用英语进行交流的障碍。因此，本文从表现性评价视角分析大学英语口语教学设计的过程，旨在为大学英语口语课堂注入较为新鲜的内容，这也会在一定程度上拓展其表现和评价的领域。

2 概念界定

2.1 表现性评价

表现性评价又被称为"基于表现的评价""真实评价""另类评价"，目前国内外专家学者对表现性评价还没有形成明确的定义，而我国教育部门对表现性评价给出的定义为：表现性评价就是教师让学生在真实或模拟的生活环境中，运用所学的知识来解决某个问题，以便考查学生知识与技能的掌握程度，从而更加高效地解决更多的问题。目前国外较为认可的表现性评价实际是对学生能否更好地完成某一任务进行评价，并有效反馈。事实证明，基于表现性的评价可以让被测试者更好地将知识、技能、过程和方法都集中在一起，从而有效提升被测试学生的素质。

2.2 教学设计

国外早就对"教学设计"这个概念进行了诸多方面的定义，重点围绕教学设计的理论、研究对象和研究任务进行，但是到目前为止还没有形成统一的定义。但是，从实践看，教学设计就是通过运用现代的心理学、传播学和教学媒体等理论来更好地分析教学过程中产生的问题，并采用合适的方法来解决实际问题。教学设计实际是将设计解决方法、试行方法和评价试行等不同内容更好地集中在一起的过程。

2.3 大学英语口语

本文研究的"大学英语口语"指的是非英语专业学生的口语。非英语专业本科阶段的英语口语水平要稍稍高于中学阶段的简单会话，又比英语专业学生的口语表达能力要低。[3]总体而言，大学英语口语在大学本科学习阶段发挥着非常重要的作用。

3 表现性评价在大学英语口语教学中的优势

3.1 情境性的口语交际为表现性评价提供了有利条件

交际性和情境性的口语评价大都和双方的交流有直接的关系，口语离不开情境，多数也是在不同情境中来实现交流的目的。表现性评价实际也是为了更好地考查学生在不同情境中学习知识的情况。因此，只有运用合适的表现性评价的策略，才能够更好地提升英语口语教学的质量。

3.2 表现性评价适应口语学习的要求

作为一种动态交流的活动，口语课堂活动具有一定的真实性，一方面属于对交流主题的一种补充，另一方面是对交流内容的一种扩展。真正在实际口语交流中的内容是无法在第一时间被预测的，平时的口语教学活动也不应该设较多的限制。因此，鼓励创造性的口语交流活动显得尤为重要。只有在完成任务的基础上提供一定的弹性空间，才能够提升口语交流的质量。

3.3 表现性评价可以保障学习者的主体地位

表现性的评价方式可以在提升学习者积极性的基础上更好地提升其主体地位，使任何学生在整个教学活动中都更好地和课堂教学相互联系。相比于其他几种教育评价方式，表现性教育评价方式具有极强的反馈功能。正因为在课堂内部采用了"表现—反馈—表现"的循环模式，才能够将教育评价功能和教学的过程更好地联系在一起，从而真正实现多元化评价。

4 基于表现性评价的大学英语口语教学原则

4.1 "以学生为中心"的教学设计原则

随着社会的不断发展，教育工作者的关注点已经由教师教授过渡到了学生自主学习的阶段，这样学生在学习完一系列知识之后才能够更好地将有关的知识联系在一起。教师在实际教学时更需要在以学生为中心的基础上尊重和爱护学生，促进学生有效地向前发展。现代大学生的独立性更强，实际也更加成熟。[4]因此，在设计口语课堂时需要根据不同学生的智力特点来培养学生的创造性思维，最终才能够提升学生的语言学习水平。"以学生为中心"的教学原则也更好地体现了"人本主义"的教学原则。

4.2 以"表现性任务"为核心的教学设计原则

所有表现性评价视角下的大学英语口语教学活动都是围绕"表现性任务"开展的，其"表现性任务"将直接决定英语口语课堂的教学内容，"表现性任务步骤"也决定了口语课堂的教学过程。也只有以"表现性任务"为核心，才能够更好地提升大学英语口语教学的效率。在这个教学设计原则下，更多的任务可以被更好地表现出来。

4.3 坚持以"评分规则"为导向进行设计

"评分规则"实际上就是一把尺子，这把尺子会始终贯穿在课堂教学的过程中，它和"表现性任务"一样重要。如果教师可以将教学评分规则和教学内容更好地结合在一起，自然也就会更好地促进学生进行反思，并让学生在清楚自己奋斗目标的基础上缩小自己和目标的实际距离。如此，更多的学生会朝着正确的教学方向前进。

5 基于表现性评价大学生口语教学的策略

5.1 教学目标设计

5.1.1 确定教学目的

教学目的是针对受教育者身心发展的总体要求,更是人们对教学活动的期望。任何大学英语口语教学的目的一定是要围绕提升学生的口语交际能力的。实践中需要将教学的目标变得更加具体,并让学生在教学的过程中更好地达到教学目的。

5.1.2 根据课程内容制定教学目标

所有不同的课程标准都是根据学生的学习要求提出的,更是专业人员的智慧结晶。几乎所有的教学目标都具有一定的权威性,可以采用替代、拆解和组合的方式来将相关的标准在第一时间转化为合适的要求,以便在较短的时间内达成教学目标。

5.1.3 讲述教学目标

在讲述教学目标时应该将所有的内容都紧密地结合在一起,并具体围绕完成的任务、解决的问题和参与的活动等不同的问题来解释,以便更好地激发学生的个性和创造力。

5.1.4 案例分析

以《大学英语口语教程》内部的"Food and Culture"为例来呈现合适的目标陈述案例。

一般要求:可以在学习的过程中围绕某一个主题来进行讨论,并可以用英语来进行日常交流,不仅表达的过程要比较清楚,其语音和语法也要保持正确,在实际交谈时采用基本正确的会话策略。

针对这一课的教学目标主要由以下几点组成:第一,学会大纲要求的与特色食物相关的词汇和句型;第二,可以借助网络和视频等不同的方式来了解西方国家的饮食文化,并以"中西方饮食文化"为主题来进行讨论,最终切实体会中西方的饮食文化差异;第三,可以让学生以"hometown's food"为基础来进行演讲,不仅要求其内容显得清晰而有用,更需要用较为流利的口语来进行交流;[5] 第四,用尊重的态度来评价不同国家的饮食文化。

从上述的案例可以看出,本案例的教学目标是根据《大学英语课程教学要求》的内容确定的。在实际教学中,需要让学生在掌握合适的教学目标的基础上,运用合适的方法来确定合适的表述方式,以便今后更好地考查和评估。上文的目标设计不仅能够促使上课的过程更加顺利,更可以直接培养学生的文化意识。这样一系列从易到难的设定方式让学生更好地感受到中西方饮食文化的差异,实际教学的过程又是开放的,对于学生个人思维发展和跨文化交际意识的培养也很有效。

5.2 教学内容设计

教学内容是根据课程标准设定的。大学英语口语是为了更好地培养学生日常的交际能力。因此,在实际教学时必须在认真分析《大学英语课程教学要求》内容的基础上,结合大学英语口语课程的发展特点和需求来设计教学内容。原则上,每个学生都可以根据自身的条件来开发一套合适的英语口语教学的教材,甚至也可以根据学生的身心特点来和学生一起设计与英语口语相关的教学内容。

5.2.1 教学内容的设计对象需要有针对性

先要具体明确教学内容设计的目标,在设计的过程中明确其是为哪个阶段的学生和教师设计的。正因为不同阶段的学生在经验上确实存在一定的差异,在设计教学内容时需要以学生的实际需求为基础。

5.2.2 让教学的内容具有一定的情境性

应该在真实的情境下来设计交际内容,具有一定文化背景的交际内容更能激发学生的兴趣和热情。此外,口语英语和书面英语有着很大的不同,如果设计不好则会诱发重复和停顿。因此,在设计教学内容时应该避免书面化。

5.2.3 让教学内容变得更加有趣

注意让教学内容变得更加有趣,这样学生自然可以在较为和谐的氛围中相互交流,并全身心地去完成任务,这不仅会直接减弱学生的焦虑感,更会提升学生的热情。

注意在口语交际时不要排斥知识的输入,更需要将合适的语音、语法和词汇进行融合。正确的输入时间和方式可以有效地提升学生口语输入的水平。此外,在教学的过程中还需要注重补充相关视频和音频方面的知识。

5.3 教学评价设计

同样选择上文"Food and Culture"的课文来进行评价。采用的评价方法主要由如下几个方面组成。

5.3.1 抽取合适的话题

首先,将学生分成 A、B、C、D 四个小组,每组都需要抽取一个合适的话题,并在之后进行讨论。四个话题内容主要由如下几点组成:"明确西方国家的餐桌礼仪""请讲述中国的餐桌礼仪""讲述食物和中国传统节日的关系"和"讲述食物和西方传统节日的关系"。

5.3.2 进入讨论

几分钟之后,A 组选出代表本组发言的同学将讨论结果告诉 B 组,B 组在听到合适的内容之后选出代表本组发言的同学直接告诉教师,C 组和 D 组则需要按照小组任务表现的内容来记录合适的数据。[6] 在完成上述的任务之后,B 组选出代表本组发言的同学将讨论的内容直接告诉 C 组,C 组在听到内容之后选出代表本组发言的同学直接告诉教师,A 组和 D 组则需要按照"小组任务表现评分规则"来直接记录合适的数据。之后,C 组选出代表本组发言的同学将讨论的内容直接告诉 D 组,D 组在听到内容之后选出代表本组发言的同学直接告诉教师,A 组和 B 组按照"小组任务表现评分规则"来直接记录合适的数据。

在对小组内部的成员的口语水平进行评价之后,再将不同级别的口语能力直接反映给本人,并由本人直接统计平均分,最终将口语水平直接记录在记录单上。代表本组发言的同学则可以获得合适的反馈数据。最后,每组再将直接记录的数据更好地反映给其他组,其他组再直接进行评比。图 1 显示了教学评价设计的整个步骤。

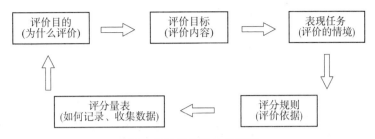

图 1　教学评价设计的步骤

从图 1 可知，教学评价总体是由评价目的、评价目标、表现任务、评分规则和评分量表组成，只有有效地遵循设计的步骤才能够更好地提升评价的效率。

5.4　教学评价设计的主要原则

5.4.1　客观公正

客观公正是教学评价设计的重要原则。重点是可以通过采用合适的观察记录方法来有效地收集数据，并在借助主观判断的基础上来对评分规则有不同的理解，如果评价的过程不佳，则评价的结果也不佳。因此，只有严格地制定合适的评分规则，才能够让评分的规则变得更加公正。

5.4.2　弹性设计

有效的弹性设计是表现性评分的关键，但是并不是所有评分条件越细，其发挥的效果越好。所有的教师都需要在有限的时间内根据合适的规则来提升教学评价的效率。但是如果将教学评价设计得太死板，往往会限制学生表现能力的发展。因此，弹性设计实际上还是很有必要的。

6　结束语

综上所述，为提升大学英语口语教学的效果，本文从不同的研究背景入手来分析"表现性评价""教学设计""大学英语口语"三大概念，具体阐述了表现性评价在大学英语口语教学中的优势，总结了基于表现性评价的大学英语口语教学设计的原则，并结合案例分析，重点探讨如何采用合适的策略来完成教学目标设计、教学内容设计和教学方法设计。

参考文献

[1]　教育部高等教育司. 大学英语课程教学要求［M］. 上海：上海外语教育出版社，2007.
[2]　鲁子问，康淑敏. 英语教学设计［M］. 上海：华东师范大学出版社，2018.
[3]　吴钢. 现代教育评价教程［M］. 北京：北京大学出版社，2017.
[4]　周小山，严先元. 新课程教学设计思路与教学模式［M］. 成都：四川大学出版社，2017.
[5]　朱家科. 大学英语教学中的文化教学［M］. 武汉：华中科技大学出版社，2017.
[6]　赵山鹰. 多媒体环境下的教学设计与资源应用［M］. 开封：河南大学出版社，2017.

"互联网+"环境下天津独立院校英语移动学情研究

钱冰尔　张　媛

(北京科技大学天津学院外国语学院，中国 天津 301830)

摘　要："互联网+"时代的到来催生了新的教育生产力，"互联网+教育"已经成为打造"学习中国"新模式的重要阵地和焦点领域，移动学习正是这一进程中的重要产物。本文基于移动学情内涵及其三大概念维度——知识维度、技能维度、素质维度设计调查问卷，以四所天津独立院校在校大学生（共800名）为研究对象，通过 SPSS 24.0 软件对问卷数据进行分析，从而分析出独立院校英语移动学情特点，并据此从学校、教师、学生三个层面提出改进独立院校英语移动教学的建议。

关键词：互联网+；独立院校；英语学习；移动学情

1　前言

随着时代的发展、信息技术的成熟，各高校越来越重视将信息技术应用于教学之中。2019年10月发布的《教育部关于一流本科课程建设的实施意见》就提出了多项建设内容与改革举措，就课程目标导向方面明确提出要强化现代信息技术与教育教学深度融合，解决好教与学模式创新的问题，杜绝信息技术应用的简单化、形式化。而在2019年于天津举办的"第三届全国教育教学创新与发展高端论坛"上，多位教育专家强调要利用"互联网+教育"的时代背景，即积极运用教育信息技术，使之与教育教学深度融合创新，构造一个符合学校学情的创新型教学模式，而英语移动学习正逐步与天津各大高校的英语教学相融合，且日趋成熟。基于该时代背景，笔者进行了有关"天津独立院校英语移动学情"的研究。

---

① 基金项目：天津市大学生创新训练项目，"互联网+"环境下天津独立院校英语移动学情研究，项目编号：202013898030。

② 钱冰尔，女，2000年1月16日出生，浙江嵊州人，2018年9月至今在北京科技大学天津学院外国语学院在读。张媛，女，1986年1月出生，天津人，外国语学院讲师，硕士，主要研究方向为语言学，2015年9月至今在北京科技大学天津学院工作。

2 研究现状

目前国内对学情大多从理论的角度研究,如谢晨和胡惠闵[1](2015)在分析研究58篇具有代表性的研究文献基础上提出了学情概念的界定方式——概括式界定、列举式归纳和是否影响教学;马文杰等[2](2013)在分析庞玉崑[3](2012)的学情分析概念基础上,指出"学情分析主要指在教学前对与课堂教学直接相关的学生情况的研究与分析";陈隆升[4](2009)通过分析从1999年到2008年主要的语文教学期刊发表的含有学情分析的115个教案和教学设计,得出学情分析的走向——学情分析内容从宏观转向微观、学情分析中越来越关注对教学内容的分析。三者都是从理论角度分析学情,但区别在于,谢晨与胡惠闵以及马文杰等都侧重于学情概念的确定,而陈隆升是从理论上预测了未来学情的趋势。因此,从单纯的理论分析到结合实际课堂全面分析学情具体特征,才能对学情分析实现质的突破,避免理论与实际分离的现象,从而对症下药,制定更贴合实际的有效的教学方案。

而对英语学情的探究,现有研究多数以学生的成绩为学情研究的参考数据,却忽略了学生英语学情的潜在维度,即技能维度和素质维度,如,廖根福、邹晓萍[5](2019)对"大学英语口语混合式教学的行动研究"就是以学生学期始末的口语成绩差值来判断混合式教学的效益;张彦青[6](2015)《基于网络资源平台的英语翻转课堂教学模式探讨》同样是根据学生的书面成绩得出翻转课堂教学模式的合理性。这两项研究都是对英语学情的研究,同时都是以学生的成绩为衡量学情的标准,但技能维度、素质维度两个潜在维度对学生长远发展的作用却被忽略。因此,基于知识维度,结合技能维度、素质维度的学情研究对学情的分析更具有指向性、更深刻,从而制定的教学方案也会更切合实际,有利于学生的长远发展。

3 移动学习与学情的特征与定义

首先,通过参考大量文献,笔者总结了移动学习的以下特征。

(1)移动学习是指在移动设备、移动通信技术及移动互联网技术支持下,学习者可以随时随地地得到所需的学习资源的一种学习方式。

(2)在移动学习这一学习方式中,学习场景具有灵活性,学习内容具有个性,学习过程具有交互性,学习工具具有便捷性和连接性,还能充分利用碎片化的学习时间。

(3)学术界对移动学习已有不同定义,并将其划分为三类:以技术为中心的移动学习定义、基于与E-learning关系的移动学习定义和基于学习活动的移动学习定义(黄荣怀[7],2008)。针对学术界对移动学习定义的不同理解,本项目选择"以技术为中心的移动学习定义",即让学生利用无线移动网络技术及无线移动通信设备(移动电话)获取教育资源和教育服务,这是本项目的理论依据之一。

通过大量文献分析,本文将学情定义分为四个大类。

(1)以吴银银[8](2011)为代表的学者认为,学情分析就是对学生的实际情况进行分析。

(2)以王树平[9](2012)、汪圣龙[10](2010)、韦玲珍[11](2010)、周晓阳[12](2010)等为代表的学者认为,学情即学生学习的情况。

(3)以陈隆升[13](2012)为代表的学者将学情界定为"学生在课堂里的学习情况",以区别于在没有教师干预状态下学生的自发学习情况。

（4）以耿岁民[14]（2011）、丁恺[15]（2009）、安桂清[16]（2013）为代表的学者认为，学情就是影响教与学的设计与实施的发生、发展及效果，并且与学习者相关的一切变量和因素的状况。

本项目采取第一项学情定义，即探究移动学习模式下学生学习的实际情况，而具体的分析内容依据田立君[17]（2015）提出的学情分析三大维度，即知识维度、技能维度、素质维度。

通过分析大量文献，笔者总结了三大维度的具体内涵及相关的二级维度。知识维度是知识主体在知识管理过程中的思维角度，即知识主体在研究知识的静态属性并且模型化的过程中所采用的一种角度。其二级维度则包括：表示层，包括知识主体在学习、应用、创新知识时所借用的载体；功能层，包括对自身知识维度的管理、自我知识储存系统的分类以及个人知识维度的分享与交流；资源层，通过对个人知识储存系统的梳理，形成的个人知识索引库（鲁小莉、梁贯成[18]，2015）。技能维度是指外在的行为技能和动作能力，其二级维度包括认知技能，亦可称为思维技能，是指个体借助内部语言在头脑中进行的动作方式或智力活动方式；另一种是运用技能，是外显于个体行为之上的动作方式和活动方式（谢莉花、何蓓蓓、余小娟[19]，2020）。素质维度是知识主体对知识的内化过程，即将知识内化为以观念、品德、能力、身体、心理素质等形式存在的个人内涵。本文主要以"认知—训练—践行"作为二级维度的考察方向（赵作斌[20]，2018）。

4 研究设计与结果

4.1 研究设计

笔者根据吴银银对学情的定义，对学生的实际情况进行了分析，并基于知识维度、素质维度、技能维度，设置了 14 个问题，其中知识维度共 4 题、素质维度 6 题、技能维度 4 题，问卷采用五级量表的形式，在专家指导下进行反复修改并对本校 100 名非英语专业同学进行问卷初测。测试问卷信度为 0.886。通过电子问卷班级群转发的形式，笔者共向 4 所独立院校共 40 个班级发放问卷 800 份，收回有效问卷 685 份。

4.2 数据分析与结果

从知识维度上看，首先，在获取英语移动学习的途径中，有 56.8% 的学生是被动获得，不会主动搜寻新的途径。其次，有 88.24% 的同学愿意将自己的英语移动学习平台介绍给他人，经验分享意识强，因此在教学过程中，教师可以组建英语移动学习小组，使同学及时分享经验、交流成果。此外，在英语移动学习过程中，有四分之三的同学可以有效结合多个英语移动学习平台的不同功能进行英语学习，如利用百词斩 App 进行词汇积累，利用英语流利说 App 进行口语的练习，利用可可英语 App 进行考试专项训练，因此在教学过程中教师可以有意识地引导学生在课后自行结合不同英语移动学习 App 的主要功能辅助个人的英语学习。目前有 87.32% 的同学可以将英语移动学习平台中习得的新英语知识与已有知识关联起来，如在百词斩中遇到新词 irritated，大部分同学可以联想到 exasperated、annoyed 等同义词，因此教师可以在日常教学中注重培养学生在英语移动学习中的新旧知识关联能力，从而在巩固已有知识的前提下更好地学习新的知识。

从技能维度上看，第一，目前已有92.16%的同学可以仿照英语移动学习平台的知识梳理系统，构成自己的英语知识存储框架，相比通过传统学习模式只能抓住一个个孤立的知识点，移动学习平台能潜移默化地给学生输入知识网络图，让学生站得更高、思路更清楚，使学生更明确自己所学的内容在整个体系中的位置。因此，教师可以在日常教学中以学生上交的知识梳理图的内容衡量学生阶段性的学习效果，来取代传统的笔记检查、默写知识点等任务。第二，有95.11%的同学能根据个人情况选择适合自己的英语移动学习平台，并制定自己的英语学习方案，大部分同学对个人英语水平有一定的认知，且具有一定的英语学习方案制定能力。第三，目前仍有86.27%的学生无法充分利用英语移动学习平台的测试功能，比如，借助英语移动学习平台定期进行相关小测，如词汇过关测试、发音测试、真题小测等，检验自己的学习成绩。第四，目前有84.1%的学生可以借助英语移动学习平台中的学习监督功能，如每日的打卡提醒、活跃度排行榜、获得奖杯等，保持一定的学习热情，表明英语移动学习平台有助于稳定学生的英语移动学习积极性。第五，目前仍有80.24%的学生无法在第一时间通过英语移动学习平台获得最新的信息，如国际新闻报道、国家颁布新法案的内容、时事新闻热点词汇等。

从素质维度上看，首先，有88.24%的同学可以发现英语移动学习平台中的缺陷并向反馈中心提出合理的改善建议，大部分同学在英语移动学习中已具有一定的用户反馈意识，如信息不真实、广告多、用户安全性低等缺陷，学生已经能够主动和平台进行交互沟通，但是在日常教学中，学生主动向老师提建议的比重远低于这一数据，这表明移动学习平台能够让学生更自信，更愿意表达自己的想法。其次，目前有86.1%的同学可以将英语移动学习中所获得的知识内化为自己的英语能力，如在英语移动学习过程中，将习得的词汇进行造句，并联想到有关的近反义词、固定词组搭配等，这表明学生可以在英语移动学习过程中整理自己的知识，即将英语移动学习中获得词汇、句式、新闻时事信息等，进行整理并补充相关内容。最后，目前仍有93.24%的学生无法精准地根据阶段性成绩合理提高或降低个人的阶段性目标。当成绩未达到预期时，应先找到失分点，再调整学习计划，加大对于失分点的学习力度，及时查漏补缺。当成绩超过预期时，则适当加大学习内容的深度、难度。

综上所述，学生获取移动学习的渠道稍显被动，但大部分学生能按需充分利用现有渠道获取知识并分享，对新旧知识有一定的联想能力，并能明确自己所学内容在知识体系中的位置。但学生主动获取平台最新知识、信息的意识较差，根据不同阶段检测、制订计划能力欠缺。

5 教学建议与结论

基于上述发现，笔者对学校管理层在英语移动教学中提出以下建议。

（1）学校应紧跟时代潮流，适应改革节奏，及时了解英语移动学习的利与弊，准确调控移动学习在教学中的占比。

（2）学校应多方面了解不同的英语移动学习平台，排除质量低、不合规的英语移动学习平台，在日常生活中引导同学了解多样化的英语移动学习方式。

在教师层面提出以下建议。

（1）建议教师可以更全面地了解各个英语移动学习平台的特点，从而有针对性地向学生推荐多种接触移动学习的方式，引导学生主动寻求适合自己的英语移动学习方式。

（2）由于移动学习平台中的小测试题更能检测出学生的短板，学生缺乏利用平台检测的意识,因此教师可以在日常教学中利用移动学习平台发放小测试或利用平台自带的测试功能检测学生的学习情况。

(3) 教师可以有计划地组织学生对自己的学习方式、学习态度及学习成绩进行定期的反省,及时查漏补缺,找到切合自己实际情况的新阶段的学习模式。

(4) 上文提到,学生在移动学习过程中是善于分享的,因此教师可以根据学生实际情况组成英语移动学习小组,引导学生基于英语移动学习平台对所学知识进行讨论与交流,在阶段性学习任务中互相监督、互相借鉴。

(5) 建议教师借助英语移动学习平台定期检测学生的阶段性成果,定期接收学生对英语移动学习平台的反馈,不定期抽查学生个人英语知识索引库的内容,并根据结果与学生进行沟通,从而引导学生制订正确的英语学习计划。

在学生层面提出以下建议。

(1) 建议学生在英语移动学习中,发挥个人主动性,明确个人目标,了解英语移动学习方式,及时制定符合自己实际情况的英语移动学习方案,通过各英语移动学习平台的测试功能,做到及时查漏补缺,调整阶段性英语学习计划。

(2) 建议学生主动关注新闻时事,了解时代背景、国际形势,在这一过程中积累相关用语,并学会用英文表述相关内容。

(3) 相比传统教学计划的固定性、不可参与性,移动学习的针对性更强,个性化程度更高,学生应充分利用移动学习平台的特点,根据现阶段学习情况制定自己的学习目标与计划,选择合理的学习模块,有针对性地加强相关方面的锻炼。

总之,移动学习模式能很大程度上促进学生成长进步,学生适应性高,互动频繁有效。在英语移动学习过程中,学生应进一步加强学习规划意识、阶段性检测意识,教师做好引导与监督工作,使移动学习发挥更大优势。

参考文献

[1] 谢晨,胡惠闵. 学情分析中"学情"的理解 [J]. 全球教育展望,2015:20-27.

[2] 马文杰,鲍建生. "学情分析":功能、内容和方法 [J]. 教育科学研究,2013 (9):52-57.

[3] 庞玉崑. 常见的"学情分析"错误与解决方法 [J]. 北京教育(普教版),2012 (3):50-51.

[4] 陈隆升. 语文课堂教学研究——基于"学情分析"的视角 [D]. 上海:上海师范大学,2009.

[5] 廖根福,邹晓萍. 优化教学结构设计诱发学生自主学习与深度学习——大学英语口语混合式教学的行动研究 [J]. 教育学术月刊,2019 (10):105-111.

[6] 张彦青. 基于网络资源平台的英语翻转课堂教学模式探讨 [J]. 中国教育学刊,2015 (S1):391-392.

[7] 黄荣怀. 移动学习——理论·现状·趋势 [M]. 北京:科学出版社,2008.

[8] 吴银银. 高中生物学教学设计的学情分析:价值、内涵与方法 [J]. 教育探索,2011 (2):79-80.

[9] 王树平. 论初中物理课堂教学设计之学情预估 [J]. 教学与管理,2012 (10):64-65.

［10］汪圣龙. 学情调查：回归教育本质的起点［J］. 上海教育科研，2010（11）：57-68.

［11］韦玲珍. 语文教学如何进行学情分析［J］. 语文建设，2010（7-8）：51-53.

［12］周晓阳. 基于"学情判断"的教学有效性观察与思考［J］. 上海教育科研，2010（2）：85-86.

［13］陈隆升. 从"学"的视角重构语文课堂——基于语文教师"学情分析"的个案研究［J］. 课程·教材·教法，2012，32（4）：42-48.

［14］耿岁民. 中学数学课堂教学学情分析的理论与实践研究［D］. 西安：陕西师范大学，2011.

［15］丁恺. 课堂教学的"学情分析"研究［D］. 上海：华东师范大学，2009.

［16］安桂清. 论学情分析与教学过程的整合［J］. 当代教育科学，2013（22）：40-42.

［17］田立君. 以案说理：有效备课需要什么［M］. 长春：东北师范大学出版社，2015.

［18］鲁小莉，梁贯成. "知识四维度"：分析教师课堂教学知识的框架［J］. 全球教育展望，2015，44（8）：63-73.

［19］谢莉花，何蓓蓓，余小娟. 资历框架维度划分的基础：学习成果分类理论及其应用探析——以欧洲地区为例［J］. 职业技术教育，2020，41（28）：70-78.

［20］赵作斌. 素质学分制——大学生评价模式的新探索［J］. 中国高等教育，2018（20）：27-29.

关于大学生劳动课程的几点建议

宋天月[①] 石东峰 刘 杰 王鹏文

(北京科技大学天津学院劳动学院,中国 天津 301830)

摘 要:大学生是中国特色社会主义事业的建设者和接班人,也将成为未来社会的中流砥柱。现阶段大学生积极向上是主流,但个别大学生存在劳动观念淡薄、不爱劳动、不会劳动等一系列倾向和问题,国家对此非常重视,进而要求高校开设劳动课程,对大学生进行劳动教育。本文提出关于大学生劳动课程的几点建议。

关键词:大学生;劳动课程;劳动教育

1 高校开设大学生劳动课程的背景

劳动是人类本质特征,社会的一切物质、文化财富都始于劳动。[1] 前些年劳动教育处于一个尴尬的地位,学生、家长还有学校更注重的是学生专业知识教育,均忽视劳动教育。虽然现阶段大学生积极向上是主流,但个别大学生还存在劳动观念淡薄、不爱劳动、不会劳动等一系列倾向和问题,这些问题若不及时解决,将可能成为社会前进路上的绊脚石。

近几年国家高度重视劳动教育,为加强大学生劳动教育,出台多项政策,如,2019年2月教育部发布《教育部2019年工作要点》,将劳动教育与智育、德育、美育、体育并举;2020年3月中共中央、国务院发布《关于全面加强新时代大中小学劳动教育的意见》,指出劳动教育是中国特色社会主义教育制度的重要内容,直接决定社会主义建设者和接班人的劳动精神面貌、劳动价值取向和劳动技能水平。

习近平总书记也在多次讲话中强调劳动教育的重要性。如,2018年9月10日,习近平总书记在全国教育大会上提出了德智体美劳五育并举的总体要求,提出要在学生中弘扬劳动精神,教育引导学生崇尚劳动、尊重劳动,懂得劳动最光荣、劳动最崇高、劳动最伟大、劳动最美丽的道理,长大后能够辛勤劳动、诚实劳动、创造性劳动;2019年4月30日,习近平在纪念"五四运动"一百周年讲话中再次强调培养德智体美劳全面发展的社会主义建设者和接班人。

综上所述,大学生劳动课程的开设已成为国家政策导向和社会进步的需要,故各高校对

---

① 宋天月,男,1988年1月11日出生,天津宝坻人,劳动学院讲师,硕士,主要研究方向为高校在读大学生劳动课程设置与劳动教育,2020年6月至今在北京科技大学天津学院工作。

在校大学生进行劳动教育，开设劳动课程已成必然。

2 高校开设大学生劳动课程的目标及意义

2.1 劳动课程

劳动课程就是劳动教育课程，关于劳动教育的解释，《辞海》（1999年版）的解释是："劳动教育是德育的内容之一，对学生进行热爱劳动和劳动人民、珍惜劳动成果、树立正确的劳动观点和劳动态度、通过日常生活培养劳动习惯和技能的教育活动。"《教师百科辞典》的解释是："劳动教育就是向受教育者传播现代生产的基本知识和技能，培养他们正确的劳动观点、劳动习惯和热爱劳动人民、劳动成果的感情。劳动教育十分重视劳动过程中的智力因素，把平凡的劳动同创造性劳动结合起来，把简单的劳动与富有知识的劳动结合起来。劳动教育包括生产劳动、社会公益劳动和自我服务劳动等多方面的教育活动。"《教师百科辞典》对劳动教育的解释更符合现阶段劳动教育。

2.2 开设大学生劳动课程的目标

大学生劳动课程的目标是准确把握社会主义建设者和接班人的劳动精神面貌、劳动价值取向和劳动技能水平的培养要求，全面提高大学生劳动素养，使大学生树立正确的劳动观念、具有必备的劳动能力、培育积极的劳动精神、养成良好的劳动习惯和品质。

2.3 开设大学生劳动课程的意义

大学生劳动课程的意义主要体现在以下几点。

（1）树立正确的劳动观念，增强劳动意识，养成良好的劳动习惯，提高劳动品质和能力，获得德智体美劳的全面发展。

（2）培养吃苦耐劳的精神，同时锻炼自身体魄。

（3）体力劳动和脑力劳动相结合，将理论知识运用于劳动实践中，进而实现创造性劳动，培养创新创造的能力。

（4）培养独立完成工作的能力和团队合作能力。

总之，大学生劳动课程不仅是让学生能学到基本的劳动技能和本领，更是让其从思想和心灵上得到启发和磨炼，树立正确的世界观、人生观、价值观，形成健全的人格；不仅使学生德智体美劳全面发展，更使其潜能能够得到充分、全面、自由的发挥，进而加速社会发展，为实现中国特色社会主义提供动力。

3 关于大学生劳动课程的几点建议

北京科技大学天津学院响应国家政策，积极开设劳动课程，现已完成一个完整学年的劳动教育工作。其间反映出了一些问题。

（1）不爱劳动。上课期间，教师发布一些额外的劳动任务，只有极少数同学愿意去完成。

（2）不会劳动。教师讲解完成后安排劳动任务，部分学生不知所措。

（3）缺少吃苦耐劳的精神。上课期间，会有一些不太干净且较累的劳动任务，这些任务学生不愿去做，即使安排下去也是怕脏怕累，不情愿。

反映出的问题不仅仅只有上述列举的几个，还有许多，但这些问题本校已——解决，在此期间总结出以下经验，望对即将开设劳动课程的兄弟单位有所帮助。

3.1 小班开课，指标到人

在开设劳动课程时，建议小班上课，上课人数控制在 50 人以下，布置劳动任务时责任到人，给学生确定适当的劳动指标。这有助于课程组织和学生管理，同时有利于学生树立正确的劳动观和劳动态度。

3.2 兴趣入手，逐步培养

在开设劳动课程时，尽可能多安排劳动项目，一是保持新鲜感，不让学生厌烦；二是培养学生的劳动兴趣，调动学生劳动兴趣，引导并逐步培养其劳动积极性，使学生爱上劳动。

3.3 由简入繁，逐步增量

在开设劳动课程时，劳动任务可先由简单劳动开始，逐步增加劳动量和难度，让学生有一个适应的过程。这既不会让学生产生逆反心理，又有利于学生培养吃苦耐劳的精神。

3.4 手脑结合，培养创造

在开设劳动课程时，设置创意劳动项目，指导学生手脑并用，充分、自由地发挥学生的潜能，逐渐培养学生的创新创造能力。

3.5 奖惩分明，激励前行

在开设劳动课程时，设置合理的课程评价体系，劳动课最终成绩由平时成绩和课程总结成绩两部分组成。平时成绩的计算，对表现好的学生进行加分，对表现不好的学生进行减分，对表现特别差的学生进行从严处理，同时平时成绩权重最大化，这既可鼓励又可约束学生。课程总结成绩，要求学生写出真情实感，总结课程中学到的知识、获得的成长和变化，根据学生总结的内容进行公正评分。同时，学校设立"劳动之星""劳动小能手"等奖项，评选依据为劳动课程中真实表现，还可增加劳动课程在学校评优中的权重，从而在鼓励学生积极劳动的同时增强学生的自豪感和荣誉感。

3.6 树立榜样，鼓励带动

在劳动课程中，可穿插讲述名人事迹为学生树立榜样，如"大国工匠""全国劳动模范"等事迹，为学生展现出劳动最美丽的一面。课程中还可多鼓励表现优异者，以此鼓励其他同学。

3.7 团结友爱，互帮互助

在劳动课程中，尽量以团队形式安排劳动任务，以团队完成劳动任务的表现进行评比，表现优异团队给予一定"奖励"，并以此鼓励其他团队人员。同时，鼓励能力强者帮助能力差者，营造互帮互助氛围，逐渐使学生形成团队合作的思想，进而培养其团队精神。

3.8 社团展示，以点带面

可成立与劳动教育相关的社团，鼓励和支持社团多举行劳动主题的活动，向学生展示劳动成果，引起其他学生的兴趣，以点带面，使学生们积极参与劳动。

4 结语

劳动是一种传承、一种使命，它承载着一种责任，延续着一种情怀，彰显着一种精神。大学生是中国特色社会主义的建设者和接班人，也将是劳动的传承者，故大学生劳动教育刻不容缓，高校开设劳动教育课程势在必行。

参考文献

[1] 谢宗荣. 新时代小学生劳动教育实践路径 [J]. 学校教育研究，2019（19）：138-140.

高校工程化学课程的形象化教学环节设计

贺亚飞[①]

(北京科技大学天津学院基础部,中国 天津 301830)

摘 要:本文从研究本校城市建设学院的本科生开设的工程化学教学工作出发,考虑化学基础课程本身的特点、教学现状等方面的影响因素,分析不同层次的学生对理论知识的理解深度,探讨课堂中运用形象化教学环节的设计理念和方法,开发优质教学课程体系和适宜的教学模式,对高校基础课程教学具有一定参考意义。

关键词:本科生;工程化学;形象化设计;教学研究

目前,工程化学是国内土木工程专业的一门基础必修课,涵盖内容丰富的化学知识,能够很好地拓宽学生的认知视野,为后续专业课的学习奠定坚实的基础。[1]

工程化学是我校城市建设学院本科生的基础课,但是课本中抽象的概念、难以想象的微观结构、枯燥无味的记忆性知识成了学生学习化学的"拦路虎",这就要求授课教师具有化学专业的扎实功底作为基础,不断创新授课的方法途径,教学内容上精减、优化课程,设计形象化教学环节,使学生在学习知识的同时被生动有趣的课堂所吸引。

笔者以本院 2014 级至 2020 级的教学班为研究对象,以学生课堂和成绩的反馈为依据,对七年的教学实践进行了深度总结,发现在课堂中适时加入形象化设计环节的优势显而易见。

1 工程化学教学的现状

我校工程化学课程在大学一年级开设,课时为 32 学时。在工程化学教学中,经常会遇到以下问题。

一是从学生角度看,学生离开高中教师的监管、父母的呵护来到大学校园,一切都既新奇又陌生,加上大学课程数目多、难度大,学生很容易产生挫败感。[2] 学生水平不均匀,参差不齐,尖子生较少,后进生面积大,个别学生几乎没有化学基础,无法参与到教学的环节当中,找不到方向,导致丧失学习兴趣。

二是从课程方面来看,工程化学是高中化学知识的延伸和拓展,是后续专业课教学的先

---

① 贺亚飞,女,1987 年 2 月 15 日出生,河北邢台人,讲师,硕士,主要研究方向为无机化学教育教学,2014 年 3 月至今在北京科技大学天津学院工作。

导课。[2] 工程化学包括物质聚集状态、化学反应基本规律（化学热力学、化学动力学）、化学平衡、电化学基础、物质结构基础、化学与材料等内容，对学生学习起承前启后的作用，但教学理论内容偏多、实际应用偏少，学生常认为内容枯燥。

三是从教师方面来看，目前教学的组织形式以班级授课模式为主，教师在教学过程中采用统一的授课方式，忽视了学习困难学生、无化学基础学生的学习需求，造成部分学生"难消化""听天书"的现象。

针对这些现象，为促进学生在已有基础上获得最大限度发展，工程化学课程应如何根据有限学时，在以教学大纲为大标准的前提下加入形象化教学环节，对教学内容进行编排，是亟待解决的问题。教师应从学生的角度出发，培养学生的学习兴趣，形象化教学势在必行。

2 形象化环节的设计原则

形象化教学是指将抽象知识形象化，达到让学生借助形象思维辅助生成抽象思维的目的。[3] 教学过程中要注意结合具体专业的实际情况来进行形象化环节的设计编排，寻找学生易于接受的教学方式，形象化教学理念要侧重于实用，而非表面文章，更加重视以学生为本，吸引学生的注意力，充分发掘学生自主性与求知欲，同时尊重学生个性差异化。对于教师而言，应避免采用"一刀切"教学模式，要结合学生的实际情况设计方案，因此，课堂形象化教学环节的设计应遵循以下原则。

2.1 形象化

形象化教学的主旨是"形象教学、趣味课堂"，提倡教学要适合学生的发展水平，教学难度不应该高于学生实际的可接受程度。形象化教学具备"形神趣实"的特点[3]，意思是设计的环节不仅要形似，更要传神，而且形象化教学讲究趣味性，注重对人的心理因素的影响，带给人们情感上的冲击。形象化设计通常要有幽默、新奇等特征，可以在传递信息同时营造轻松愉快的氛围，引起人们的情感共鸣。另外，教师要善于将抽象知识具体化，即具有化虚为实的能力，让学生首先形成感性认识，再上升为对知识的理解与掌握。

2.2 可实施性

形象化教学法能否得到推广，关键是设计是否合理、切实可行。形象化教学可以引导学生主动地去理解和掌握抽象理论知识。教师首先要完成从传统的"填鸭式"教学角色转化为"创作型"的教师角色，要使课堂充满生机活力。并且，教师要成为"合作者"，在与学生合作、与课本合作，开发形象化教学环节的同时，不断接受来自学生的反馈，不断完善教学环节。需要指出的是，切忌为了应用而应用，以免弄巧成拙。[4]

2.3 高效性

形象化教学方法有利于消解概念或术语的冷冰的形式，使学生对深奥的理论产生亲切感，[4] 短时间内理解透彻一个新的知识点，使学生通过再造想象在头脑中形成鲜明而真实的新形象，进而生动地理解教材，正确掌握知识；形象化教学可以降低知识点入门的难度，将课堂变得妙趣横生，在欢声笑语中加快理解学习的步伐。

3 形象化案例分析

教师推进形象化教学，用生活中的事例设置案例，引发学生深层次的思考，将抽象的知识讲解得生动有趣，便于学生理解，可尝试以下案例中的方法。

案例一

在介绍稀溶液的依数性时，对于为什么会出现稀溶液的蒸汽压下降（相对于纯溶剂）现象，如果直接给学生解释原理，学生对抽象的概念理解不到位，容易产生厌学心理；但是对照着纯溶剂和稀溶液蒸发示意图，进行形象化的介绍，比如将溶剂分子类比为"老百姓"，溶质分子类比为"劫财的土匪"，当溶液中含有难挥发的溶质时，即"劫财的土匪"混入"老百姓"当中时，部分道路被"土匪"霸占，"土匪"高喊着："想要过此路，留下买路财"，叫苦不迭的老百姓只能被拦着不能向前赶路。当学生们听着有趣的时候，趁热打铁，继续讲解知识点，并与形象化类比中的"人物"一一对应，当水中加入难挥发溶质时，溶液的表面或多或少被溶质（严格说是溶质的溶剂化物）占据，减少了单位面积上溶剂的分子数，即稀溶液表面逸出的溶剂分子（水分子）会比纯溶剂少。这样既解释了蒸汽压下降的原理，又加深了对知识点的理解，达到事半功倍的效果。

案例二

讲解阿伦尼乌斯公式时，可以采用任务驱动法将学生带入情景，作如下假设：教师现在的身份是博士生导师，而学生们的身份是在读博士，"博士生导师"给"在读博士"的科研经费是 100 万元（也可以是其他的数字），让学生自己设计实验方案，研究温度对反应速率的影响，鼓励大家踊跃发言，引导学生用控制变量法得出不同温度下的速率常数 k，绘制相应的图像，通过温度 T 和速率常数 k 的数值变形转换，得出关于温度 T 和速率常数 k 的线性关系，即得到阿伦尼乌斯公式。此案例通过创设情境，让学生自主探究规律、推导公式，这样更能激发学生学习兴趣。

案例三

在物质微观结构中讲解核外电子排布三原则时，可以这样介绍：人类的社会行为要受到法律的制约，即人要守法，同理，"电子社会"也有法律可循，这三条法律是：泡利不相容原理、能量最低原理、Hund 规则。将形象化的比喻带入课堂，提高学生注意力。

此外，教师在教学过程中运用形象化思维，通过引入科研实例、设计趣味游戏和编写口诀等方式，可以帮助学生突破重难点，提高学习兴趣，提升学习质量，取得良好的教学效果。

4 形象化教学环节的效果评价方式及意义

笔者将形象化教学理念用于课堂教学，受到学生的认可，加入形象化教学环节的课堂，师生互动明显增多，学生对知识点的理解更透彻。并且使学生加深对知识点的记忆，激发后续学习的兴趣，此类考点的正确率大大提高。

形象化教学环节的效果评价可以来自学生的反馈，或者来自学生成绩的反馈，更重要的是来自教师的观察。正如斯塔弗尔比姆强调的："评价最重要的意图不是为了证明，而是为了改进。"[5] 对于工程化学课程，教师采用新的教学模式，会付出更多的精力备课，工作量会增加很多,教学管理者也要开发新教学评价标准帮助教师进行真实和准确的课堂效果评价,比如开发评分系统让学生给教师的每节课进行打分,从而帮助教师反思自己的不足之处,并进行完善。此外,形象化设计的课程体系内部要具有相互关联性,布局合理,而且环节设置要具有完整性、系统性。

教师通过对授课内容、方法、手段进行一系列的改革,加深学生对自身的印象,学生才更加有兴趣学习工程化学课程,而教学效果的提高为学生在高年级的专业知识的学习夯实了基础,同时,也有利于提升教师形象、学校形象以及促进学生发展。

5 结束语

教育从本质上是一种心灵的点燃,在一个新的教学法的实施中,人是第一要素,具体的实施者——教师更是这一要素的核心[5],而提高学生的学习兴趣和热情,是重中之重。笔者通过实践证明,在课堂中运用形象化教学,使课堂的互动性及期末成绩有了明显提升,所以要继续开发优质的课程体系和高效的教学模式,把形象化教学环节的功效发挥到极致,提高工程化学的教学质量。

参考文献

[1] 张峰,马金金,魏雨,等. 土木工程专业《工程化学》教学中的问题及对策[J]. 山东化工,2020,49(18):194-195.
[2] 宿辉,白青子,刘英. "新工科"背景下"工程化学"教学内容改革探索[J]. 黑龙江教育,2020(3):3-4.
[3] 刘振海. 以形象化教学助力课堂教学质量提升[J]. 江苏教育,2020(60):79-80.
[4] 展鹏,刘新泳. 形象化教学方法在药学专业化学类课程中的应用[J]. 大学化学,2021,36(1):73-81.
[5] 俞娟. 形象化教学实施效果的评价机制初探[A]//2020年南国博览学术研讨会论文集[C]. 2020.

独立学院大学数学学习现状的研究

张悦娇[①] 李 强

(北京科技大学天津学院基础部,中国 天津 301830)

摘 要: 我国高等教育事业已经从"精英教育"走向"大众教育",近些年,独立学院的发展备受关注,因为独立学院对高等教育的发展起到了一定推动作用。大学数学作为独立学院中理工科专业必修的一门公共基础课,其重要性不言而喻。针对独立学院学生在学习大学数学中存在的一些问题,本文给出一些教学方法和策略。

关键词: 独立学院;大学数学;教学方法

1 引言

大学数学是理工科学生在大一、大二期间必须完成的公共基础课,包括高等数学、线性代数、概率论与数理统计等课程,大学数学与中学数学是不同的,不仅仅要求学生掌握基础的数学概念和定理,更重要的是培养学生的数学思维能力。[1] 通过教学的实际经验发现,独立学院学生对于大学数学的学习存在一些普遍的问题,针对这些问题给出了教学上的解决对策。

2 大学数学学习现状

2.1 学生的认识度不足

刚刚步入大学校门的学生对大学校园和大学生活都充满了好奇,比如,丰富的社团活动,自由的课余时间等。高中三年的埋头苦学让一部分学生有了这样的想法:上了大学就可以痛快地玩游戏、追剧,就可以放松了。这也就导致很多大一的新生对大学数学不重视,出现一些学生在大学数学课上不认真听课的现象。然而,大学数学虽运算简单,但概念性强,内容抽象,这就要求学生有较好的发散思维能力,部分学生难以紧跟教师的思维,对教材没有足够的理解,进而影响考试成绩。这种对大学数学认识不足的现象,在独立学院中是普遍存在的。

---

① 张悦娇,女,1993年11月23日出生,河北张北人,基础部助教,硕士,主要研究方向为泛函分析,2018年9月至今在北京科技大学天津学院工作。

2.2 学生学习方式的偏差

如同一枚硬币有正反两面，凡事都具有两面性。有些学生步入大学后没有丝毫懈怠，心怀梦想，每天坚持上晚自习，每节课都认真听课。这些学生对大学数学的学习态度是端正的，但是考试的结果却不尽人意。一方面是因为数学基本功掌握得不扎实，对于一些计算复杂的题目缺乏自信心，在计算过程中也容易出现计算错误。有的学生沿用中学时代"题海"战术的学习方式，结果也是不尽人意。另一方面，大学数学本身存在一定的学习难度，对于刚刚接触大学数学的学生来说，难免会出现不适应的情况，出现对一些有难度的定义和定理理解不到位的现象，从而导致这些勤学好问的学生学习方法和解题思路不对，也就造成了学习效果不佳的状况。

2.3 课堂教师的教学差异

古语有云："师者，所以传道受业解惑也。"大学数学老师在为学生引路方面的作用极为关键。作为大学生数学学习的领路人，数学教师所营造的课堂氛围格外关键。有些数学老师习惯在黑板上一行一行地书写定理的证明过程，而忽视了对定理应用的讲解，不仅使学生对数学定理的证明充满疑惑，而且学生在对定理的应用方面也理解不到位，降低了学生对数学学习的兴趣。有些老师则是一堂课都读自己的课件，没有活跃的课堂气氛，学生的注意力不集中，从而导致学生对大学数学产生一定的反感。

3 教师教学方式的改革

关于独立学院的教学改革，近年来也是很多国内学者的研究方向，研究成果也有很多。[2] 基于独立学院学生学习大学数学的现状，提出可行、有效的教学改革方案，具体如下。

3.1 激发学生学习数学的兴趣

切实落实以教师为主导，以学生为主体的教育理念。也就是说，大学的学习以自我学习为主，但也不能忽视教师的引导作用。兴趣是最好的老师，激发学生对大学数学的学习兴趣尤为重要。数学教师在教学过程中，应当提高学生对数学的认识度，引导学生从生活中去寻觅数学的身影，无论是"嫦娥奔月"工程，还是"奋斗者号"深海探测，一系列的研究和发展都离不开基础数学。

大学数学教学改革的目的是更好地因材施教，实现资源的最优配置。数学教师在讲授一些数学概念之前，应适当介绍这些知识的历史背景和在生活中的应用，尽可能地让学生看到这些知识的"用武之地"，让他们感受到数学的魅力，而不只是枯燥无味的知识点的灌输。在讲解一些相似知识点时，要对其不同之处进行详细的介绍，让学生充分理解两者的相同点和不同点，从而有助于学生对概念的精准掌握。以高等数学内容中的"数列极限"和"函数极限"这两个概念为例，如表1所示。由浅入深地分析讲解，才能让学生更加容易接受数学的概念，更好地培养学生的数学思维能力，从而激发学生学习大学数学的兴趣。所以，教学活动应该是教师的"教"与学生的"学"共同活动的过程。[3]

表1　数列极限与函数极限的概念

数学概念	数列极限	函数极限
表达式	$\lim\limits_{n\to\infty} f(n)$	$\lim\limits_{x\to\infty} f(x)$ 和 $\lim\limits_{x\to x_0} f(x)$
自变量类型	离散型	连续型
逼近极限值的方式	跳跃方式	连续方式

3.2　优化授课的方式方法

大学数学中的很多数学概念本身具有一定的抽象性，那么将抽象的、难以理解的定义、定理形象生动地讲授给学生，尤为重要。[4] 授课本身就是一门艺术，讲课风格和讲授方式直接关系学生上课的听课率。面对讲台下一个个充满青春活力的学生，传统灌输式的授课方式显然是不合适的，而数形结合便是将抽象概念形象化的一种合适的方法。以高等数学中函数连续性概念为例，在介绍函数连续性定义的时候，函数$f(x)$在点x_0处连续需要满足三个条件。

（1）函数$f(x)$在该点的邻域内有定义。

（2）函数在该点的极限存在，即$\lim\limits_{x\to x_0} f(x) = A$。

（3）函数在该点的函数值必须和极限值相等，即$f(x_0) = \lim\limits_{x\to x_0} f(x) = A$。

只有同时满足上述三个条件，才能说明函数$f(x)$在点x_0处是连续的。这三个条件看似简单，实则学生理解往往是不到位的。如果缺少其中某个条件，函数$f(x)$在点x_0就一定不能连续吗？面对这样的疑问，如果教师利用数学理论去黑板上密密麻麻地书写证明过程，学生对这个函数在一点处连续的概念的困惑反而会加剧。这个时候不妨用学生看得到的图像来进行形象的说明，如图1至图3所示。

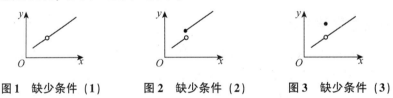

图1　缺少条件（1）　　图2　缺少条件（2）　　图3　缺少条件（3）

通过上述三个图像很明显看到，缺少任何一个条件时，函数都是有断点的，也就是说，函数是不连续的。以数形结合的方式讲解函数在一点处连续这个概念，既加深了学生对概念本身的理解，也简化了定义中复杂的条件，同时还培养了学生将数学概念形象化的能力，使抽象的数学概念也变得生动起来。

在讲授一些做题方法时，同一道题目可能会有很多解法，教师在介绍各种解法时要避免对方法的优劣评价。实践是检验真理的唯一标准，让学生自己动手解题，并让学生在解题过程中去体会各种方法的差异，自然学生也就会明白各种解法的优劣，并让学生牢牢记住最优方法。

3.3　精心设计多媒体课件

随着科技的飞速发展，多媒体教育技术等高科技教学方式也不断地被引入高校课堂，大学课堂教师的课件多以 PPT 课件为主，那么课件的质量对于课堂学习效果也起到了很重要的作用。如果课件只是一些课本知识点的简单堆积，字体大小不一，颜色单调，那么给学生的第一印象便是糟糕的，学习的热情也会被扑灭。[5]

教学课件应该是生动活泼的，有必要的知识点、定理、定义和例题，也要有动起来的图像、图片和听得到的视频文件。课件的制作就是教师备课的过程，在这个过程中教师应当注入自己的教学情感，数学知识点是冰冷的，但是课件应该是热情生动的。在设计教学流程时充分考虑授课对象的数学基础，站在学生的角度思考问题，以学生能接受的方法对题目进行讲解。因此，课件的制作在结合教学任务的同时要以学生为中心，每一页课件的思路要清晰明朗，上下衔接紧密，颜色不需要多华丽，却也应体现出多样性，这样才有助于学生课前预习和课上吸引学生的目光，从而更好地提高学生学习数学的效果。

4　结束语

本文分析了独立学院大学数学学习的现状，并提出了几点教学改革意见，希望能够对提高独立学院大学数学的教学质量有所帮助。大学数学的教学改革作为独立学院教学改革的一部分，在完成教学计划的同时，教师理当通过优化授课方式，采用革新的教学手段，大力激发学生对大学数学学习的热情和兴趣。这样不仅能够加深学生对数学知识点的正确认识，还能培养学生的数学思维能力，提高数学的修养，进一步为提高我国的数学科学的总体水平做出贡献。

参考文献

[1] 任淑青. 关于独立学院大学数学教与学一体化的改革与研究 [J]. 内江科技, 2020, 41 (6): 137+149.

[2] 石艳平. 大学数学教育现状及对策研究 [J]. 赤峰学院学报, 2016, 32 (19): 10-11.

[3] 潘丽芳. 浅谈大学数学教育 [J]. 科教文汇, 2010 (8): 80+87.

[4] 杨明升, 何晓敏, 宁连华. 大学数学专业本科生数学学习现状的调查研究 [J]. 数学教育学报, 2010, 19 (6): 56-59.

[5] 韩敬伟, 虞静. 基于独立学院大学数学分层教学的研究 [J]. 数学学习与研究, 2019 (18): 9.

三维建模和3D打印在工程制图课程中的应用[①]

张 超[②] 班 岚 迟 欢 张 卫

(北京科技大学天津学院智能制造学院,中国 天津 301830)

摘 要:为了使学生深入理解形体分析和零件表达,三维建模和3D打印被引入教学过程。首先,采用SolidWorks建模动态演示组合体形体分析过程,发放组合模型进行练习,进一步理解形体分析过程;其次,利用SolidWorks剖切面的功能,尝试选择不同的剖切方法和剖切面位置,通过优化剖切方式、剖切位置,进而归纳零件表达的方法;最后,发放剖切后的3D打印模型,学生进行课堂练习。采用对照实验的方法,对该教学法进行测试,结果表明,该方法能在短期有效提高学生掌握程度;长期教学效果评价,实验班的成绩和对照班级逐渐增大,到第10次课时,班级评价成绩差距达到14.3%。

关键词:三维建模;3D打印;形体分析;零件表达

1 引言

工程制图是工科专业的必修课程,是工程表达的重要基础。工程制图涉及投影关系与三视图之间的转化,需要学生具有良好的空间想象能力和逻辑分析能力。[1,2] 形体分析和零件表达是工程制图的重点和难点。形体分析需要对组合体进行空间分析,学习过程具有很强的逻辑关系;[3] 零件表达法涉及剖切方式和剖切位置选择。如何有效利用全剖、半剖、局部剖和阶梯剖等方法[4],选择适当的剖切位置将零件整体结构表达清楚,是零件表达教学的重点和难点。传统教学方法,老师采用课件动画演示形体分析过程和零件表达过程,带入感低,学生不容易产生兴趣。[5] 将三维建模和3D打印技术[6,7]引入工程制图课堂,将抽象的形体分析过程具体化,学生理解后,发放3D打印模型,学生进行练习巩固。[8] 利用SolidWorks中剖切面功能[9],进行剖切方式和剖切位置选择,学生进行讨论,最终确定剖切方案,并对该过程进行分析总结,深入理解零件表达过程。采用对

[①] 基金项目:3D打印技术在工程制图教学中的实践(JY201906)。
[②] 张超,男,1989年3月18日出生,天津武清人,智能制造学院助教,硕士,主要研究方向为机械设计理论,2016年11月至今在北京科技大学天津学院工作。

照试验，对该教学方法进行测试，结果表明，该方法在短期教学和长期教学方面，均取得良好的效果。

2 课程组成

为了应对工程制图课程中学生从零件实物向工程图转化过程较困难的问题，将三维建模和3D打印技术引入课程，形成教学系统，课程组成如图1所示。对于形体分析问题，采用SolidWorks将零件模型进行建模[10]，将各单元进行拆分，完成组合体各单元的组装与定位，最后向学生展示该零件3D打印模型，指导学生完成三视图。在零件表达过程，利用三维建模向学生展示剖切方法和剖切面的选择，最终学生依据3D打印模型，完成零件表达。对该方法短期有效性和长期有效性进行测试，讨论该方法对学生掌握程度的影响。

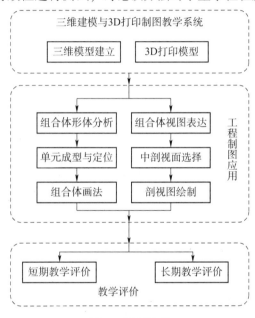

图1 课程组成

3 三维建模和3D打印在形体分析中的应用

组合体形体分析，是实现组合体转化为三视图的关键环节。在教学过程中发现，由于该过程需要良好的空间想象能力，而传统的应试教育缺乏对空间想象力的培养，因此组合体的形体分析，成为整个工程制图课程的一大难点。本方法将三维组合体形象化，并实现了可视化拆分，将组合体转化为三视图过程具体清晰化，方便学生理解掌握形体分析的方法。

3.1 组合体形体分析

组合体形体分析，是通过三视图，想象组合体三维形状的过程。在整个分析过程中，引入SolidWorks三维建模方法，实现形体分析具体可视化。首先将三视图中不同单元体线框进行分类，组合体分为底板（实际三视图中用绿色线框表示）、侧板（实际三视图中用蓝色线框表示）和肋板（实际三视图中用红色线框表示）。其次，分析每一个单元体形状，依次分析各单元体特征线框和形成立体的方法，采用三维建模的方法，建立各单元体形状，如图2所示。再次，分析三个单元体位置关系，在长方向，侧板位于底板一侧，特征线框所在平面和底板平面共面；在高方向，侧板中心和底板高方向同轴；肋板在长方向，和侧边平面重合，在高方向，位于底板中心。利用三维建模软件，将三部分可视化组合到一起，形成完整组合体。整个过程将形体分析过程清晰具体化：首先分析三视图，将各单元体线框分类；其次采用SolidWorks建立各单元体立体模型；最后将各单元体根据几何关系，利用SolidWorks将各单元体组合到一起。将形体分析过程简单清晰化，最后让学生归纳总结整个分析过程，提出形体分析法口诀"分线框，对投影，识形体，定位置，综合起来想整体"。

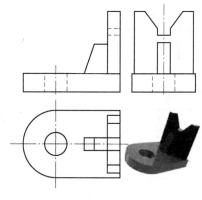

图2　组合体形体分析

3.2　组合体三视图绘制

组合体三视图的绘制，是将空间组合体绘制成三视图的过程，整个过程需要选定投影方向，分析组合体在各视图中的投影问题。为了便于进行投影分析，采用3D打印的方法，打印组合体模型，分发给学生。体验视图选择、投影画法的过程。整个教学过程如下。

（1）首先分析3D打印实体模型，明确告知学生先选定主视图，选择标准为两条：第一，主视图方向反映组合体特征最多；第二，沿长方向，尺寸最大。基于以上两点，让学生根据实体模型，选择投影方向。

（2）形体分析，将组合体分成若干单元体，寻找各单元体特征线框。

（3）开始绘制其中之一单元体，首先绘制该单元体特征线框所在视图，其次将该单元体三个视图依次绘制完成。

（4）选定下一个单元体，完成三个视图，依次选定单元体，完成三视图。

（5）最终，对完成组合体三视图进行分析，检测是否有因为单元体划分多出的不存在线条，最后描深整个三视图。

4 三维建模和 3D 打印在零件表达中的应用

复杂零件表达方法是工程制图教学的重点,首先需要分析零件结构,其次选择适当的表达方式,将零件的全部特征表达出来,特别是零件的内部结构需要清晰地表达出来。因此分析零件结构,采用适当的剖切方法,选择适当的剖切面,才能准确表达零件结构。采用 SolidWorks 适当选择剖切方法和剖切面位置,将零件表达清楚,如图 3 所示。

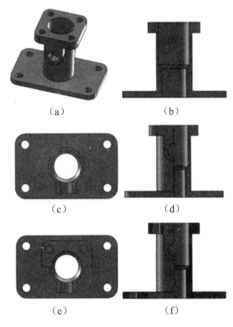

图 3 剖视方法选择
(a) 分析模型;(b) 全剖主视图;(c) 沿凸台孔轴线水平剖切俯视图;
(d) 半剖主视图;(e) 最终选定俯视图;(f) 最终选定主视图

现分析模型如图 3 (a) 所示,采用 SolidWorks 建立三维模型,对其进行形体分析可知,该模型分为下底板、上底板、中间圆柱体和半键槽形凸台。其中,下底板和上底板分别做 4 个孔和圆角,整个模型从上往下打阶梯孔,凸台上打贯穿圆孔。根据以上分析,利用三维模型选择剖切面,首先确定采用两个视图,即可将所有特征表达清楚。现分组讨论主视图表达方法。采用全剖如图 3 (b) 所示,该方法不能表达凸台结构,因此选用半剖方法,如图 3 (d) 所示,正面凸台可以表达,内部阶梯孔可以表达,但上底板和下底板孔无法表达;在半剖基础上,利用局部剖,将上底板和下底板孔深度表达出来。俯视图表达方法,沿凸台孔轴线水平剖切,可以将凸台孔结构表达清楚,如图 3 (c) 所示,但上底板的四个光孔位置无法确定;因此,采用半剖方法将凸台孔结构和上下底板的光孔表达清楚,如图 3 (e) 所示。最终选定图 3 (e) 和图 3 (f) 作为视图表示方法。

零件表达方案选定后,将剖切后的 3D 打印模型分发给学生,零件视图表达方案如图 4 所示。学生选定视图投影方向,根据 3D 打印模型,进行三维视图绘制。通过三维模型选择适当的剖切方法和剖切位置,将复杂选择过程具体化。同时,采用剖切过后的模型,让学生具体感知剖切效果，顺利完成视图绘制。将复杂的问题具体化、简单化，便于学生理解吸收。同时对整个流程进行分析总结：首先进行形体分析，弄清组合体结构；其次根据组合体结构，选择适当的剖切方法和剖切位置；最后将复杂模型具体化，实现视图绘制。

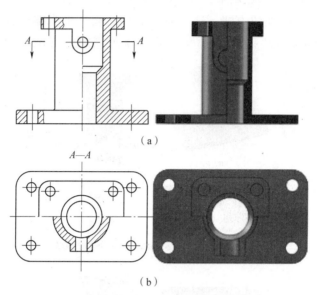

图 4　零件视图表达方案
(a) 主视图；(b) 俯视图

5　三维建模和 3D 打印制图课堂组建

将 3D 打印和三维建模引入工程制图课堂，可以有效解决组合体到三视图的空间转化。将复杂的问题程序化，最终使学生了解整个转化过程。学生通过对整个流程的归纳总结，实现知识的理解和运用。课堂的组建过程依据人的思维过程，分为情景引入、明确指导、巩固练习和情景升华四部分，将 3D 打印和三维建模贯穿于整个四部分之中，实现课堂的有机融合。课堂流程如图 5 所示。

情景引入是课堂开始阶段，首要任务是向学生介绍本节课程的重点和难点，即组合体的形体分析法和视图的表达，采用的分析讲解方法为三维模型形体分析，利用三维软件选择剖切面功能，选择分析剖切方法和剖切面位置。[11,12] 进入明确指导阶段，需要完成以下工作：采用三维模型，直观分析组合体特征，划分单元体，完成形体分析；发放组合模型，进一步理解形体分析过程；判读通过形体分析法，是否真正掌握组合需要表达的重要特征，掌握进入剖切分析阶段，没有掌握则返回继续进行形体分析；接着进行剖切表达分析，首先利用 SolidWorks 加剖切面的方法，尝试选择不同的剖切方法和剖切面位置，归纳总结，确定选择的最优剖切方式及其剖切位置是否将组合体所有特征表达清楚，进而确定剖切方法与剖切位置。[13] 进入巩固练习阶段，发放 3D 打印模型，学生进行课堂练习，发现学生的共性问题，课堂及时给予集中讲解。最后在情景升华阶段，让学生体会复杂工程可以通过程序化的方法解决，了解三维工程软件在现代制造技术中的应用。

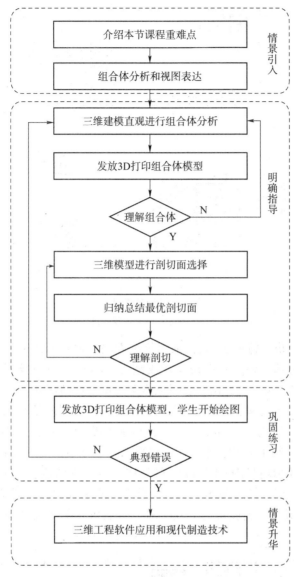

图 5 课堂流程

6 课堂效果评价

零件三维造型和 3D 打印技术[14,15]，将复杂的形体分析问题和模型表达问题具体化、简单化，可以使学生更加清晰地理解整个形体分析和剖视方法与剖切位置选择过程，更加深入地理解形体分析和零件表达方法。为了验证本次教学改革的有效性，现对该方法进行教学成果评估，分为两方面：一是对单一次课效果进行评价，测试本方法教学改革的短期有效性；二是对连续 10 次课程的课后作业成绩进行评价，测试本方法的长期稳定性。

短期教学效果测试，将零件三维造型技术和 3D 打印技术引入制图课堂形体分析法第二学时，课前测试学生第一课时形体分析法掌握情况，第二课时结束后，再进行测试，对比两次测试成绩的平均值和方差，测试方法有效性，结果如图 6 所示。

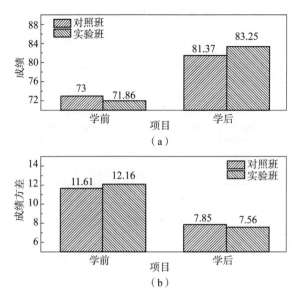

图 6 短期效果评价
（a）成绩；（b）成绩方差

实验班级分为两个班，每班 35 人，采用传统方法，进行形体分析第一课时教学，测试第一课时平均成绩和成绩方差，对照班平均成绩为 73 分，成绩方差为 11.61；实验班平均成绩为 71.86 分，成绩方差为 12.16。表明总体上两班掌握情况相近，对照班成绩略好。后对实验班采用零件三维造型和 3D 打印技术的教学方法，对照班依然采用传统方法，再次进行测试，结果为对照班平均成绩为 81.37 分，成绩方差为 7.85；实验班平均成绩为 83.25 分，成绩方差为 7.56。结果表明，本方法在单次课程学习中，可以有效改善学生掌握情况。

将零件三维造型和 3D 打印技术连续应用于 10 学时教学课程，每次课后作业总分 10 分，实验班和对照班进行测试，结果如图 7 所示。首先，两种教学方法成绩曲线变化趋势相似，10 次课程后，总平均成绩，实验班为 8.094 31，对照班总平均成绩为 7.384 62；但从第二

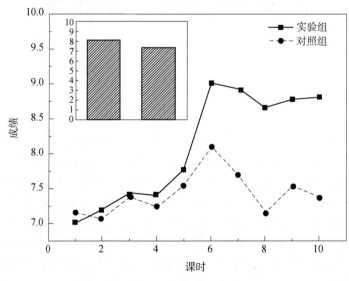

图 7 长期教学效果评价

次课开始，实验班的成绩高于对照班级，随着课程的深入，实验班的成绩和对照班级逐渐增大，到第10次课时，成绩差距达到1.43分，成绩差距达到14.3%。结果表明，长期采用本方法，可以显著改善学生学习成绩。

7 结论

形体分析和零件表达是工程制图课程的重点，方法较为抽象，为了将分析方法清晰明了地表达出来，将三维建模和3D打印技术引入教学过程。利用SolidWorks进行三维建模，演示形体分析方法过程，有效解决组合体到三视图的空间转化，发放组合模型，进一步理解形体分析过程。利用SolidWorks选择剖切方法和位置，进而优化剖切方式及剖切位置，引出零件表达方法。进行巩固练习，发放3D打印模型，学生进行课堂练习，将复杂的问题程序化，最终使学生清楚明白地了解整个转化过程。采用对照实验的方法，对该教学方法进行评价，单次课程教学后的测试表明，使用该方法的班级平均分高于对照组，而成绩方差小于对照组，这表明该方法可有效提高学生学习效率，使大多数学生掌握所学内容。长期采用该方式教学，实验班的成绩和对照班级逐渐增大，到第10次课时，成绩差距达到1.43分，成绩差距达到14.3%。因此，将三维建模和3D打印技术引入工程制图课程可以有效提高教学质量。

参考文献

［1］龚利红，潘小兵，袁征. 工程制图中空间思维能力培养的探索［J］. 教育教学论坛，2020（50）：217-218.

［2］岳思羽，宋凤敏，赵佐平. 新工科背景下《工程制图》课程改革的探索［J］. 广东化工，2020，47（21）：214-215.

［3］熊利军，文根保. 轿车假锁芯组件注射模结构设计［J］. 橡塑技术与装备，2020，46（14）：17-21.

［4］刘文章. 剖视分类及剖切方法的分析［J］. 天津轻工业学院学报，1992（1）：75-77.

［5］李坤芩，王磊. 基于UG的工程制图教学应用研究［J］. 电子测试，2020（12）：127-128.

［6］李刚. 3D打印激光烧结技术误差原因分析［J］. 建材技术与应用，2020（6）：44-46.

［7］赵唯. 3D打印技术在首饰设计中的运用分析［J］. 科学技术创新，2020（36）：49-50.

［8］刘云龙. 追问式教学策略在剖视图复习课中的有效应用［J］. 汽车维护与修理，2020（20）：25-27.

［9］姜丽萍. SolidWorks在机械制图教学中的应用研究［J］. 轻工科技，2019，35（5）：79-80.

［10］王黎光，刘芹. SolidWorks在高职《机械制图》课程教学中的应用研究［J］. 科技资讯，2019，17（17）：60-63.

［11］杨金花，朱鸣. 基于SolidWorks的机械制图案例式教学研究［J］. 机械工程与自动化，2016（1）：210-214.

［12］张毅. 基于SolidWorks典型零件半剖视图的表达方法研究［J］. 中国包装工业，2015

（Z2）：115-116.

［13］周川，吴钟. SolidWorks 软件在工程制图教学中的应用分析［J］. 信息与电脑（理论版），2017（17）：233-237.

［14］蒋龙，姚晓彤. 浅析3D打印成形方法及在机械加工制造中的优势［J］. 内燃机与配件，2020（23）：112-113.

［15］潘志强. 3D打印技术的发展及应用分析［J］. 石河子科技，2020（6）：36-37.

C 语言函数案例教学设计

顾玲芳[①]　于　静

(北京科技大学天津学院信息工程学院，中国 天津 301830)

摘　要：函数是 C 语言程序的基本单位，既是教学的重点又是难点。熟练掌握自定义函数的定义与调用，可为后续程序设计语言的学习奠定基础，但是初学者对函数的理解及掌握有一定的困难。本文针对函数教学过程分析一个案例——由简单到复杂设计五个程序，希望能对学习者与教授者有一定的抛砖引玉作用。

关键词：函数；案例教学；模块化；代码重用

C 语言是一种通用的程序设计语言，在开发系统软件和应用软件中得到广泛的应用，是当今计算机世界最流行的语言之一。而且 C 语言可以称为国内高校理工科专业学生的入门级计算机程序设计语言，它具有简洁紧凑、使用灵活方便和语法限制少等特点。[1]

函数是 C 语言的主体和核心，是学习 C 语言的重点。虽然其他编程语言中也有函数，但是 C 语言中的函数更加重要。学好 C 语言的函数有助于理解什么是面向过程程序设计，在以后学习面向对象语言如 C++、Java 或者 C#时就会发现，这些语言中函数的用法与 C 语言中的用法有很大的差别。[2][4]

对于函数的教学，本文简单谈一谈作者的案例教学设计。

1　函数的本质

C 语言中的函数是指一段具有特定功能且能被单独编译的程序段，它是构成 C 语言程序的基本单位，与数学函数有相似之处。每个 C 语言程序至少有一个函数，即主函数 main()。一个较大的 C 程序由多个程序模块组成，一个程序模块对应一个源程序文件，一个源程序文件由多个具有特定功能的函数组成。函数可实现代码的重复利用，以减少程序冗余，便于后期维护[1][3]。

在刚学习 C 语言时接触的程序任务比较简单，可将全部功能代码都写在 main() 函数中，但是，在实际开发中，程序的任务往往比较复杂，如果全部的代码都写在 main() 函

[①] 顾玲芳，女，1981 年 11 月出生，浙江嘉兴人，信息工程学院讲师，硕士，主要研究方向为程序设计、算法分析，2008 年 9 月至今在北京科技大学天津学院工作。

数中，main（）函数将非常臃肿、结构复杂、代码重复而不堪重负[4]。因为学生接触或解决的问题都比较简单，对于函数的引入，学生存在疑问：解决问题时选择 main（）函数更简单，为什么要用函数，所以应让学生明白函数的七字方针：模块化、代码重用。

2　函数的使用

现有这样一个问题：向控制台打印星号组成的 4×5 矩形，如图 1 所示。

图 1　星号组成的 4×5 矩形

我们编写一个只有主函数的程序来实现上述功能需求。可使用双重循环来解决，外循环行数、内循环控制每行中星号的个数，内外循环次数确定，选 for 语句最为方便，编写只有一个主函数的程序，源代码为：

```
#include <stdio.h>
int main ()
{
    int i, j;
    for (i=0; i<4; i++)
    {
        for (j=0; j<5; j++)
        {
            printf (" * ");
        }
        printf (" \n");
    }
    return 0;
}
```

2.1　将军与士兵

打仗只有光杆司令是不行的，必须要有冲锋陷阵的士兵。如果把主函数 main（）比作将军，那我们需要通过创造自定义函数来招募士兵。

根据程序的逻辑和任务的分工把代码划分到不同的自定义函数中，主函数更注重业务逻辑和处理流程，需要执行具体任务的时候，调遣士兵，即调用这些自定义的函数。首先，按照这个思路设计程序 1,将军负责发号施令,即 main() 控制行数,在行内细节打印时调遣士兵来负责战斗,而士兵负责实现行内细节,即如何瞄准射击等。按照 C 语言自定义函数的规则定义 printLine() 函数,即招募士兵,得到重构后的程序,源代码为:

```
#include <stdio.h>
void printLine();   //外部声明
int main()
{
    int i;
    for(i=0;i<4;i++)
    {
        printLine();   //调用 4 次
    }
    return 0;
}
//定义 printLine 函数
void printLine()   //--士兵
{
    int j;
    for(j=0;j<5;j++)
    {
        printf(" * ");
    }
    printf(" \n");
}
```

两级函数调用执行过程如图 2 所示。

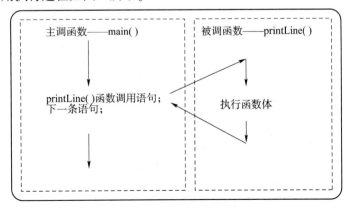

图 2　两级函数调用执行过程

所有 C 语言程序都是从主函数开始执行的,当执行到函数调用语句时,转到被调用函数执行。当被调函数执行完毕,需返回到主函数跳转处,执行调用语句之后的语句,直到程序结束。上述程序中,main() 函数是主调函数,printLine() 函数是被调函数,在主调函数体中 4 次调用被调函数,对于 printLine() 函数的代码只编写一次,应用时调用了多次,这样把调用多次的代码放在一个函数中,即形成一个小模块,达到一次编写多次应用的目的,实现代码重用。

2.2 得力副将辅佐将军

在上一个程序中,尽管有士兵负责具体的战斗,但是将军需要告知每个士兵该如何打、任务依然繁重,他该如何减轻自身的负担、只在青纱帐中运筹帷幄?一位杰出的将军身边必然有得力副将。所以我们继续利用分工的原理将将军从烦琐的工作中解救出来,重构 main() 函数,将军只需要负责发号施令,副将负责调遣士兵,源代码为:

```
void printRectangle ();    //外部声明
int main ()
{
    printRectangle ();    //发号施令
    return 0;
}
void printRectangle ()    //——副将
{
    void printLine ();    //内部声明
    int i;
    for (i=0; i<4; i++)
     {
        printLine ();
     }
}
//定义 printLine 函数
void printLine ()    //——士兵
{
    int j;
    for (j=0; j<5; j++)
     {
        printf (" * ");
     }
    printf (" \n");
}
```

三级函数调用执行过程如图 3 所示。

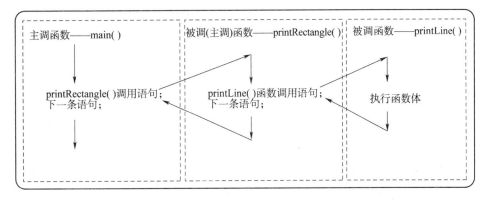

图3　三级函数调用执行过程

上述程序中，main（）函数是主调函数，printRectangle（）函数既是被调函数也是主调函数，printLine（）函数是被调函数。程序执行中，main（）函数调用printRectangle（）函数，此时printRectangle（）函数称为被调函数，被main（）函数调用。而在printRectangle（）函数执行函数体过程中，又调用了printLine（）函数，此时printRectangle（）函数称为主调函数，printLine（）函数是被调函数，被printRectangle（）函数调用，所以主调函数与被调函数是相对的。如此改造之后，将军从细节任务中脱身而出。

2.3　兵力部署

此时将军与副将均不能根据实际战况部署兵力，那该如何实现兵力部署呢？这时函数的参数现身，利用参数实现从上级（主调）函数到下级（被调）函数的信息传递。

C语言中的函数参数有两类，分别是实际参数和形式参数，简称实参与形参。这两类参数也比较容易区分，函数定义时的参数为形参，函数调用时的参数为实参。形参可以是普通的变量，实参可以是普通变量、常量或表达式。当函数调用时，形参分配内存，并实现将主调函数中实参的值传递给被调函数的形参，信息从上级函数传递到下级函数。形参占用独立的内存，且被调函数一旦执行完毕，形参所占用的内存就会收回，所以形参只在被调函数执行期间有效。每调用一次形参内存分配一次回收一次。

为实现兵力部署，给printRectangle（）与printLine（）函数均增加一个整型形参，用以接收上级传递下来的信息，并修改相应的函数调用语句，源代码为：

```
#include <stdio.h>
void printLine (int m);  //外部声明
void printRectangle (int n);  //外部声明
int main ()
{
    printRectangle (4);  //4为实参，从4个方向攻城
    return 0;
}
void printRectangle (int n)  //形参
{
    int i;
```

```
    for (i=0;i<n;i++)  //n 个方向
     {
        printLine (i+n);  //i+n 为实参,每个方向安排不同的兵力
     }
}
//定义 printLine 函数
void printLine (int m)  //形参
{
    int j;
    for (j=0;j<m;j++)
     {
        printf (" * ");
     }
    printf (" \n" );
}
```

该程序实现了不同方向不同兵力的部署。执行过程中主函数将信息 4 传递给 printRectangle（）函数的参数 n，然后执行 printRectangle（）函数体，在执行过程中遇到 printLine（）函数调用语句，并将信息 i+n 传递给 printLine（）函数的参数 m，再执行 printLine（）函数体，完毕后就返回上一级 printRectangle（）函数跳转处继续执行，完毕后再返回上一级 main（）函数跳转处继续执行。三级函数消息传递过程如图 4 所示，执行结果如图 5 所示。

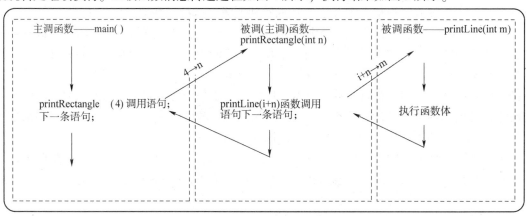

图 4　三级函数消息传递过程

图 5　执行结果

2.4 捷报频传

上述程序中,将军虽在青色的帷帐中坐镇,但他并不清楚前线战况,那么该如何将前线的战况回传呢？此时需要 C 语言中的 return 语句来完成消息的回传,在函数体执行完毕时会返回上一级函数继续执行,则再返回时通过一条 return 语句将消息回传到上一级函数,即函数调用结束返回时捎带一个消息,并在主调函数中用变量接收回传的消息。模仿标准主函数中的 return 语句来改造 printRectangle () 函数和 printLine () 函数,return 关键字后跟着的值即为要回传的消息,称为返回值,源代码为:

```
#include <stdio.h>
int printLine (int m); //外部声明
int printRectangle (int n); //外部声明
int main ()
{
    int res = printRectangle (4); //号令从 4 个方向攻城
    if (res == 0)
        printf (" 登城！\n" );
    else
        printf (" 围城失败！\n" );
    return 0;
}
int printRectangle (int n)
{
    int i;
    int result [4]; //用以接收 4 个方向的战报
    for (i=0; i<n; i++)
    {
        result [i] = printLine (i+n); //调遣兵力
    }
    for (i=0; i<n; i++)
    {
        if (result [i] == 0) //只要有一个方向成功,即胜利
            return 0; //胜利
    }
    return 1; //围城失败
}
int printLine (int m) //定义
{
    int j;
    for (j=0; j<m; j++)
```

```
            printf(" * ");
    printf(" \n");
    if (m > 5)  //模拟兵力足够情景
        return 0;  //成功
    return 1;  //失败
}
```

上述程序的执行过程未变，还是三级函数的执行过程。唯一的不同之处为每次函数调用均回传一个消息，此时不同的函数完成不同的任务，即分工明确、各司其职；消息的下发和回传思路清晰，实参到形参的传值实现消息下发，return 语句实现消息的回传。当然，在实际程序开发过程中，应根据实际需要来设定消息的下发或回传。

3　结束语

C 语言函数的特点，就是有固定的格式和固定的模型，参数与 return 语句作用不可小觑。以上案例描述了 C 语言函数的定义与调用，通过形象的比喻使学生清晰直观地了解函数的执行过程，加深学生对函数的理解和掌握，让学生理解模块化和代码重用的作用和意义。

参考文献

[1] 刘占敏，阚媛，王剑宇. C 语言函数教学设计浅析［J］. 信息与电脑（理论版），2019（5）：248-250.
[2] 李娟，刘勇，张燕. 基于问题导向的 C 语言函数教学方法的研究与设计［J］. 甘肃科技，2018，34（17）：67-70.

本科"材料科学基础"教学中的物理图像问题

沈卫平[①]

（北京科技大学天津学院材料科学与工程系，中国 天津 301830）

摘　要：本科"材料科学基础"课程的教学内容涵盖金属、无机非金属、高分子和复合材料、结构材料和功能材料，涉及的现代物理知识多，理论模型复杂，学生理解的难度大，且内容多学时紧，影响后续专业课程的教学。工科大学物理学习的内容与学好"材料科学基础"所需的现代物理知识有不小的差距，如何用较少学时弥补这些差距是必须解决的教学问题。该课程包括电子、原子、分子、晶体、相和复合材料等多个层次的知识，知识点分散，如何形成系统和统一的知识体系也是需要解决的教学问题。本文讨论了"材料科学基础"课程教学中用好物理图像的重要性，物理图像的特性和转换，如何在此课程教学中更好地使用易于理解的物理图像，以及如何处理抽象、形象和想象之间的关系。

关键词：材料科学基础；本科教学；物理图像；现代物理；思维导图

材料被广泛应用于各个领域和高新技术中，品类繁多，结构和性能各异，材料科学涉及的知识面广，"材料科学基础"是打下专业知识基础的必修课。[1,2] 其教学内容涵盖金属、无机非金属、高分子和复合材料、结构材料和功能材料，涉及的现代物理知识多，理论模型复杂，推导过程长，学生理解的难度大，学时紧，对后续专业课程的教学影响大。

工科本科学生的物理知识与材料科学基础需要的现代物理知识有较大的差距。为减轻学生负担，很多院校根据自身传统选择侧重于金属、无机非金属或高分子材料，而材料物理专业侧重于功能材料。为学生后续课程学习和长远发展考虑，此课程的教学内容应该尽量涉及全部材料种类和材料生命周期全过程的基础知识，教学中应该更好地运用物理图像，处理好抽象、形象和想象的关系。

图像是研究科学问题、阐述科学规律的重要方法之一。图像的优点是能够形象展示科学问题，也利于保持更长时间的记忆。物理图像的描述方式有文字、假设、模型、公式、图表。简单的物理图像可以用文字表达，精确的物理图像可以用公式表示且最好能变成图示，复杂的物理图像可以用图表描述，还可以发挥想象力，文字和想象的物理图像可用思维导图

[①] 沈卫平，男，1952年5月22日出生，上海人，材料科学与工程系教授，博士，主要研究方向为粉末冶金、结构陶瓷和模具钢，2012年9月至今在北京科技大学天津学院工作。

等图示方法可视化。

很多院校遵循应用型人才培养[3]、新工科[4]和工程教育专业认证[5,6]的理念对此课程进行教学研究。本文讨论了此课程教学中物理图像的重要性，和如何在此课程教学中更好地使用物理图像的问题。

1 "材料科学基础"中物理图像的重要性

此课程的专业术语、概念、原理、模型建立和数学推导都比较抽象，不易于学生理解。在教学中，物理模型和分析结果的数学公式可用图形表达的应尽量用几何图形表达，进而解释为物理图像。形象的物理图像更利于帮助学生理解[7]，也有利于学生对后续课程的学习，是非常重要的。

1.1 工科大学物理与"材料科学基础"所需现代物理知识有差距

学生要深入理解此课程，需要原子物理和量子力学[8]、统计物理[9]、固体物理[10]、凝聚态物理[11]等现代物理中很多与材料科学有关的重要知识，但工科专业不开设这些课程，而应用型本科基础数理化课程的教学内容与材料科学基础涉及的现代物理知识之间更有差距。但是，现代物理中有些易于理解的重要物理概念和物理图像是可以引入的，可以用较少的学时介绍这些课程中重要的物理知识。

1.2 "材料科学基础"所用数学对学生理解造成困难

此课程内容多、学时紧，学生对工科"高等数学""线性代数""概率论与数理统计"的掌握程度会影响教学。材料科学从实验观测物理量，以实验结果为基础，假设物理模型建立的条件，根据假设确定物理量之间的关系以建立数学模型，简化计算推导过程，进行解析解或数值解，对求解结果进行分析，理论的抽象对学生的理解造成困难，多采用图像展示可以帮助学生理解。

2 "材料科学基础"中物理图像的特性

2.1 "材料科学基础"中物理图像的层展法和还原法

物质结构可分为一系列的层次，每一层次有其特定的空间尺度和能量范围。每一层次中存在普遍有效的物理规律，其并不能从更低层次的物理规律推导出来，这称为层展现象。层展法研究不同层次间耦合和脱耦的相互影响，层展法有利于了解材料中各层的物理图像。还原法是将复杂还原为简单，然后再从简单重建复杂。还原法有利于以电子运动和原子运动的观点了解材料中整体的物理图像。

2.1.1 "材料科学基础"中物理图像的层展性

材料由原子凝聚而成，材料的微观组织结构有层次，可大致分为六个层次：①原子和材料中的电子、空穴和光子；②原子、离子和空位；③无机化合物分子和高分子链；④晶体、非晶体、准晶、液晶；⑤固溶体、中间相、界面相；⑥复合材料。每个层次可以进行唯象研究。

2.1.2 "材料科学基础"中物理图像的还原性

形成材料的原子之间的各种结合键都是电子运动形成的。结构变化可以还原为：①电子（空穴）运动；②原子（离子、空位）运动，即点缺陷和扩散；③原子（离子）集体运动，包括格波（声子）、线缺陷、面缺陷（表面、晶界、相界）、体缺陷、形变、气相沉积、凝固和固态转变。

2.2 "材料科学基础"中结构及其相互作用和运动的物理图像

材料内部有由粒子组成的复杂结构，粒子、结构之间有复杂的相互作用。材料的宏观是静态的，而微观是动态的。物理量的值由实验测定或导出，因此物理图像是有确定值或数量级的，是定量或定性的。

2.2.1 "材料科学基础"中结构的物理图像

材料由原子构成，原子构成材料后被关注的带电粒子是离子和电子。原子构成化合物的基本方式是负离子堆垛、正离子间隙和空位。材料按化学成分可先分为无机材料和有机材料，无机材料再分为金属材料和无机非金属材料，有机材料再分为高分子聚合物、液晶、生物大分子材料、有机软物质。按化合物分为金属间化合物、无机非金属化合物、高分子化合物。按空间点阵分为晶体材料、非晶体材料、准晶材料和高熵材料。按结构分有原子结构、晶体结构、固溶体结构、化合物和中间相（是化合物的固溶体）的结构、缺陷的结构，相的形貌和尺寸。晶体结构可看作由结构基元和空间点阵组成。其中，结构基元由原子组成；空间点阵具有平移、旋转和镜像形成的对称性，及体心、面心和底心。晶体结构和非晶结构与原子配位数有关，可用径向分布函数描述。

2.2.2 "材料科学基础"中结构相互作用的物理图像

电子和电子对与晶格之间有相互作用；离子和空位之间有相互作用；点缺陷、线缺陷、面缺陷和体缺陷之间有各种相互作用；液相在固相表面有浸润性等。

2.2.3 "材料科学基础"中结构运动的物理图像

在自然界的引力、电磁力、强力和弱力四种力中，与材料内部物质运动有关的主要是电磁力。按物质运动分有以下几种。

(1) 电子、空穴和光子的运动。组成材料的原子和材料中的电子是不停运动的，原子之间有电子运动形成的结合键，结合键的方向性与原子外层价电子定态运动轨道的方向性有关。电子运动的概率性来自电子的微小性和电磁场变化的概率性，光子能量的量子性来自电子运动的定态和跃迁。在统计物理中，电子是费米子，光子是玻色子。材料中电磁场易受扰动，电子和光子运动具有概率性，所以其运动要用复数空间概率分布和波动方程的量子力学描述。

(2) 原子、离子和空位的运动。原子运动可用经典物理处理。原子间结合能与原子间的距离有关。

(3) 分子链的运动。

(4) 晶体的运动。晶格振动用格波（声子）描述。倒易点阵与光的反射和衍射有关。

(5) 点缺陷、线缺陷、面缺陷的运动。

(6) 滑移和孪生。材料内部物质运动的动力和阻力都与能量有关，运动的动力用驱动能描述，运动的阻力用激活能描述。能量是标量，更易于数学求解。

2.3 "材料科学基础"中物理图像的客观性和主观性

材料实验检测的数据是客观的，由此提出假设建立的物理和数学模型是主观的，计算得出的物理图像有助于理解材料微观组织结构中的客观运动。

2.4 "材料科学基础"中物理图像的多样性和统一性

在电子运动状态、晶体学、缺陷、扩散、形变、相图、相变和组织形貌等的描述中，物理图像有维度的变化，低维度图像构建高维度图像，高维度图像投影成为低维度图像。该课程知识点较散，需要培养学生用几何知识构想物理图像的能力，建立模型和物理图像之间的联系，以利于理解和记忆。形成统一物理图像的基本方法是结合还原法和层展法，以还原法为主。用思维导图等图示有助于理解物理图像的开放性、系统性和统一性。

2.4.1 材料中电子和原子运动的多样性和统一性

电子运动形式虽多样，但也可归为自旋运动和轨道运动、局域运动和广域运动、定态运动和跃迁运动。原子扩散方程的误差函数解、傅氏级数解和高斯解是可以相互导出的，其图形有相似之处。

2.4.2 材料结构的多样性和统一性

电子在原子之间运动，使原子凝聚成材料。原子和分子结合键的多样性与电子运动状态有关。

晶体和固溶体的结构、无机化合物复杂晶体结构的多样性都与单质的简单晶体结构及间隙原子、代位原子和空位有关。单质和化合物都有同素异构，化合物中的同素异构称为多形性。中间相是化合物的固溶体。

相和界面的形貌多样性与长程扩散型、短程扩散型和无扩散型相变有关。界面有气—液界面、气—固界面（即固体表面）、液—固界面、固—固界面（包括晶界和相界）。

2.4.3 材料制备工艺的多样性和统一性

材料制备工艺方法多样，如化学气相沉积、物理气相沉积、凝固、形变、热处理、晶体生长、烧结等。但都可统一归类为气→固、液→固、固→固转变。固态烧结与扩散有关。

2.4.4 材料性能的多样性和统一性

材料性能多样，但材料力学性能都与弹性、塑性、刚性、韧性、强度有关。材料物理性能，如导电性、铁电性、磁性、热性能和光学性能都与电子自由运动、局域运动、电子自旋和轨道运动、离子和空位运动、晶格振动、受激辐射及其复杂的相互作用有关。

2.4.5 材料失效的多样性和统一性

材料的失效原因多样，但都与断裂、变形、蠕变、腐蚀、老化、分解等有关。材料断裂是电子不能在裂纹两端的原子之间运动了，断裂和变形是受机械作用的材料失效；扩散、位错运动、蠕变和变形是受高温和力同时作用的材料失效；腐蚀是受化学或电化学及应力作用的材料失效；高分子材料的老化、分解是受光作用的材料失效。

2.4.6 材料中能量的多样性和统一性

材料的能量形式多样，如费米能、迁移激活能、位错的能量、形变储能、层错能、表面能、晶界能等，但都与粒子运动、结构运动的能量有关，如驱动能和激活能（势垒）。驱动能是动力项，激活能是阻力项。

3 "材料科学基础"中物理图像的转换

3.1 主观和客观的转换

材料实验已经可以观察原子的运动，但还无法观察电子的运动，实验结果是客观的，在此基础上提出假设建立模型形成的物理图像是主观的，不断丰富实验结果和物理图像可以帮助学生更好地了解材料内部的客观物质运动。

3.2 材料结构和性能的转换

晶体转换为空间点阵和结构基元；晶体的对称性转换为平移、旋转和镜像及其组合；晶体的球面投影转换为极射赤面投影，再转换为标准投影图；晶体位错转换为线缺陷，转换为柏格斯矢量；界面转换为面缺陷；形变转换为滑移和孪生。高维转换为低维，以易于观察和描述。材料的制备实际上是材料结构之间的转变。

电子动量和速度转换为波矢，电子运动转换为电子能量与波矢的关系。电子能量—波矢的布里渊区转换为能带。能量是标量，更易于描述。

3.3 静态和动态的转换

材料微观是不断运动的，教学中呈现的物体图像大多是静态的，静态到动态的转换除了使用动画，大多要靠在静态物理图像的基础上想象材料微观的运动。

3.4 形象、抽象与想象的转换

实验无法直接观察到材料中的电子运动，理解电子运动的物体图像需要想象力。语言和代数公式较抽象，而几何图形较形象。[12] 静态模型较形象直观，而动态模型需要动画描述，更需要想象。研究材料的实验是受一定条件限制的，理论模型的建立是要做一些假设的，用实验和理论得出的数据构建的材料整体物理图像是有局限性的，认识材料内物质的客观运动状态需要一些合理的想象。

4 "材料科学基础"中物理图像的开放性和创新性

新材料和新理论不断涌现，此课程所教学的物理图像要有开放性，不断创新。

5 结论

（1）"材料科学基础"中概念、模型、公式、图表多，物理图像对于学生掌握知识点极其重要，教学中需要在现代物理知识的基础上为学生提供更接近材料的客观物理图像。

（2）讲解好"材料科学基础"中物理图像各项特性和物理图像的转换有助于学生的理解，改善学习效果。

（3）因"材料科学基础"中的一些微观物理图像是不可见的，要从形象到抽象还要有想象，经过实验、假设、模型和推理得出材料中的这些物理图像的过程是主观且分散的，但物质世界是客观统一的。

希望"材料科学基础"的教学能为学生的主观物理图像打下一个良好的基础，培养学生理解和完善物理图像的能力。随着后续课程的学习，材料学知识的不断积累、丰富和深入，学生思维中的主观物理图像能够越来越接近于材料内物质的客观运动状态，也有利于日后能更好地应用材料科学知识。

参考文献

[1] 余永宁. 材料科学基础 [M]. 2版. 北京：高等教育出版社，2012.

[2] 冯端，师昌绪，刘治国. 材料科学导论——融贯的论述 [M]. 北京：化学工业出版社，2002.

[3] 张红霞，刘昌伟，杨笑春，等. 以应用型人才培养为导向的材料科学基础课程教学改革 [J]. 高分子通报，2020（6）：78-80.

[4] 凌意瀚，杨洋，牛继南，等. 新工科背景下的材料科学基础课程案例教学模式思考 [J]. 教育教学论坛，2020，24（6）：253-254.

[5] 田琳. 基于OBE理念的材料科学基础课程教学改革 [J]. 科研与教育，2020（2）：198-199.

[6] 陈夫刚，陈洪美，冯迪，等. 工程教育专业认证背景下材料科学基础课程的改革 [J]. 中国现代教育装备，2020（15）：117-119.

[7] 隋荣家. "六步法"解决物理图像问题 [J]. 中学物理教学参考，2020，49（2）：81-82.

[8] 朱栋培，陈宏芳，石名俊. 原子物理与量子力学（上下册）[M]. 2版. 北京：科学出版社，2014.

[9] 周子舫，曹烈兆. 热学、热力学与统计物理（上下册）[M]. 2版. 北京：科学出版社，2014.

[10] 阎守胜. 固体物理基础 [M]. 3版. 北京：北京大学出版社，2011.

[11] 冯端，金国钧. 凝聚态物理 [M]. 北京：高等教育出版社，2013.

[12] 吴诗婷，元勇军，白王峰，等. "材料科学基础"课程的教学现状与改革实践探索 [J]. 教育现代化，2020，13（2）：67-68.

第三部分
课程思政篇

课程思政元素在管理学课程教学中的应用

——以"组织"职能教学为例

邵 帅[①]

(北京科技大学天津学院管理学院,中国 天津 301830)

摘 要:课程思政理念的提出引发了高校在专业课程建设和教学实施过程中的反思。作为培养管理型人才必修课程的管理学,要在传授专业知识的同时,发挥好"立德树人"、引领当代大学生树立正确价值观念的作用,就要抓好管理学课程与课程思政元素的结合应用。本文以管理学"组织"职能的教学内容为例,探讨课程思政元素在教学过程中的应用和设计,以便找到课程思政元素与课程内容的有效融合点。

关键词:课程思政;管理学;"组织"职能

1 课程思政理念的提出及内涵

1.1 课程思政的提出背景

2014 年,上海市委、市政府印发的《上海市教育综合改革方案(2014—2020 年)》中,首次提出了课程思政一词。课程思政理念的提出是为了探索和解决大学生思想政治教育中存在的困境,即思想政治教育与专业课程教育"两张皮"的现象。这一理念提出后,引起了高校教学的广泛关注。

2016 年 12 月,全国高校思想政治工作会议召开,习近平总书记在会议上强调"要坚持把立德树人作为中心环节,把思想政治工作贯穿教育教学全过程,实现全程育人、全方位育人""要用好课堂教学这个主渠道……提升思想政治教育亲和力和针对性……使各类课程与思想政治理论课同向同行,形成协同效应"。

自此,全国各高校掀起了课程思政建设的讨论热潮,结合各专业课程的特点,讨论教学方法、教学手段等方面的改革,并取得了一定的研究成果。

[①] 邵帅,女,1987 年 2 月 17 日出生,天津人,管理学院讲师,硕士,主要研究方向为管理科学,2015 年 9 月至今在北京科技大学天津学院工作。

2019年8月，中共中央办公厅、国务院办公厅印发的《关于深化新时代学校思想政治理论课改革创新的若干意见》提出，要"建成一批课程思政示范高校，推出一批课程思政示范课程，选树一批课程思政教学名师和团队，建设一批课程思政教学研究示范中心"。

2020年6月，教育部印发《高等学校课程思政建设指导纲要》，明确了课程思政建设的总体目标和重点内容，并指出课程思政建设要在所有高校、所有学科专业全面推进。

1.2 课程思政的内涵

课程思政是一种新型的教育理念，就是把思想政治教育的元素融入通识课、专业课等各类课程的建设和教育实践过程。课程思政的实现形式是教师全员、全程、全课程育人的格局，其直接目的是让各专业各课程和思想政治理论课同向同行、形成协同效应，最终目的是培养德智体美劳全面发展的社会主义建设者和接班人。

课程思政的本质是立德树人，这就要求教师"育人"先"育德"，以德立身、以德立学、以德施教。课程思政的理念是协同育人，追求通识课、专业课、实践课、思政课的同向同行，避免思想政治教育和人才培养"两张皮"；课程思政的结构是立体多元，既要完成知识的传授，也要对学生进行价值塑造和能力培养；课程思政的方法是思政元素和知识、技能的显性与隐性教育相结合；课程思政的思维是科学创新，以创新理念和创新思维重构高校课程。[1]

2 管理学课程"组织"职能的教学内容

2.1 管理学课程教学

2.1.1 管理学课程简介

管理学课程是管理类专业的重要基础课程，它是以组织中的管理活动为研究对象，探讨管理活动的规律性的学科。管理学课程在介绍古今中外的管理思想的基础上，依照管理活动的先后顺序向学生讲解计划、组织、领导、控制、创新等管理职能。具体而言，课程内容主要涉及管理与管理者、管理思想的发展、决策、计划、组织设计、人员配备、组织力量的整合、领导与领导者、激励、沟通、控制的原理及方法、创新、管理发展。教学过程中结合以上内容组织学生进行案例分析与讨论，以提高学生的学习能力和实践能力。

2.1.2 管理学课程教学体系划分

管理学课程主要涵盖总论、分论两大部分。

第一部分为总论。总论涉及管理的概念、职能、性质，管理者的技能与角色，管理所面临的内、外部环境，中国、外国早期的管理思想，古典管理时期、行为科学时期的管理思想，以及现代管理理论的形成和发展。

第二部分为分论。管理活动是以创新为内在推动力，始于计划，经过组织、领导、控制达到目标的循环往复、螺旋上升的过程。故而，分论部分以管理的各项职能为线索，内容涉及决策的过程和方法，计划的编制过程及方法，组织设计，组织结构类型，人员配备，组织力量的整合，领导方式和领导理论，激励、沟通、控制的过程和方法，创新的内容和方法，管理的新发展等内容。

2.2 管理学课程"组织"职能的教学内容

2.2.1 管理学课程"组织"职能的教学目标

组织是管理的重要职能之一。在管理中，组织的含义包括静态与动态两个方面：静态的组织通常指组织结构，即反映人、职位、任务以及它们之间的特定关系的网络；动态的组织是指有目的地安排人或事物，使之具有一定的系统性或整体性的活动过程。[2]

"组织"职能的教学目标包括让学生了解组织的概念及作用，组织的部门划分，人员配备的任务、程序、原则，正式组织与非正式组织的产生，直线与参谋，委员会，组织与组织环境；理解组织的部门化，非正式组织的影响，直线与参谋的关系，委员会的局限性，组织变革的动力与阻力；掌握组织设计的基本原则，组织结构的基本形式及其优缺点，管理人员的选聘、考评及培训，非正式组织的管理策略，发挥参谋作用，提高委员会效率，组织变革的关键因素等。

2.2.2 管理学课程"组织"职能的教学内容概述

"组织"职能的实现要以组织结构设计为前提，并在组织中划分职位、职务并配备人员，此外，还要完成组织中职权的纵向划分，并确保组织发展过程中随着组织环境的变化适时进行变革。因此，"组织"职能的教学内容包括组织理论概述、人员配备、组织力量的整合及组织变革。

2.2.3 管理学课程"组织"职能的教学重难点设置

结合"组织"职能的具体教学内容，此章节涉及的教学重点有组织设计的原则，组织结构的基本形式，管理人员的选聘、考评及培训，正式组织与非正式组织的关系，直线与领导的矛盾，委员会的局限性，组织的环境与变革。

其中，对于学生学习掌握能力要求较高的教学难点则包括组织结构的基本形式，管理人员选聘的程序，考评的内容及方法、培训的方法，非正式组织的管理策略，发挥参谋作用、提高委员会效率，组织变革的动力、过程和关键因素。

3 课程思政元素在"组织"职能教学中的体现

3.1 课程思政元素的选取

上文介绍的管理学"组织"职能的教学目标在传统的教学过程中过于偏重知识与专业技能的教授，对价值观念的引导关注度严重不足，甚至有所缺失。结合"组织"职能的教学目标和教学内容，在该部分教学中选取恰当的课程思政元素，引导和启发学生用前瞻性思维和全局观看待组织设计和组织运转的问题，同时让学生深刻理解组织的公平公正，形成合理用权、用人唯贤等理念。

在课程讲授过程中，单纯向学生进行思想政治教育不仅枯燥乏味，还容易导致课程思政建设浮于表层，无法浸润学生思想，运用案例教学则可以生动地将课程思政元素有机地融入课程内容，以润物细无声的方式向学生传递正确的价值观念。在组织设计、组织权力分配、集权与分权的讲授中，课程选取"三湾改编"作为教学案例。

3.2 课程思政元素在"组织"职能教学中的设计

本文以组织设计和集权、分权为例,运用"三湾改编"案例进行教学过程设计。

3.2.1 课前活动

课前活动的主要目的是进行课程内容的先后衔接,此处以"管理的职能有哪些?同学们是如何理解组织职能的?"为思考问题,引导学生回顾和复习学习过的知识点。

在引导学生回顾管理职能,特别是强调"组织"职能的地位作用后,将"三湾改编"作为引入案例,教师通过介绍案例背景激发学生的学习兴趣并梳理学生的学习思路。

3.2.2 课程知识点与"三湾改编"思政元素的融合

教师可选取"三湾改编"的历史资料及视频,让学生对案例有直观了解。本文选取"组织的概念及职能""组织设计""组织结构的类型""集权与分权"四个知识点,与"三湾改编"思政元素在教师活动、学生活动等方面进行设计及融合。

知识点一:组织的概念及职能。教学内容包括组织的概念、组织的职能、组织设计的重要性。此部分教师应向学生介绍"三湾改编"的背景,并讲述知识点。学生根据教师讲解理解动态和静态的组织概念,以及组织的具体职能;此外,学生在了解"三湾改编"历史事实的基础上,思考组织设计的重要性,具体的融合与引导如表1所示。

表1 "组织的概念及职能"与"三湾改编"思政元素的融合

教学内容	课程思政元素的融合
【组织的概念及职能】 1. 组织的概念 2. 组织的职能 3. 组织设计的重要性	引导学生认识到组织设计的重要性: 1. "三湾改编"从政治上、组织上保证了党对军队的绝对领导,为建设思想坚定、指挥统一、能打善战的人民军队打下了坚实的基础。 2. "三湾改编"整编部队,重新设计并重建军队组织体系,确保军队的战斗力

知识点二:组织设计。教学内容包括组织设计的含义及任务、组织设计的原则、组织设计的程序、横向组织设计(部门化)、纵向组织设计(管理幅度、管理层次)。此部分教师讲述知识点并可以布置讨论话题:根据组织横向设计知识分析"三湾改编"时对部队编制重新进行整合、编排依据。引导学生参与讨论并回答问题。"组织设计"与"三湾改编"思政元素的融合如表2所示。

表2 "组织设计"与"三湾改编"思政元素的融合

教学内容	课程思政元素的融合
【组织设计】 1. 组织设计的含义及任务 2. 组织设计的原则 3. 组织设计的程序 4. 横向组织设计(部门化) 5. 纵向组织设计(管理幅度、管理层次)	1. 引导学生掌握组织部门化的标准和结果:军队部门化通常考虑人数标准,如,30人为1个排,4个排(120人)为1个连,4个连(500人)为1个营,3个营(1 500人)为1个团,5~6个团(10 000人)为1个师。 2. 引导学生认识组织纵向设计的重要性:"三湾改编"确立了"党指挥枪"的领导原则,建立基层党组织,把党支部建在连上,从班、排、连、营开始,建立起贯通从最高层到最基层的组织体系,使军队各层级逐步形成双首长负责制

知识点三:组织结构的类型。教学内容包括直线制、职能制、直线职能制、事业部制、矩

阵型、多维立体型和网络型七种组织结构的特点及优缺点，以及组织结构发展的新趋势。教师应结合组织结构图例讲述并让学生掌握各类组织结构类型的特点、优缺点、适用范围，让学生了解组织结构发展的新趋势；此外，要求学生根据"三湾改编"的部队编制绘制一份组织结构图。学生则根据教师讲解理解知识点，并根据"三湾改编"资料练习绘制组织结构图，在此基础上判断整编后的工农革命军的组织结构类型。"组织结构的类型"与"三湾改编"思政元素的融合如表3所示。

表3 "组织结构的类型"与"三湾改编"思政元素的融合

教学内容	课程思政元素的融合
【组织结构的类型】 1. 直线制、职能制、直线职能制、事业部制、矩阵型、多维立体型和网络型组织结构的特点和优缺点 2. 组织结构发展的新趋势	引导学生掌握组织结构的优缺点，并根据"三湾改编"的部队编制绘制组织结构图。 "三湾改编"时，工农革命军第一军第一师部队缩编为工农革命军第一军第一师第一团，全团缩编为七个连。第一团辖第一营和第三营（缺第二营），每营编三个连，另单独编有一个特务连，也叫第四连。团直属队有团部、政治部、辎重队和卫生队等单位。同时取消军官队

知识点四：集权与分权。教学内容包括权力的性质与特征、集权与分权的相对性、组织中的集权倾向、分权及其实现途径。教师应讲解集权与分权的知识点，布置讨论话题："三湾改编"在连队建立士兵委员会的民主制度，体现的是集权思想还是分权思想？学生根据教师讲解理解知识点，参与讨论并回答问题。"集权与分权"知识点与"三湾改编"思政元素的融合如表4所示。

表4 "集权与分权"知识点与"三湾改编"思政元素的融合

教学内容	课程思政元素的融合
【集权与分权】 1. 权力的性质与特征 2. 集权与分权的相对性 3. 组织中的集权倾向 4. 分权及其实现途径	引导学生正确认识组织管理中的权力，帮助未来的管理者树立正确的权力观，并对合理优化权力配置进行深入思考："三湾改编"推行的士兵民主、官兵平等、经济公平、尊重士兵、破除旧军雇佣关系，对于团结广大士兵群众、瓦解敌军起到了巨大作用

3.2.3 课后问题设置

课后思考问题的布置可以帮助学生掌握课程的学习重点，结合"组织"职能的相关知识和"三湾改编"的课程思政教学案例，本章节课后问题的设置包括课后思考题、课后阅读、团队训练、辩论等形式。

（1）课后思考题是与教学内容结合较为紧密且形式较为固定的课后反思总结形式。本课思考题可以设置为：请用组织理论分析"三湾改编"在中共党史和军队建设中的重要意义；以"三湾改编""古田会议""红军长征"等为例，谈谈中国共产党领导集体的团队管理理念。

（2）课后阅读是拓展学生眼界的主要途径，可选取中国本土发展较好的企业为例，了解其从创业到发展不同阶段的组织结构变迁。

（3）团队训练能够让学生将知识与实践相结合，侧重技能的锻炼。本章节可考虑请学生对身边感兴趣的组织（例如学校各院系部、学生会、社团或校园附近企业）进行与组织设计、部门划分、组织权力分配、人员配备等问题相关的调查访谈。在了解被调查组织的基础上，绘制其组织结构图，并辨别组织结构类型，讨论该组织在结构设计方面存在的不足及改进建议。

（4）辩论可以培养学生的辩证思维。辩题可设置为：正方"集权更有利于组织发展"，反方"分权更有利于组织发展"。

参考文献

[1] 王学俭，石岩. 新时代课程思政的内涵、特点、难点及应对策略［J］. 新疆师范大学学报（哲学社会科学版）2020，41（2）：50-58.

[2] 王晓欣，邵帅. 管理学原理与实践［M］. 北京：人民邮电出版社，2017.

课程思政背景下"交互设计"课程教学改革探索与实践[①]

孙 倩[②] 李文红 孟 瑾

(北京科技大学天津学院艺术学院,中国 天津 301830)

摘 要:本文以课程思政为背景,从教学出发,探讨了"交互设计"课程思政的思路与目标,并从课程思政元素的挖掘、教师课程思政能力建设、教学与考核方式三个方面剖析了"交互设计"课程思政改革的策略与实践路径。本文旨在促进课程知识传播、能力培养和育人功能三者的有机结合,同时也为艺术设计相关课程的思政教学改革提供参考和借鉴。

关键词:课程思政;交互设计;探索与实践

习近平总书记在 2016 年 12 月召开的全国高校思想政治工作会议上的讲话指出,"要坚持把立德树人作为中心环节,把思想政治工作贯穿教育教学全过程""要用好课堂教学这个主渠道……使各类课程与思想政治理论课同向同行,形成协同效应"。高校是人才培养的主要基地,专业课程是课程思政推进的重要着力点,需要充分挖掘专业课程中的思政元素,发挥好课程教学的渠道功能,立足专业,将课程思政融入教学、考核全过程,探索多元的德育路径,从而培养德才兼备的新时代人才。

交互设计是社会学、人类学、心理学、信息科学、工程学、人因学等多学科融合的产物,伴随大数据的发展与人工智能时代的到来,交互设计也在人机交互的基础上,逐步发展成一门新兴学科,也是目前视觉传达设计专业就业的热门方向之一。本门课程以交互设计学中所涉及的理论知识为基础,介绍交互设计的起源历史,讲授交互设计目标、流程、方法与技术,引导学生运用科学的方法进行交互设计研究,并设计制作完成完整的交互产品。结合艺术设计专业特点,推进"交互设计"课程思政建设,是高校一流课程建设的需要,也是实现"三全育人"的需要。

[①] 基金项目:北京科技大学天津学院院长基金项目。
[②] 孙倩,女,1989 年 2 月 13 日出生,山东淄博人,艺术学院讲师,硕士,主要研究方向为人机交互界面设计、文化创意产品设计与研发,2016 年 4 月至今在北京科技大学天津学院工作。

1 "交互设计"课程思政建设的思路与目标

在过去传统专业的教学中，普遍重视学生专业能力的提升，却忽略文化素养、职业道德意识、社会责任感培养，从长远的角度看，这不仅不利于学生未来的发展，也不符合国家和社会对高素质艺术设计人才的要求。因此，需要以课程思政理论为切入点，改革传统育人模式，充分发挥课程内容的载体作用、任课教师的育人责任与育人意识，以及学生作为课堂主体的主观能动性，三位一体构建"交互设计"课程思政育人体系。

应将课程思政融入"交互设计"课程，使专业课程育人功能由点及面，达到思想引领与知识传授相统一的"三全"育人的目标。首先，理解交互设计的历史、发展、概念和原则，树立正确的设计观和职业素养；其次，引导学生广泛发现和充分运用现有价值导向正确的优质交互式产品资源，在对比、分析的基础上进行创新实践，提高专业素质和文化素养；再次，掌握科学的交互设计研究步骤与方法，培养艺术设计专业学生的科学思维、理性思维和辩证思维，筑牢实践基础；最后，通过调研和讨论，引导学生关注当前急需解决的问题，建立公共参与意识，培养学生通过设计手段解决社会问题的意识和能力，提高学生的学科信仰和社会责任感。

2 基于课程思政的"交互设计"改革策略与实践

2.1 "交互设计"课程思政元素的挖掘

2.1.1 价值观嵌入，培养学生的政治认同和文化认同

加强大学生政治认同和文化认同，培养爱国情怀，增强民族自信心和自豪感，是高校课程思政的重要内容。培养大学生的政治认同素养就是培养他们对社会主义核心价值观的政治认同、对中华优秀传统文化的政治认同以及对中国梦的政治认同。[1] "交互设计"作为一门实践性较强的学科，授课过程中需要通过案例分析法帮助学生理解和运用，因此，讲课时精选具有正确价值导向的移动端、桌面端产品设计案例，如在讲解用户体验时，通过分析"学习强国""少年强""我爱祖国"等一系列优质设计资源，引导学生在深度体验的基础上分析和讨论，不仅能够更直观地帮助学生理解和掌握知识点，同时改变学生以往对国家发展漠不关心的态度，帮助学生在分析和体验中有组织、有指导地了解国情、党情、世情，拓宽爱国主义思想教育的渠道和途径。

政治认同的另一个层面就是文化认同，例如，在讲解第二章第三节"交互系统的和谐关系"时，从儒家和谐美学的"中和"之美，到道家"无为而治"的和谐社会思想开始引入交互设计中的和谐理念，[2] 既能帮助学生理解交互系统用户、产品、行为、场景之间的和谐关系，树立交互设计系统观，又能在潜移默化中传承中国优秀传统文化的核心理念思想；在讲解第三章第一节"以人为本与用户需求"中，从刘向的《说苑·杂言》到《管仲·中篇·霸言》到科学发展观，再到"以人民为中心"思想，不仅能够引导学生正确理解设计对象，运用交互设计中"以人为本"设计思想的指导创新实践，同时，对弘扬中华人文精神，增强文化自信和文化认同可以起到重要作用。

2.1.2 引导学生运用交互设计知识践行社会参与，树立学科信仰，培养社会责任感

公共参与是大学思政教育重要内容。培养新时代大学生的社会参与意识和运用专业知识

积极践行社会参与的能力，是课程思政建设的重要着力点。在信息技术不断发展的今天，交互设计成为人与机器之间信息沟通和获取的媒介和手段，也直接影响人们对于信息获取的准确性和效率，在"交互设计"课程教学中，需要着眼于引导学生关注现实问题，以问题为导向培养满足社会发展需要的交互设计人才。例如，新冠肺炎疫情期间，针对疫情发布数据与大众信息获取需求的关系，引导学生通过调研，科学对比分析各个省市机构及主流媒体发布的疫情实时动态数据的类型与特点，从人因工程和需求的角度，引导学生运用专业知识优化疫情数据的可视化效果。课程中敦促学生关注现实问题，在大作业的选题上，引导学生通过讨论和思考聚焦社会需求，关注老年人、儿童、残疾人等特殊群体，指导学生运用科学方法进行调查研究，发现问题，罗列需求，运用专业所学进行创新实践。学生的选题既有针对老年人群体阅读需要的交互产品，也有针对年轻上班族健康需要的美食类交互产品，还有学生把交互设计的知识和技术与其他专业课程结合，开发交互式扶贫包装、针对心理健康问题的交互式动画等，并以此为基础进行大学生创新创业项目训练。在"交互设计"课程中，把学生的学科信仰、社会参与意识、职业责任和探索创新能力的综合性培育作为一条完整的主线，贯穿课程育人的始终，鼓励学生运用所学知识进行社会实践，为推动社会发展贡献力量。

2.1.3 将艺术与科学相融合，培育科学精神素养

科学精神是课程思政建设的基石和有力保障，培养学生的科学精神素养，应当着眼于大学生探索创新精神和科学思维的培养。"交互设计"课程是一门艺术与科学联系极为密切的学科，面向艺术类专业大学生培养他们综合运用科学方法指导艺术实践的能力是本门课程教学的重点和难点。以往专业设计流程中，以培养学生的思维发散、创意方法为主，调查手段为辅，出现了诸如调查研究环节与设计结果脱节严重，注重细节、忽略整体等问题，针对这些情况，在"交互设计"课程中增加"用户研究"和"原型评估"这两个章节的比重，引导学生合理运用科学调查方法进行研究，真正学会用辩证的思维方式分析数据，从数据的角度出发制定设计目标，指导设计创新。同时，要求学生对设计结果进行科学评估，验证其可行性，培养学生的探索精神和辩证思维。

2.2 "交互设计"课程授课教师课程思政能力建设

课程思政要求在课堂教学过程中加入思政内容，在无形中教育和引导学生，在潜移默化中影响学生，逐渐提升学生的思想认识，达到"润物细无声"的教育效果。[3] 从"交互设计"角度来说，需要充分发挥授课教师在课程教育中的主导作用。第一，授课教师要立足时代发展，从"立德树人"的宏观角度和思维出发，[4] 走出舒适圈，转变固有思维模式，时刻保持育人意识，牢记育人责任，转换角色，以学习者的视角重新设计课程内容，将思政内容系统地写入教案；第二，学习和借鉴优秀课程思政教学案例，总结经验和方法并灵活运用在"交互设计"课程思政的各个育人环节，避免呆板和衔接生硬等问题，授课过程中抓住时机将思政案例融入进知识点；第三，完善团队建设，充分依靠团队力量，做好教学规划，根据"交互设计"课程特点选取合适的思政元素，设计课程大纲，融合育人理念。同时集思广益积累课程思政资源，共享共建"交互设计"课程思政资源库，不断丰富课程思政的内容与广度。

2.3 多元教学，思政纳入"交互设计"课程全过程考核

在课程教授的过程中根据"交互设计"课程特点，创新教学形式，从过去传统的教师讲为主的课堂，转变为以学生为主体的多元课堂模式，如，运用翻转课堂的教学模式，锻炼学生主动学习的意识和自主学习的能力，引导学生发现问题、分析问题和解决问题，从而培养创新精神和探索精神。在"用户体验"这一章节的知识点学习中，让学生分组讨论"学习强国"App中"挑战答题界面"的交互设计，分析其满足了用户的哪些需要；让学生们分享自己在"学习强国"App中的段位，以及这些段位的词汇来自哪些传统文学著作，这些传统文化的运用对用户体验的提升效果体现在哪些方面；分析"学习强国"App启动页面调动了我们哪些直觉体验，这样设计的好处有哪些等。多元化形式的课堂教学既能充分调动学生的学习积极性，提升学生在课堂中的参与度、体验感和实践力，又能提高学生对显性教育内容的理解度和对隐性教育内容的接受度。

另外，在课程思政背景下，单一的考核方式不能满足课程育人成效的评价需求，因此"交互设计"课程考核形式应转变为贯穿课程全程的多元化的考核方式，将课程思政的目标纳入考核范围，扩大考核范围，对专题讨论辩论、答辩、调研分析、考试等多个环节学生的学习表现情况进行考核。提高课程挑战度的同时，能够通过对考核结果的梳理归纳，帮助授课教师判断课程思政内容引入的效果，真正实现将课程的知识传播功能、能力培养功能和思政教育功能三者的有机统一，为国家和社会培养优秀的交互设计人才。

3 结语

习近平总书记在全国高校思想政治工作会议上强调，高校思想政治工作关系到高校培养什么样的人、如何培养人以及为谁培养人这个根本问题。新的时代背景给高校艺术设计专业教育教学带来了发展机遇，也带来了一定的挑战。研究"交互设计"课程教学中融入"课程思政"的改革实践路径，持续挖掘"交互设计"课程教学中的思政资源，在讲授专业知识的过程中融入思政教育，在设计实践中贯穿思政元素，符合"三全育人"战略布局，能够从根本上贯彻落实课程思政和思政课程协同育人理念，对新时期高校艺术设计专业课程思政教育创新起到了积极的推进作用。

参考文献

[1] 孟庆楠，郑君. 基于"课程思政"的高校课程转化：价值、目标与路径 [J]. 北华大学学报（社会科学版），2018，03（19）：139-145.

[2] 李世国，顾振宇. 交互设计 [M]. 北京：中国水利水电出版社，2017.

[3] 杨明. 浅谈如何开展课程思政 [J]. 科教导刊（电子版），2018（33）：145.

[4] 柏路. 自媒体时代"立德树人"的困境与超越 [J]. 社会科学战线，2018（1）：270-274.

第四部分
科学研究与专业建设篇

BIM+VR 技术在建筑施工领域中的应用研究

邵 丽[①] 王 璐

(北京科技大学天津学院城市建设学院，中国 天津 301830)

摘 要：BIM+VR 是将建筑信息模型（Building Information Modeling，BIM）和虚拟现实（Virtual Reality，VR）结合起来的一种技术手段。BIM 与 VR 技术是通过计算机的信息操作技术对工程建造中的各项数据进行收集整合集中处理，创设数据库，同步管理各项数据，帮助建筑施工从业人员精准决策，促进施工进度和施工目标的完成。BIM 和 VR 技术开始广泛地应用于各行各业之中，同样也为建筑施工带来了全新的技术实现途径，成效显著。本文就 BIM+VR 技术的优势、特点进行细致的分析，探究其在建筑施工具体环节中应用的有效措施，并对在建筑施工中更好地应用 BIM+VR 技术提供意见和参考，以期能够对相关行业的应用提供帮助。

关键词：BIM+VR；施工领域；可视化；三维信息模型

BIM+VR 是在虚拟环境现实中进行建筑信息的管理。BIM 能真正解决复杂工程的大数据创建、管理和共享应用等问题，特别是在项目管理方面，能提供数据、技术和协同三大价值支撑。BIM 已应用到建筑施工全周期过程中，并在建造方式上改变了传统的施工方法，而 VR 的诞生给人们带来了不一样的感知交互体验，两者的结合势必会增强相互领域间的技术层次。

1 BIM 与 VR 技术发展背景概述

我国已经明确施工建筑领域的发展新目标，对 BIM 与 VR 技术的应用标准也进行了拓展与完善。在新技术不断推行应用的大背景下，原本的建筑领域也有了翻天覆地的变化，技术的发展成熟与实践应用，使得原有的组装配置型建筑不再仅限于图纸上的设想，而是真正实现应用。同时，作为建筑施工领域迅速创新发展的重要力量，BIM+VR 的技术探索应用正在逐渐进入人们视野。

1.1 BIM 在建筑施工领域中的应用

BIM 是什么？美国的解释为："这是一个用数字化表达建筑工程项目的物理、功能特性

[①] 邵丽，女，1987年2月16日出生，天津人，建设学院教师，硕士，主要研究方向为土木工程，2015年9月至今在北京科技大学天津学院工作。

的方式，一个可以信息共享的平台，一个使建筑工程可以进行全生命周期管理的信息过程，一个可以让建筑项目在不同阶段进行信息导入、提取、更改的协同化作业平台。"而 BIM 标准的定义是这样的："建筑信息模型的英文简称，它是在计算机辅助设计（Computer Aided Design，CAD）等技术基础上发展起来的多维模型信息集成技术，是对建筑工程物理特征和功能特性信息的数字化承载和可视化表达。"[1] 我们可以在这段对 BIM 技术的解释中发现，BIM 具备可视性、协同性、模拟性、关联性、一致性等特点。作为工程行业最核心的大数据技术，BIM 能建立多维度、结构化的数据库，解决建筑工程中海量数据的建立与管理、因技术造成的返工和多专业协同复杂的难题，在数据、技术和协同管理三大层面，提供了革命性项目管理手段。无论是复杂的上海中心、迪士尼，还是跨海大桥，通过 BIM，都可以高效地建立工程数字模型，BIM 软件系统既能快速精准地进行工程量造价等数据分析，也可以实现如碰撞检查、剖面图砌体排布等技术问题解决，最后实现基于互联网的项目级、企业级的协同管理，BIM 将带来建筑行业生产力的巨大提升，从而改变建筑业。

BIM 技术的使用和推广，一方面，受益于国家政策支持、行业需求以及互联网技术进步的推动，另一方面，建筑工业化生产最核心的推动力之一——提高生产效率、节约工程造价和缩短建设工期，也会促进 BIM 技术的应用和推广。由于建筑工程管理长期面临着工期紧张、工程复杂、协作困难等问题，应用 BIM 技术进行项目集约化管理，有助于协助各施工部门沟通、加强成本管理和安全管理，从而降低工程复杂度、缩短工期、加速资金周转。同时，大数据、云计算及 3D 打印等新兴技术的兴起，也共同推动了 BIM 系统的加速发展。

1.2 VR 技术在建筑施工领域的应用

VR 是一种模拟体验虚拟世界的交互式仿真系统，利用计算机融合多源信息，通过三维动态视景去感知实体行为下的虚拟世界。虚拟现实技术开始快速发展起来，VR 产业火爆，并逐渐渗透到各个行业，包括娱乐、体育赛事、医疗健康、军事训练、教育培训、城市规划等。近来，我国国内 VR 成型产品加速落地，与建筑直接相关的产品包括展示设备、拍摄设备、设计软件等，目前应用主要集中于 VR 样板房展示、云渲染家装、设计转换 VR 平台等。[2]

当前，VR 正逐步进入建筑设计和工程施工领域，已有效应用于西方工业设计；未来有望在中国建筑设计领域广泛推广使用，目前已在样板房展示等营销领域落地。目前，国外在视频拍摄、电子游戏等领域已有完善的 VR 产品，谷歌、微软、索尼等的产品逐渐进入工业设计中。VR 在工程施工中的应用，目前一般用于开始施工之前的创建和体验三维建筑模型。

1.3 BIM 与 VR 的结合

将 VR 作为 BIM 施工突破点，是因为 VR 作为现今最具有价值的前沿技术，在与 BIM 模型相结合的过程中具有很强的相互关联性，两者的优势互为补充。传统 CAD 图纸演变为 BIM 模型是一种认知输入上的飞跃，从二维演进至三维是巨大的进步，而 VR 则更上一层楼，将三维模型虚拟化。以第一人称的视角重新审视便会发现，这种认知模式是一种全方位的感官突破，VR 使体验者不仅能够身临其境地体验施工的过程，清晰明了地查看工程结构的每一个部件，也可以全方位掌握施工过程中的工艺方法，有助于实现虚拟与现实的跨越。

BIM 模型数据在 VR 环境中变成和游戏场景一样互动度极高的模型，并且保留了完整的 BIM 构件信息。一线施工作业人员通过头戴传感器能瞬间感知相关作业面的环境信息，由于完整保留了 BIM 参数信息，作业人员通过手柄可以实时查看相关构件参数，判断构件位置的合理性。[3] 技术的进步带动了效率的提升，在模板脚架支设、场地布局、安全体验等应用环境中，VR 技术能够以一种前所未有的视角辅助施工人员作业。

2 BIM+VR 技术的优势

首先，立体的三维渲染技术，相比于传统人工模拟测算，很大程度上提升了工程施工中的管理效力。同时，作为建筑中常用的一种模型构建方式，BIM 技术中三维渲染是其重要组成部分。应用的过程较为简单，只是把施工工程预期的设计图纸，结合实际的施工方式、施工环境和建设技术，重新整合以三维化的形式呈现出来。原理简单，但是所需的技术较为复杂：要根据二维的图纸通过 Revit 进行建模，构建出三维的数字模型，在这个过程中，为了更好进行渲染，要借用 Navisworks 的部分功能，即通过 Revit 与 Navisworks 建立联结，导出三维的信息模型，然后在 Navisworks 里面进行渲染和碰撞检查，碰撞检查的结果报告可以帮助优化建立出的三维信息模型，使得到的三维信息模型能更为清晰直观地展现出工程的施工效果和存在的不足，避免了原有模式下因为思考角度、观察方式不同而导致的结论不统一的情况，对后期的施工建造起到了很好的指导作用，为工程建造中管理监督的调整和施工资源的分配应用提供了更为明确的思路，[4] 这也是 BIM 与 VR 技术在工程建造中的主要优势之一。

其次，应用 BIM 与 VR 技术很大程度上提升了对数据信息的量算效率，减少了人工计算或借助其他低级运算设备造成的误差，能够更好地把握建筑工程的信息精度。在施工过程中，应用 BIM 技术能够帮助建筑工程短时间内构建出足够庞大的数据资源库，在后续工作中，这一数据库将会成为一系列工程建造信息操作的基础，通过 BIM 建立的数据库彼此之间互通连接，还能够承担工程中各项施工的成本计划和工程预算，帮助掌控工程的施工进度或者某个工序步骤的进行程度。同时，对于施工中资源的管理分配，例如物资材料、设施设备等也能更为便捷地监控管理，避免了因主观上的判断误差造成不必要的损耗浪费，也为工程项目的管理效果提升和成本降低提供了新的可行路径，这是传统的工程建造所不具备的优势。

3 BIM+VR 技术的应用

长久以来，建筑行业存在两个难点，一是建筑效果未知，二是工程质量控制难。建筑效果未知指的是建筑效果不可预测，施工方很难把握设计示意图，客户难以预知施工状况；工程质量控制难是指建筑过程缺乏统筹规划和与项目组之间的沟通，难以控制工期、质量和成本。为了解决上述两个痛点，BIM 应运而生；而 VR 在 BIM 三维模型的基础上，加强了可视性、具象性和交互性。

BIM+VR 的使用，可利用 VR 技术提升 BIM 应用效果并加速其推广应用。BIM 是以建筑工程项目各项相关信息数据作为模型的基础，进行建筑模型的建立，通过数字信息仿真模拟建筑物所具有的真实信息，具有可视化、协调性、模拟性、优化性和可出图性五大特点。[5] VR 的沉浸式体验，在 BIM 的三维模型基础上，加强了可视性和具象性。通过构建虚拟展示，为使用者提供交互性设计和可视化印象。

3.1 BIM+VR 技术在建筑设计领域的应用

在建筑设计的可视性方面，VR 可以增强建筑及室内设计的设计成果的展示效果，还可以以沉浸式的方式进行施工模拟演练，帮助施工方了解施工过程，并可以在建造方式上改变传统的施工方法。BIM+VR 的结合在设计前期方案评审中有助于规避设计风险，并在施工中进行三维方案模拟，模拟存在安全风险的方案，减少事故率，从而提高整个项目管理的水平。在交互性方面，室内设计师可以利用 VR 完成沉浸式的家装设计。在 VR 设计软件的支持下，建筑师有望在不久的将来实现 VR 建筑设计。

3.2 BIM+VR 实现三维协同施工

将 BIM 技术贯穿基建项目的设计、施工、运营阶段，通过强大的数据、协调、3D 可视技术，减少项目变更，减少材料浪费，缩短工期，为项目带来巨大效益；并通过引入强大的新型 3D 引擎，大幅提高画面的渲染效果，实现构件的真实物理属性和机械性能；基于 VR 技术与基建 BIM 系统的对接，使工程模型和数据实时无缝双向传递，在虚拟场景中对构件进行任意编辑。[6]

在设计图纸方面，利用 VR 技术可将二维结构、装饰、管线等图纸进行 BIM 模型三维可视化，充分发挥 BIM 三维协同设计的施工指导作用；在重难点施工工艺方面，利用 VR 技术将虚拟施工指导内容加载到工人或工程管理人员的设备中，用于现场施工指导与管控；在施工部署或工程建设管理方面，利用 BIM+VR 可加强工程会议的沟通与理解，直观反映施工的进程。另外，增强现实（Augmented Reality，AR）也开始被应用在基础设施的设计、施工和运行维护中，例如，使用 VR 技术与测量软件，将具体数字植入现实世界，帮助工程师精准判断工程状况。BIM+VR 应用技术可实现 BIM 技术与工程施工的实时结合，提高施工效率，降低因施工错误而返工的概率，减少工程建设成本。

3.3 BIM+VR 技术在施工安全培训中的应用

利用 BIM+VR 技术开展新型安全教育培训，针对不同的施工阶段，设置了不同的安全教育体验类型，又将每个类型细化为高处坠落、触电、坍塌、火灾等安全事故伤害情景，方便施工人员加深对施工事故及预防措施的理解。通过利用信息化技术，将参建各方与项目的施工要求形成统一的整体，再从实际的安全管理角度出发，对施工过程中存在的安全隐患提前规避，从而使项目的安全水平更优、管理能力更强。结合实际安全防范的需要，首先建立相应的 BIM 模型；再通过 Revit 软件，在漫游路径中将安全事故的发生过程以动画视频的形式截选导出，并在 3ds Max 软件中进行渲染，使情景更逼真；最后，将视频动画导入 VR 引擎，优化后的视频动画会让施工人员更加有身临其境之感，再加上 VR 眼镜、手柄等设备的辅助配合，体验到更丰富的"人境交互"。

利用 BIM 三维模型+VR 虚拟体验，辅以智能传感器模拟，这种新型的安全培训方式改变了传统古板的教育形式。从以往的"说教式"教育跨越到如今的"沉浸体验式"教育，新颖的 VR 科技不仅增强了施工人员的安全生产意识，更激发了工人参加安全培训的热情，使教育效果更加显著。经过本项目实际应用，将 BIM+VR 技术运用到安全培训上，对于落实安全管理指导思想,对于保障现场的安全施工,都起到了良好的促进作用,值得在同类项目中推广应用。

4 结论

BIM作为三维信息模型技术,已经应用于建筑设计与施工领域,能建立多维度、结构化的数据库,解决建筑工程中海量数据的建立与管理、因技术造成的返工和多专业协同复杂的难题,在数据、技术和协同管理方面提供了项目管理手段。VR技术是3D可视化工具,可将BIM模型的设计、施工和管理过程以三维的感知交互形式展示出来,并让设计、施工及运营人员进行虚拟仿真协同工作,进一步提升BIM应用效果并加速其推广应用。BIM+VR的结合,可整合海量数据、协调、3D可视技术,减少项目变更风险,减少材料浪费,缩短工期,为建筑项目带来巨大效益。

BIM与VR技术的成熟并不遥远。作为建筑施工领域的从业人员,要紧跟科技的发展脚步,为技术的突破升级做好准备工作,不仅重视工程操作管理的转变,更要从根本上提升企业的创新意识和竞争能力,科学规划,提升效益。

参考文献

[1] 牛硕. VR交互技术在BIM应用中的探索研究[J]. 施工技术,2017(2):1203-1204.

[2] 刘勇. VR、AR在建筑工程信息化领域的应用[J]. 土木建筑工程信息技术,2018(4):100-107.

[3] 刘旭红,武飞. 基于BIM的虚拟现实技术(VR)在建筑工程中的创新应用[J]. 中外建筑,2018(4):134-136.

[4] 李金云. BIM融入VR技术在建筑工程中应用研究[J]. 北华航天工业学院学报,2020(5):18-20.

[5] 吴贝. BIM+VR技术在工程项目中的创新应用研究[J]. 城市住宅,2020(5):242-243.

[6] 何武林. 浅谈BIM+VR技术在建筑保护中的应用[J]. 价值工程,2020(13):279-280.

行星齿轮传动系统的可靠性优化设计

焦万铭[①] 李金英 徐妍 徐江燕

(北京科技大学天津学院智能制造学院,中国 天津 301830)

摘 要:行星齿轮传动具有效率高、传动平稳、抗冲击和振动的特点,在减速机构中常用到。传统设计中主要运用手册中的图表与力学中的公式进行齿轮参数设计,这种方式耗费时间长,工作量大,而得到系统的整体可靠性不高。现代设计中引入可靠性理论与优化设计算法,利用计算机工具,以保证系统的最大可靠性为原则,寻求最优的设计参数。

关键词:行星齿轮;可靠度;优化设计;MATLAB

1 齿轮可靠度的计算

齿轮主要的失效是轮齿折断和工作齿面磨损、点蚀等,这些失效形式都与齿根疲劳强度、齿面接触疲劳强度有关[1],故在设计中以保证齿轮的两种疲劳强度为准则。设齿轮的齿面接触疲劳强度的可靠是 R_H,齿根弯曲疲劳强度的可靠度是 R_F,齿轮的可靠度可表达为:

$$R = R_H \cdot R_F \tag{1}$$

车辆中使用的减速器传递最大功率是 590 kW,输入轴最大转矩是 8 747 N·m,传动比是 30.5。图 1 是行星减速器的传动示意。

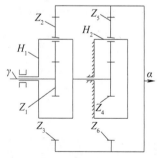

γ— 系统输入轴;Z_1— 一级太阳轮;Z_2— 一级行星轮;Z_3— 一级内齿圈;H_1— 一级行星架;Z_4— 二级太阳轮;Z_5— 二级行星轮;Z_6— 二级内齿圈;H_2— 二级行星架;α— 系统输出。

图 1 行星减速器的传动示意

---

① 焦万铭,1974 年 4 月出生,山东聊城人,北京科技大学天津学院讲师,博士,主要研究方向为机械设计及制造,2008 年 4 月至今在北京科技大学天津学院工作。

通过传统设计方法得到此减速器的参数,如表1所示。

表1 行星齿轮参数

参数	一级太阳轮	一级行星轮	一级内齿圈	二级太阳轮	二级行星轮	二级内齿圈
齿轮模数	—	7	—	—	10	—
齿轮齿数	21	47	117	22	29	83
变位系数	0.50	0.44	0.30	0.50	0.50	-0.05

按文献[2]中可靠度的计算方法,行星传动系统各齿轮的可靠度如表2所示。

表2 齿轮可靠度

可靠度	一级太阳轮	一级行星轮	一级内齿圈	二级太阳轮	二级行星轮	二级内齿圈
齿面接触疲劳可靠度	0.999 999 6	1	1	0.950 000 0	0.998 000 0	1
齿根弯曲疲劳可靠度	1	1	1	0.999 940 0	0.999 400 0	0.995 000 0

从行星齿轮系统的功能逻辑来看,齿轮可靠度之间均是串联关系。故一级行星系统可靠性可表示为:

$$R = R_1 \cdot R_2 \cdot R_3$$
$$R = R_{F_1} \cdot R_{H_1} \cdot (R_{F_2} \cdot R_{H_2})^n \cdot R_{F_3} \cdot R_{H_3} \quad (2)$$

式中,R_1为太阳轮的可靠度;R_2为行星轮的可靠度;R_3为齿圈的可靠度。

一级行星系统的可靠度是:

$$R = R_{F_1} \cdot R_{H_1} \cdot (R_{F_2} \cdot R_{H_2})^n \cdot R_{F_3} \cdot R_{H_3} = 0.999\ 999\ 6 \quad (3)$$

二级行星系统的可靠度是:

$$R = R_{F_1} \cdot R_{H_1} \cdot (R_{F_2} \cdot R_{H_2})^n \cdot R_{F_3} \cdot R_{H_3} = 0.939 \quad (4)$$

故一级行星系统的可靠度足够,而二级行星系统的可靠度略小,可以通过优化提高二级齿轮系统的可靠度。

2 行星系统的可靠性优化数学模型的建立

2.1 目标函数的建立

数学模型以二级行星系统可靠度最大作为优化的目标,此时,要求每个齿轮的可靠度也最大,所以可以将单一的目标转化成多个目标进行求解。

建立目标函数如下:

$$f_1(x) = \max\left(\frac{\ln\overline{\sigma}_{H\lim J_1} - \ln\overline{\sigma}_{H_1}}{\sqrt{C_{\sigma_{H\lim J_1}}^2 + C_{\sigma_{H_1}}^2}}\right) \quad (5)$$

$$f_2(x) = \max\left(\frac{\ln\overline{\sigma}_{F\lim J_1} - \ln\overline{\sigma}_{F_1}}{\sqrt{C_{\sigma_{F\lim J_1}}^2 + C_{\sigma_{F_1}}^2}}\right) \quad (6)$$

$$f_3(x) = \max\left(\frac{\ln\overline{\sigma}_{H\lim J_2} - \ln\overline{\sigma}_{H_2}}{\sqrt{C_{\sigma_{H\lim J_2}}^2 + C_{\sigma_{H_2}}^2}}\right) \tag{7}$$

$$f_4(x) = \max\left(\frac{\ln\overline{\sigma}_{F\lim J_2} - \ln\overline{\sigma}_{F_2}}{\sqrt{C_{\sigma_{F\lim J_2}}^2 + C_{\sigma_{F_2}}^2}}\right) \tag{8}$$

$$f_5(x) = \max\left(\frac{\ln\overline{\sigma}_{H\lim J_3} - \ln\overline{\sigma}_{H_3}}{\sqrt{C_{\sigma_{H\lim J_3}}^2 + C_{\sigma_{H_3}}^2}}\right) \tag{9}$$

$$f_6(x) = \max\left(\frac{\ln\overline{\sigma}_{F\lim J_3} - \ln\overline{\sigma}_{F_3}}{\sqrt{C_{\sigma_{F\lim J_3}}^2 + C_{\sigma_{F_3}}^2}}\right) \tag{10}$$

2.2 确定设计变量

齿轮设计中以模数、齿数、齿宽为主要的设计参数，在优化设计中也以这些参数为设计变量。其中，变位系数之和与啮合角有关系，所以把太阳轮和行星轮、行星轮和内齿圈的啮合角也作为设计变量，所以设计变量为：

$$[x_1, x_2, x_3, x_4, x_5, x_6, x_7, x_8] = [z_1, z_2, z_3, \alpha'_{12}, \alpha'_{23}, x'_2, m_1, b_1] \tag{11}$$

式中，z_1、z_2、z_3 是二级太阳轮、行星轮和内齿圈的齿数；α'_{12} 是太阳轮和行星轮的啮合角；α'_{23} 是行星轮和内齿圈的啮合角；x'_2 是行星轮的变位系数；系数 m_1 是二级齿轮的模数；b_1 是二级齿轮的齿宽。

由于变位后齿轮的啮合是无侧隙啮合，所以需要保证无侧隙啮合的几何条件，符合无侧隙啮合方程，因此太阳轮的变位系数可以表达为：

$$x_1 = \frac{z_1+z_2}{2\tan\alpha_1}(\text{inv}\alpha'_{12} - \text{inv}\alpha) - x_2 \tag{12}$$

式中，x_1 为太阳轮变位系数；α 为标准齿轮压力角，$\alpha=20°$。

内齿圈的变位系数可表达为：

$$x_3 = \frac{z_3-z_2}{2\tan\alpha_2}(\text{inv}\alpha'_{23} - \text{inv}\alpha_2) + x_2 \tag{13}$$

2.3 确定约束条件

2.3.1 行星齿轮的装配条件

为使各个行星轮都能够均匀分布地装入两中心轮之间，行星轮的数目与各轮齿数间必须有一定的关系，即太阳轮和内齿圈的齿数之和应能被行星轮数目整除[3]，即

$$\frac{z_1+z_3}{k} = N \tag{14}$$

式中，k 是系统行星轮数目；N 是任意正整数。

2.3.2 行星齿轮的同心条件

太阳轮和行星轮的中心距应等于行星轮和内齿圈的中心距[3]，即

$$\frac{z_1+z_2}{\cos\alpha'_{12}}=\frac{z_2+z_3}{\cos\alpha'_{23}} \tag{15}$$

2.3.3 行星齿轮的邻接条件

两个行星轮的中心距应大于两行星轮齿顶圆半径之和,即

$$(z_1+z_2)\sin\left(\frac{180°}{k}\right)>z_2+2h_a \tag{16}$$

式中,h_a 为齿高系数,$h_a=0.25$。

2.3.4 系统传动比的约束

$$[i]_{\min}\leq i_{13}\leq[i]_{\max} \tag{17}$$

式中,i_{13} 为行星机构的传动比,$i_{13}=z_3/z_1$。

2.3.5 变位系数的约束[4]

(1) 保证被切制的小齿轮不发生根切现象:最小齿轮是太阳轮,保证它们不发生根切。即

$$x_1>\frac{17-z_1}{17} \tag{18}$$

(2) 保证必要的重合度 ε:为了保证齿轮传动的平稳性,重合度必须大于1,大多要求大于1.2:

$$\varepsilon=\frac{1}{2\pi}[z_z(\tan\alpha_{an}-\tan\alpha)\pm z_2(\tan\alpha_{a2}-\tan\alpha)]\geq1.2 \tag{19}$$

式中,ε 为啮合重合度;α_{an} 为实际啮合角。

(3) 保证齿轮啮合时不干涉。

①对于太阳轮和行星轮的啮合分为两种情况。

对于啮合齿轮副中的小齿轮不产生干涉条件:

$$\tan\alpha'_1-\frac{z_2}{z_1}(\tan\alpha_{a2}-\tan\alpha')\geq\tan\alpha-\frac{4(h_a^*-x_1)}{z_1\sin2\alpha} \tag{20}$$

对于啮合齿轮副中的大齿轮不产生干涉条件:

$$\tan\alpha'_2-\frac{z_1}{z_2}(\tan\alpha_{a1}-\tan\alpha')\geq\tan\alpha-\frac{4(h_a^*-x_2)}{z_2\sin2\alpha} \tag{21}$$

②对于行星轮和内齿圈的啮合分为两种情况。

对于啮合齿轮副中的小齿轮不产生干涉条件:

$$\tan\alpha'_2-\frac{z_3}{z_2}(\tan\alpha_{a3}-\tan\alpha'_2)\geq\tan\alpha-\frac{4(h_a^*-x_2)}{z_2\sin2\alpha} \tag{22}$$

对于啮合齿轮副中的大齿轮不产生干涉条件:

$$\tan\alpha'_3-\frac{z_2}{z_3}(\tan\alpha_{a2}-\tan\alpha'_3)\geq\tan\alpha-\frac{4(h_a^*-x_3)}{z_3\sin2\alpha} \tag{23}$$

2.3.6 齿宽系数的约束

齿宽系数的约束值在0.8~1.2之间,即

$$0.8\leq\psi_d\leq1.2 \tag{24}$$

式中，ψ_d 为齿宽系数，$\psi_{d1} = b_1/mz_1$，b_1 为太阳轮齿宽。

3 计算实例

行星轮边减速器传动形式与图1一样，输入功率590 kW，最大转矩8 747 N·m，行星轮个数 $n=3$，一、二级内齿圈的分度圆直径不大于850 mm，内齿圈材料40CrMnMo，太阳轮与行星轮材料20CrNi4A，材料热处理后硬度HRC58～62，总工作寿命10年。

该优化设计为多变量、非线性约束的问题，可用MATLAB优化工具箱的fmincon()函数进行求解。此函数使用的是序列二次规划算法，数学模型为：

$$\begin{aligned} &\min f(X) \\ &C(X) \leq 0 \\ &C_{eq}(X) = 0 \\ &A(X) \leq B \\ &A_{eq}(X) = B_{eq} \\ &L \leq X \leq U \end{aligned} \quad (25)$$

式中，$f(X)$ 为目标函数；$C(X)$ 为非线性不等式约束；$C_{eq}(X)$ 为非线性等式约束；$A(X)$ 为线性不等式约束；$A_{eq}(X)$ 为线性等式约束；X 为自变量；B、B_{eq}、L、U 为常数。

经过MATLAB软件优化圆整后的结果如表3所示。

表3 优化后的参数

参数	x_1	x_2	x_3	x_4	x_5	x_6	x_7	x_8
值	22.00	30.00	83.00	18.77	21.72	0.16	10.00	220.00

根据上述齿轮参数计算二级齿轮系统的可靠度为：

$$R = R_{H_1} \cdot R_{F_1} \cdot (R_{H_2} \cdot R_{F_2})^3 \cdot R_{H_3} \cdot R_{F_3} \approx 0.989 \quad (26)$$

4 结论

由计算的可靠度可以看出，优化后的行星齿轮系统可靠度0.989大于初始设计的可靠度0.939，证明将可靠度理论与优化设计相结合可以得到更加理想和符合实际的齿轮参数。

参考文献

[1] 温芳，黄华梁，马心坦. 装载机轮边减速器的多目标模糊可靠性优化设计 [J]. 现代制造工程，2004（5）：86-88.

[2] 刘惟信. 机械可靠性设计 [M]. 北京：清华大学出版社，2000.

[3] 饶振纲. 行星传动机构设计 [M]. 北京：国防工业出版社，2003.

[4] 梁晶晶，任家骏，吴凤林，等. 基于MATLAB的齿轮传动压力角的优化设计分析 [J]. 机械管理开发，2006（3）：30+32.

基于PWM和Android的智能LED灯控系统[①]

王建亮1[②]　张　卫1　张子正2　汪毓铎1

(1. 北京科技大学天津学院智能制造学院，中国 天津 301830
2. 天津天狮学院信息科学与工程学院，中国 天津 301700)

摘　要：近年来，传感器技术和电子技术快速发展，现代照明系统由传统的机械方式向智能科技技术、通信技术、物联网技术等综合的智能照明系统方向发展，本论文针对高校宿舍楼和教学楼的传统照明系统存在能源损耗较大却效率较低的问题，设计了一种基于PWM和Android控制的智能化和高效节能的教室LED灯控系统。

系统以STM32单片机为主控芯片，通过光敏传感器来采集光强数据、红外人体热释电传感器采集人体数据、DS18B20温度传感器采集温度数据，根据传感器数据发出PWM信号来控制LED的亮弱。系统可以通过ESP8266 Wi-Fi模块和安卓手机互连，安卓手机可以发送命令给单片机来控制LED灯的明暗，整个系统无须机械按键，手机App端控制整个系统。该系统实现了人机智能交互，可为智能控制灯节省成本，是极具发展前景的教室智能LED灯控系统。

关键词：STM32单片机；智能LED灯；PWM控制；Android控制

当今，高校学生越来越多，宿舍楼和教学楼的建设需要充分考虑能源损耗、效率高低的问题。原始的宿舍楼和教学楼的照明系统设定为手动开关，一旦打开开关，无论有人没人，光照充足或者光照不足，灯光始终保持一定的状态，不会自动增强光强，也不会自动关闭开关。一些宿舍楼和教室的走廊选用声控灯光，通过声音监测来判断走廊是否有行人来操控打开或者关闭灯光，以达到节能的目的，但是这种声控灯光并不能在教室中使用，因为教室是一个安静的场所，不能时刻弄出声响。同时，声控灯光也不能根据光线的强弱来控制灯光的明暗，没有达到充分的节能效果和智能化效果，这种传统的灯光明显需要进行改进。照明系统的发展方向开始向着智能化、自动化、高效化、舒适化的方向发展。智能照明系统应该可

[①] 基金项目：2018年天津市教委科研计划项目（2018KJ272）；2019年天津市自然科学基金青年项目（19JCQNJC01300）。

[②] 王建亮，男，1983年2月9日出生，河北石家庄人，智能制造学院教师，高级工程师，硕士，主要研究方向为电子信息及物联网、智能科技技术，2020年5月至今在北京科技大学天津学院工作。

以根据光线强弱自动调整,可以自动监测照明区域是否有个体存在从而控制照明开关,充分节约能源。[1]

1 系统的总体设计

基于 PWM 和 Android 控制的智能 LED 灯设计系统以 STM32 单片机为主控芯片,通过光敏传感器 5516 来采集光强数据、红外人体热释电传感器 HC-SR501 采集人体数据[2]、DS18B20 温度传感器采集温度数据系统运行温度。各传感器采集到数据后发送给单片机,单片机通过分析处理,根据传感器数据发出 PWM 信号来控制 LED 的亮度。单片机通过 ESP8266Wi-Fi 模块和安卓手机互连,安卓手机可以发送命令给单片机来控制 LED 灯的明暗,整个系统无须机械按键,手机 App 端控制整个系统。系统框图如图 1 所示。

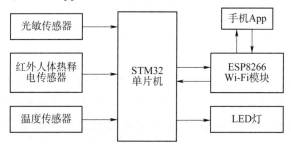

图 1 系统框图

系统选用 STM32F103 芯片作为主控芯片,STM32 单片机相对于 51 单片机可能成本稍微高一点,但是考虑到 STM32 单片机的性能,结合本设计的需要,STM32 单片机的高级定时器可以非常方便地输出 PWM 脉宽,其自带的 AD 电压采集可以方便光敏传感器的数据采集,且 UART 接口和 ESP8266Wi-Fi 模块可以完美兼容。

系统中需要传感器采集的数据作为光强数据、人体数据和温度数据。市场上流行的光照强度传感器有 BH1750 光照强度传感器和光敏电阻传感器,因为光敏电阻传感器的比较器输出特性,其输出信号稳定,抗干扰能力强,所以本设计选用光敏电阻传感器来监测光照强度。人体信号的检测多使用红外感应模块,本设计选用红外人体热释电传感器 HC-SR501。市面上流行的温度传感器非常多,因为本设计对温度传感器的要求相对较弱,所以,选用 DS18B20 温度传感器作为温度采集模块,DS18B20 使用单线接口方式,体积小,只需要一根线就可以实现双向通信,精度可以达到 0.1 摄氏度,测温范围较广,适用于本系统。[3]

市场上的 Wi-Fi 模块常见的有 ESP8266 串口 Wi-Fi 模块和 NRF24L01 无线 Wi-Fi 收发器,而 NRF24L01 无线 Wi-Fi 收发器常用于电脑 USB 端口,与本设计通过安卓手机 App 连接存在连接差,所以本设计选用 ESP8266 串口 Wi-Fi 模块和手机通信,只需要简单的串口配置就可以通过 Wi-Fi 传输自己的数据。[4]

2 硬件设计

本设计的硬件电路设计由 STM32 电路、光敏电阻传感器电路、温度传感器采集电路、红外人体热释传感器电路和 ESP8266 串口 Wi-Fi 模块电路组成,STM32 单片机是整个系统的主控制核心,控制传感器模块采集数据,Wi-Fi模块收发数据,输出PWM波形控制LED灯的光照强度。各个电路之间都需要和单片机连接,通过单片机引脚的合理规划,加入一些滤波电路和辅助电路,形成整个系统电路,如图2所示。

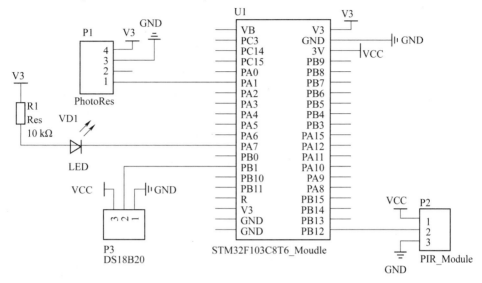

图2 系统硬件电路示意

3 软件设计

主程序设计充分考虑系统整体运行的需求,设计软件的时候,首先需要对整个系统完成初始化设计,包括各传感器初始化、Wi-Fi模块初始化,避免出现上电误操作,对元器件造成损害。单片机完成初始化设计后,程序需要执行光敏电阻传感器、红外人体释热传感器和DS18B20温度传感器的数据采集,然后程序需要判断系统是否工作在自动模式下,如果工作在自动模式下,则根据传感器数据,判断是否调整LED光强。当主程序检测到系统设定为手动模式,程序进入手动子程序执行。手动模式下,程序主要判断是否通过Wi-Fi模块接收到手机App端发送来的指令,本设计中手机客户端可发送的指令有亮、暗、自动和手动四条指令;手动模式下,程序只需要判断是否接收到了其余三条指令。系统软件设计流程如图3所示。

本设计是利用STM32丰富的定时器功能,控制数字输出,进而模拟电路输出的一种微处理器数字输出技术。STM32高级控制定时器包含一个16位自动重装载寄存器ARR,还有一个16位的计数器CNT。高级定时器的时钟源可多选,本设计时钟来源为内部时钟,CK-INT等于72 MHz,所以,定时器中断时间计算公式为:自动装载值×系统频率/分频系数(系统频率为72 000 000 Hz,分频系数为72的话,定时器频率为1 000 000 Hz)。一般定时器有四个通道,配置选择的通道设置为PWM波输出,STM32便可输出PWM脉宽波形。

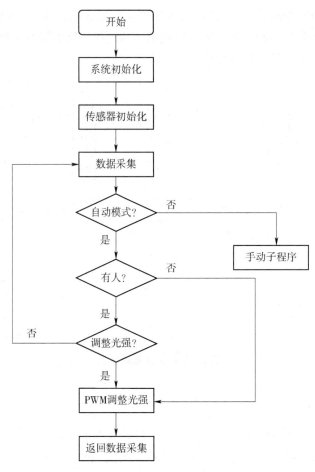

图3 系统软件设计流程示意

ESP8266无线模块一旦上电就会产生Wi-Fi信号,可以通过手机端连接,验证模块的好坏。ESP8266无线模块的配置需要使用AT指令、Wi-Fi功能AT指令、TCP/IP工具箱AT指令。改模块的AT指令较多,本文不具体介绍。单片机控制ESP8266和手机App端连接,需要进行如下配置,配置主程序中首先应该配置ESP8266无线模块的工作模式,本设计配置为STA+AP模式,接下来,可程序控制创建Wi-Fi名称和Wi-Fi密码,本设计的Wi-Fi名称为ATK-ESP8266,密码设定为12345678。然后配置服务器开启的端口号和超时时间,本设计配置为1800。最后配置模块的AP和IP,这个过程需要网络调试助手辅助完成,然后手机端连接模块的IP,便可通过手机网络串口发送指令,来发送数据给单片机。手机App开发接入手机串口指令相对简易,从而以更方便明确的界面发送和接收数据,如图4所示。

图4 ESP8266无线模块的配置流程示意

4 结论

综上所述,本系统设计通过STM32单片机对数据进行分析处理,若检测到Wi-Fi模块设定为自动工作模式，系统检测数据，根据检测到的数据调整光强。另外，系统设计了手动模式，和手机 App 能够实现人机交互，可实时显示检测到的温度数据。针对不同的环境可能需要不同的光照强度，系统的自动模式下，可以根据光强自动调整 LED 灯的发光强度，设计成本较低且运行稳定，结构简单便于维修，具有较高的智能性、节能性和实用性。

参考文献

［1］平青．基于物联网技术的城市照明控制系统［D］．苏州：苏州大学，2010．
［2］黄孝康，汤莉莉，郑金亮，等．红外智能 LED 台灯的研究与设计［J］．科技创新导报，2014（33）：5-6．
［3］周金芝，杨明．基于单片机和 RS485 总线的温度监测系统设计与实现［J］．通化师范学院学报，2016，16（2）：8-10．
［4］彭银桥，戴锦波．基于 STM32 的无线 LED 灯光控制系统设计［J］．电子技术与软件工程，2018（6）：101-102．

一种A3144E霍尔传感器高精度磁场测量方法[①]

王建亮1,3[②]　张彦军3　徐江燕1　张　卫1　耿一丹2　汪毓铎1

(1 北京科技大学天津学院智能制造学院，中国 天津 301830

2. 天津天狮学院信息科学与工程学院，中国 天津 301700

3. 天津锘华仪器科技有限公司，中国 天津 300304)

摘　要：近年来，随着科学技术的发展，传统的磁场测量仪器，如特斯拉计、高斯计，已经很难满足动态磁场测量的要求。本测量系统采用了一种A3144E霍尔传感器磁场测量电路，由STM32单片机、霍尔传感器模块、OLED显示模块和电源管理模块组成。实验结果表明，本测量系统实现了测量方法简便、磁场灵敏度高、系统体积小、适应频率和温度范围宽等特点。

关键词：STM32单片机；霍尔传感器；磁场测量；高精度

目前，电磁场的测量已广泛应用于国防、工业、电子、通信等领域，但是高精度、便携式电磁场测量仪价格昂贵[1]，主要用于科学研究。而满足多领域使用的低成本、便携、易用的电磁场测量仪的开发势在必行。

1 系统的总体设计

本设计的系统总体框架如图1所示，系统主要由控制器模块、霍尔传感器模块、OLED显示模块和电源管理模块四部分组成。系统设计中的模块均支持3.3V电源，同时为增加系

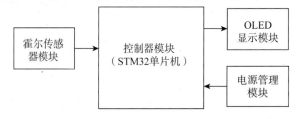

图1　系统总体框架

[①] 基金项目：2019年天津市自然科学基金青年项目（19JCQNJC01300）；2018年天津市教委科研计划项目（2018KJ272）。

[②] 王建亮，男，1983年2月9日出生，河北石家庄人，智能制造学院教师，高级工程师，硕士，主要研究方向为电子信息及物联网、智能科技技术，2020年5月至今在北京科技大学天津学院工作。

统电源兼容性，使用 5V 转 3.3V 电源芯片，给各个模块供电；单片机最小系统作为主要控制模块进行数据的分析和处理，霍尔传感器模块将磁场强度转换成数字电信号通过单片机 IO 口进行处理[2]。

2 磁场强度检测电路设计

2.1 控制器模块

系统以 STM32F103C8T6 单片机为核心处理器。该单片机基于 Cotex-M3 核心，使用相同的总线结构，有丰富的外设资源，如多通道串行端口、多个计时器、DMA 通道数据通信和外部中断等。它的最小系统电路由电源电路、复位电路、时钟电路、程序下载电路 4 部分组成，如图 2 所示。

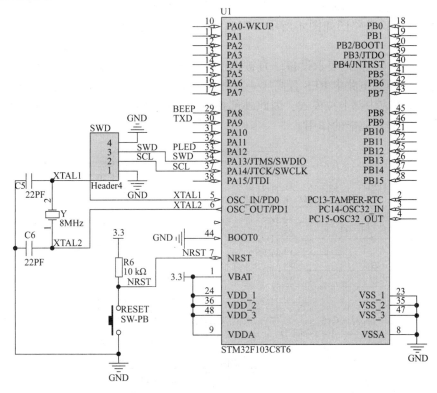

图 2 单片机最小系统电路

2.2 霍尔传感器模块

霍尔传感器（Hall Sensor），是一种根据霍尔效应制作的磁场传感器。霍尔传感器具有线性度好和测量精度高的特点，在自动化技术和测量技术等方面有较为广泛的应用[3]。A3144E 霍尔传感器由电压调整器、霍尔电压发生器、差分放大器、施密特触发器、温度补偿电路和集电极开路的输出级组成的磁敏感电路，其输入为磁感应强度，输出是一个数字电压信号，因此无须进行场强信号 ADC，该信号可直接连接到单片机 IO 上进行磁场强度信号采集[4]，如图 3 所示。

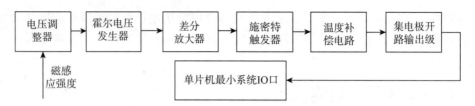

图 3　A3144E 霍尔传感器电路与单片机接线图

2.3　OLED 显示模块电路

OLED 屏需要合适的驱动芯片，本次设计使用的 OLED 屏驱动芯片是 SSD1306[5]。该芯片可写 128×8 个字节，屏幕分辨率为 128 像素×64 像素，且芯片内部具有升压芯片，因此完全符合该型液晶的驱动需要。

OLED 液晶屏可支持 IIC 接口，3 线 SPI 接口和 4 线 SPI 接口。为简化设计，本次使用 IIC 接口设计，接口电路图如图 4 所示。BS0，BS1，BS2 是通信选择端，IIC 接口对应的逻辑为 0 1 0。

CS 为片选信号，拉低表示设备一直被选中，可随时进行读写操作。液晶屏控制器复位逻辑为低电平复位，电路中 RES 置高，一直处于工作状态。IIC 接口直接连接到单片机，通过单片机 IO 设置成内部上拉模式，因此外部接口无须增加上拉电阻。C15 和 C17 为升压电路的电荷泵，有升压储能的作用。

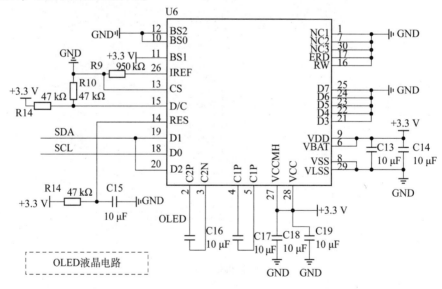

图 4　OLED 接口电路

2.4　电源管理模块

本系统采用 MINI-USB 提供 5V 电压，经 AMS117 芯片转换为 3.3V，完全能够提供单片机和 OLED 显示模块的供电所需电压[6]。MINI-USB 提供的 5V 电压经 C1 滤波，去除大部分交流分量，然后加入由 AMS117 芯片组成的滤波电路中。C2 和 AMS117 芯片的容性电抗构成分压电路。C2 的容性电抗很小，交流分量的局部电压衰减很大，以达到滤波的目的。C2 具有隔离直流电的功能，所以 AMS117 和 C2 分压电路对直流电没有局部电压衰减的影响，因此 3.3V 电压通过 AMS117 输出，如图 5 所示。

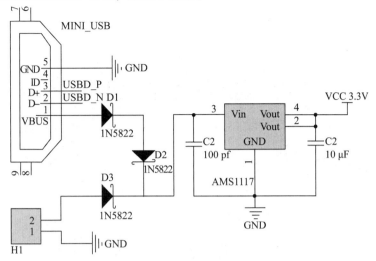

图 5　3.3V 电源转换电路

3　软件设计流程

本设计的软件主要用来实现单片机数字量采集、控制、高斯数值转换、IIC 通信以及显示器显示。系统上电后，单片机初始化，显示器初始化。初始化完成后，首先判断是否有测量任务，确认有测量任务时需要对数据进行信号预处理和高斯数据转换，转换后的数据经单片机通过 IIC 接口发送液晶屏显示。软件流程图如图 6 所示。

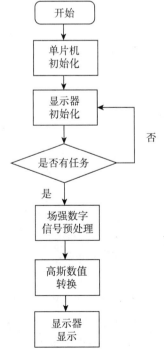

图 6　软件流程图

4 实验及结论

系统通电屏幕数值如图7所示。

图7 系统工作图（无磁场环境）

系统检测到电磁场屏幕数值如图8所示。

图8 系统工作图（有磁场环境）

这种磁场测量方法可通过增加测量参数、扩大测量范围、扩大使用条件的方式，进一步提高测量精度。

参考文献

[1] 孙沛. 基于USB3.0的虚拟电子测量仪器集成系统的控制器的研究与设计[D]. 吉林大学, 2017.

[2] 王学水, 许言午. 多路磁感应强度测量仪的设计[J]. 电子技术, 2016, 45 (06): 70-73.

[3] 韩金豆, 仝庆华, 陈爱军. 基于单片机的磁场测量仪设计与实现[J]. 电子元器件与信息技术, 2019, 03 (12): 1-3.

[4] 杨继生, 刘芬, 霍尔传感器A44E在车轮测速中的应用研究[J]. 电子测量技术, 2009, 32 (10): 100-102.

[5] 邢方诚, 王素珍, 宗卫华; 王涛. ATmega328p的音频信号最小系统播放器设计[J]. 单片机与嵌入式系统应用, 2016, 16 (06).

[6] WANG Jian-liang, WEI Ye, LI Yang et al. Design of Three-Dimensional Gesture Recognition and Motion Tracking Human-Computer Intelligent Interaction System based on PAJ7620 [J]. Journal of Physics: Conference Series, 2021.

一种分布式环境数据采集系统的设计与实现[①]

陈儒敏[②]　张鸿博　于　静　陈明旺

(北京科技大学天津学院信息工程学院，中国 天津 301830)

摘　要：本文设计了一种分布式的环境数据检测系统，能够实时检测所处区域的环境数据。系统分为数据采集终端和管理系统，终端实时采集各点位温湿度、风向、降水量、光照强度、PM2.5浓度等数据，通过网络发送给服务器。用户可以通过管理系统实时了解自己所处区域的环境信息，同时管理者可根据数据来采取相应的措施。

关键词：数据采集；物联网协议；管理系统；电路设计

党的十八大以来，国家将生态文明建设纳入"五位一体"总体布局和"四个全面"战略布局，不断推进生态文明建设，目前我国的环境治理效能显著提升，生态文明制度体系逐步健全。环境保护离不开群众的积极参与，特别是对身边环境的关注。目前国家和各地气象局发布的气象数据中，除了常规的温度、降水等信息外，也逐渐加入了空气质量、颗粒物浓度等信息。但由于监测点有限，具体到某一个区域，如一个小区或一个园区，往往没有具体的数据。为了提高公众对身边环境的关注度，使公众对所生活区域的环境数据能实时了解，本文设计和实现一种分布式的监测系统，通过将环境数据采集终端分布到公众生活的地方，如小区、校园、甚至居民家中，实现实时检测环境数据，然后将数据发回中心服务器，公众可以通过网络接入管理系统，实时查看生活区域的环境数据，同时也为城市管理者进行环境治理提供参考。

1　系统整体设计

系统整体结构如图1所示，由分布于各点位的信息采集终端和中心服务器组成。各点位的采集终端会将所处理位置的环境数据，包括温湿度、空气质量指数（AQI）、光照、噪声、PM2.5、气压、风速等数据，周期性地发回中心服务器。服务器接收到数据后存入数据库。用户可以通过网页访问服务器中的数据，包括实时数据及各种统计数据。

[①] 基金项目：2020年度天津市教委科研计划项目（2020KJ081）。
[②] 陈儒敏，男，1986年1月出生，海南万宁人，信息工程学院教师，主要研究方向为嵌入式系统应用，2008年9月至今在北京科技大学天津学院工作。

图1 系统整体结构

2 数据采集终端硬件设计

数据采集终端主要用来采集当前环境的各种数据。为了方便后期扩展，将主控制器与各种传感器分开设计。主控制板上留出各种常用的数据传输接口；传感器使用单独的模块，通过接口与主控制器相连。这样设计可以根据使用环境的不同，选择不同的传感器，同时也方便后期的维护，当传感器模块损坏或精度降低后可以更换。

2.1 主控制板电路设计

主控制板包括 ESP32 主控的最小系统电路、电源电路、BME680 传感器电路、TF 卡读写电路、按键电路。

2.1.1 最小系统电路

主控采用乐鑫出品的 ESP-WROOM-32 模块，该模块自带蓝牙和 Wi-Fi 功能，同时集成了天线开关、射频 Balun（平衡—非平衡转换器）、功率放大器、低噪声放大器、滤波器以及电源管理模块。[1] 最小系统电路如图 2 所示，除了复位电路外，设计留出了烧写电路接

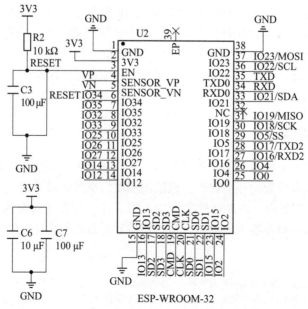

图2 ESP32 最小系统电路

口，当需要烧写时，可在上电或复位前按下 EN 键，复位后即可进入烧写模式，再使用串口工具通过 P3 端口烧写程序即可。平时 EN 键可以作为普通按键，P3 端口可以作为普通串行通信端口。

2.1.2 系统电源电路

系统电源电路主要为整个主控制板及所有外拉传感器模块提供稳定的电源。这里设计了两种供电方式，一种是使用 5V 电源适配器通过 USB-C 供电，另一种方式是通过锂电池供电。系统电源的电路如图 3 所示。其中，TP4056 是锂电池充电管理芯片，当接入 5V 电源适配器时，可以向锂电池充电。P1 口是锂电池接口。由于系统中的很多器件是 3V 供电，所以还设计了 5V 转 3.3V 的稳压电路，使用的芯片是 AMS1117-3.3。

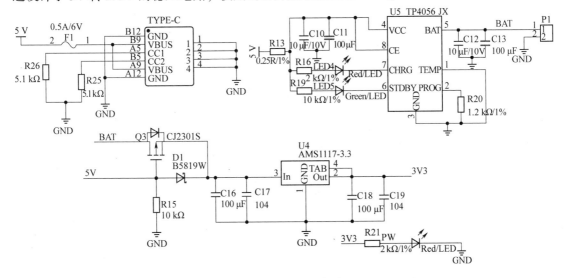

图 3 系统电源的电路

2.1.3 环境传感器电路

主控制板上集成了一个 BME680 环境传感器，用于对空气质量、大气压力、相对湿度和环境空气温度进行测量。BME680 是博世出品的高精度环境传感器，具有高效率、低成本，以及高精度和低功耗等特性，应用于智能家居、智能办公室和建筑、智能能源、智能交通、暖通空调、老年护理和体育/健身等领域。其电路如图 4 所示。这里使用 IIC 电路与主控制器 ESP32 进行通信。

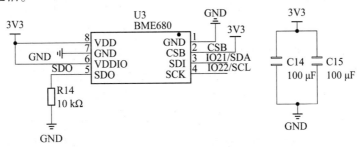

图 4 环境传感器电路

2.1.4 其他电路

其他电路主要包括按键电路、TF 卡读写电路以及与各传感器模块连接的通信接口和电源接口。其中，按键电路用于人机交互；TF 卡读写电路用于读写 TF 卡，可以在终端离线状态保存数据，如图 5 所示。主控制板留了串行通信、IIC、SPI 等常用通信接口，用于与传感器模块连接；对于一些非标准接口的传感器，留出通用 I/O 口；同时，还留出了 5V 与 3.3V 的供电接口，整个接口电路如图 6 所示。

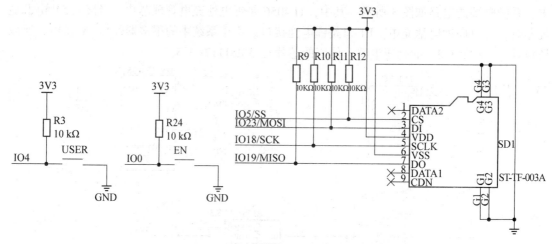

图 5　按键电路与 TF 卡读写电路

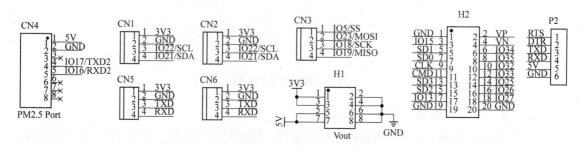

图 6　各种通信接口电路与供电接口

2.2　传感器模块

除了环境传感器集成到了主控制板中外，其他的数据采集均使用外接传感器模块实现。

2.2.1　PM2.5 模块

板载的 BME680 传感器对空气中的气体进行测量，无法测量颗粒物浓度，所以需要专门 PM2.5 传感器。这里使用的是益杉科技出产的商用级激光颗粒物浓度传感器 A4-CG，其采用激光测量原理，测量精度能够精确到 $0.3\mu m$，同时响应时间小于 10s。上电后自动测量，通过串口和 PWM 波向外发送数据。其支持一定的控制指令，如开启或关闭测量，调整通信速率等。系统通过串口通信端口与其连接，定时发送命令开启测量，接收数据后关闭，起到降低系统功耗及延长传感器寿命的作用。

2.2.2 光照模块

这里使用GY30光照模块,使用的传感器是ROHM半导体生产的16位数字输出型环境光强度传感器BH1750FVI,其光照强度为1~65 535 lx(勒克斯)。BH1750FVI使用IIC接口与主控制器连接。BH1750FVI支持三种分辨率测量模式,分别为0.5lx、1lx和4lx,分辨率越高,单次测量的时间也越长。为了保证精度,这里采用最低精度的分辨率模式0.5lx。

2.2.3 风速传感器

这里使用的是武汉辰云科技生产的风速传感器YGC-FS,其分辨率能达到0.1m/s,启动风速为≤0.5m/s,最大功耗为0.48W。产品标准符合世界气象组织(World Meteorological Organization,WMO)规范。主控制器使用普通I/O口与其通信,采用内部定时器,测量其输出单位内输出脉冲的个数,代入公式计算风速值。

3 系统软件设计

系统软件设计包括数据采集终端的程序设计以及服务器端的软件设计。[4][5]

3.1 数据采集终端程序设计

数据采集终端需要完成连网、定时读取各传感器模块的数值、向服务器发送数据、存储数据等功能,同时还能够进行自身的固件升级,整个程序的执行流程如图7所示。

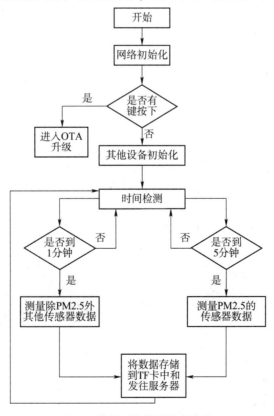

图7 数据采集终端程序流程

程序使用 C 语言编写。设备上电之后，会先进行网络的初始化，连接 Wi-Fi。而后进入按键检测，如果有按键按下，则进入 OTA 升级模式，这时可以通过网页往终端传送固件升级硬件程序。如果没有键按下，则初始化其他传感器设备。接着便检测时间，系统每 5 分钟测量一次 PM2.5 数据，而后关闭传感器。其他传感器则是每 1 分钟测量一次。每次测量完成会将数据存入 TF 中，同时通过 MQTT（Message Queuing Telemetry Transport，消息队列遥测传输）协议发往服务器。

3.2 服务器端软件设计

服务器端软件设计包括 MQTT 服务器搭建、MQTT 接收程序设计、数据库设计及管理系统设计。

3.2.1 MQTT 服务器搭建与 MQTT 接收程序设计

系统使用 MQTT 协议进行消息传送。MQTT 是一个轻量级的发布/订阅模式的消息传输协议，是目前最流行的物联网传输协议之一。[2,3] 这里使用的开源程序是 ActiveMQ，ActiveMQ 是 Apache 基金会推出的消息中间件程序，可支持多种协议，包括 MQTT 协议。

MQTT 接收程序使用 Python 语言编写，使用第三方库 Paho-mqtt 实现 MQTT 信息的订阅、收取并存入数据库。

3.2.2 数据库与管理系统设计

数据库包含了用户信息表，用来存储系统平台中的注册用户信息；环境要素数据表，用来存储温度、湿度、风向风速等环境要素数据；设备信息表，用来存储系统平台中的用户所注册的数据采集设备信息；同时还有预警信息表，用来存储系统所发布的各个预警信息。

管理系统主要是为向注册用户展示数据信息，主要包括的页面包括系统首页、系统服务界面、环境数据可视化界面、环境与气象知识科普界面、设备地图位置。图 8 是系统首页，包含了设备当前的实时信息，同一段时间的各数据变化信息。

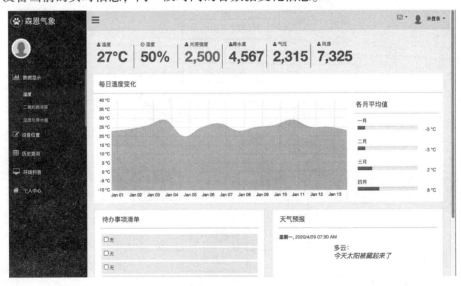

图 8　系统首页

作为一个分布式系统，管理员可以查看所有设备所处的位置，并能点击读取该设备的详细信息。图9是设备位置展示的页面。

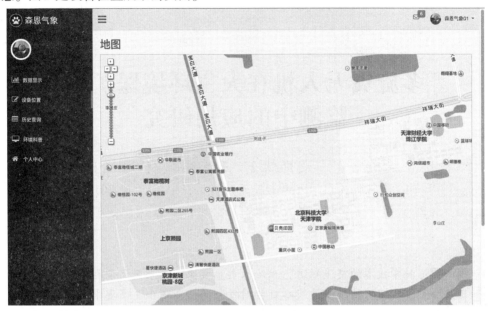

图9　设备位置

4　结论

本文设计了一种分布式环境数据采集系统，进行软硬件设计和实现，主要工作有以下几项。

（1）系统整体架构的设计。

（2）环境数据采集终端的软硬件设计与实现。

（3）MQTT服务器的搭建与接收程序的开发。

（4）数据库与管理系统的开发。

经验证，系统可以完成规定功能，实现设计要求。

参考文献

[1] 乐鑫信息科技. ESP32技术参考手册Rev4.1［Z］. 2019.

[2] 陈建刚，黄国伟，刘星明，等. 基于MQTT协议与开源硬件的智能监控系统［J］. 单片机与嵌入式系统应用，2017，17（10）：59-61.

[3] Mathias Claussen，禾沐. MQTT传感器中枢——使用ESP32 PICO KIT读取和传输传感器数值［J］. 单片机与嵌入式系统应用，2020，20（2）：1-4.

[4] 雷鸣，赵玉娟，姜罕盛，武国良，梁健. 基于分布式技术的气象系统数据服务平台构建［J］. 计算机与现代化，2020（11）：56-59.

[5] 杨永毅. 基于分布式架构的气象数据网设计［J］. 信息技术，2020，44（10）：67-71+76.

多旋翼无人机在大气环境保护与监测中的应用研究

侯择尧1[①]　赵悦然2　王　浩1　杨　超1

（1. 北京科技大学天津学院无人机系，中国 天津 301830
2. 天津博诺智创机器人技术有限公司，中国 天津 301830）

摘　要：科学技术的突飞猛进，在给人类日常生活带来极大便利的同时导致环境问题日益加剧。实现可持续发展战略目标对气象的检测提出更高要求，但传统的大气污染检测手段无法满足统计详细的数据信息并且在遭遇突发情况时及时报告的需求。多旋翼无人机作为新兴的环境监测载体应运而生。目前多旋翼无人机已经在国土行业、智慧交通、农林行业以及突发新闻采访中发挥其巨大优势，本文就多旋翼无人机技术在环境监测中的应用进行分析。

关键词：多旋翼无人机；环境监测；应用分析

1　引言

在经济高速发展的背景下，资源过度开采、环境日益恶化，带来了水土流失、生态退化等问题，人们逐渐意识到了环境保护的重要性。为了实现自然的可持续发展以及人与自然的和谐共存，需要加强环保意识，使用科学的手段进一步促进保护环境质量和水平的提高。[1] 目前较为广泛使用的大气监测方法大多是在地面处完成的，该方法不能全面而准确地反映环境所发生的变化。多旋翼无人机具有机动灵活性，能够快速准确地到达需要观测的区域并进行记录，以便于分析。

2　多旋翼无人机系统

2.1　多旋翼无人机应用概述

民用无人机应用需求非常广泛，绝不仅仅是航拍、送快递那么简单，其中的遥感数据应

[①] 侯择尧，男，1993年8月25日出生，天津津南人，无人机系助教，硕士，主要研究方向为智能机器人及其应用技术，2019年8月至今在北京科技大学天津学院工作。

用,有充分的畅想空间,它是最有希望用大数据重塑我们生活的产品。多旋翼无人机已经应用的领域包括环保、农业、电力、石油、抢险救灾、林业、气象、国土资源、警用、海洋渔业、水利、测绘、城市规划等,其他行业的潜在需求也将逐步显现。随着先进的传感器技术、飞行控制技术、遥感应用技术、遥测遥控技术、GPS定位技术及通信科技手段的进步,我国民用无人机市场空间巨大,目前已经进入快速发展期。[2]

2.2 多旋翼无人机设备优势分析

多旋翼无人机操作安全,不受地形、空间等自然环境的限制,并且能够有效节约物力、人力等方面的损耗,与人工相比,信息数据获取精度更高、覆盖面积更广、损耗更低,并且便于携带,有着无可比拟的优势。同时,多旋翼无人机具有自动化和智能化等特征,可采用地面站的控制方式,在无人系统中对目标和路线进行规划,通过系统操作对相关数据进行测量和调整,并确保数据的精确性。因此,其优点可以总结为:成本相对较低、覆盖面广、操作安全、机动性强、采集信息较为精确等。[3]

3 无人机技术的运用

3.1 环境污染监测

使用多旋翼无人机技术,能够在人工无法完成或无法到达的环境恶劣的区域内完成相关信息的收集,如针对海底输油管道出现的原油泄漏问题,为了确认原油泄漏的位置及准确收集因泄漏所造成的环境污染状况,可以借助多旋翼无人机对污染区域进行检测,对相关数据进行收集,并利用所收集的数据信息,制定合理的治理方案,使信息利用效率提高,有效保障工作人员的安全。当火灾发生时,无人机也可到现场进行环境监测,如图1所示。

图1 无人机在火灾现场的应用

3.2 森林防火巡查

森林中的地势起伏变化对多旋翼无人机并不产生任何影响,多旋翼无人机能快速到达现场并进行取证,同时也有利于火灾的扑救指挥,为消防队员采取进一步的措施提供依据。而且通过多旋翼无人机巡视和拍摄,也可以节约消防队员的体力,确保消防队员的安全。无人机的使用也提高了山林火灾防控、巡查的强度和密度，从而大大地提高了森林巡山防火的效率。多旋翼无人机在森林防火中的应用如图2所示。

图2　多旋翼无人机在森林防火中的应用

3.3　油气管道巡检及搜救

油气管道巡线工作量大且较为危险，使用多旋翼无人机加人工巡线的方式，对油气管道进行实时巡护，可确保油气管道安全运转，提高巡检效率。无人机可直观便捷地检查管道沿线地质地貌，且节省时间和人力，巡线效率大幅提升。多旋翼无人机还可在管道现场施工、地质灾害排查、应急抢险等多个方面发挥其独特的作用。遇到突发情况时，多旋翼无人机能依靠其独特优势进入人员、车辆、救援设施无法快速达到的区域进行勘查，及时收集现场资料，迅速传送到抢险指挥中心，为有效处理险情提供帮助。无人机在油气管道巡检中的应用如图3所示。

图3　无人机在油气管道巡检中的应用

3.4 空气质量环境监测

城市在工业化的进程中造成了严重的环境污染问题,其中,工业废气、废水问题尤为突出,如汽油、煤炭燃烧产生的石油化工废气,机械设备运转过程中产生的废气,以及机动车排放的废气等,都会造成严重的大气污染。[4] 通过多旋翼无人机对空气质量和环境进行监测,获取相对应区域的遥感图像,对监测区域中的相关问题指标进行分析。[5] 同时,对大气样本进行采集,便于地面端人员对采集数据进行处理和分析,并与大气安全指标相比较,确定污染等级。无人机在空气质量监测中的应用如图4所示。

图4 无人机在空气质量监测中的应用

4 多旋翼无人机与其他方式环保监测技术的比较优势

4.1 与传统的固定监测相比

传统的固定点位监测环境污染,无法适应环境或气候变化所带来的困境,多旋翼无人机的出现可以解决这个问题。在保证监测数值准确的情况下,多旋翼无人机可以做到不受固定点位的限制,有利于提高监测的准确率,提升环境监测的准确性。

4.2 与传统的移动监测相比

移动监测虽然可以不受地理位置的限制,实现跨地区、跨区域的监测,但本质上依然无法实现整个三维立体环境中的监测,且传统移动监测机动性能较差,受路况等客观因素的影响。多旋翼无人机搭载环境监测设备即可实现全方位、多角度且无死角的监测,机动性能好,适用于全天候监测,更加有利于环境监测样本采集的准确性和高效性。

5 总结

各种先进技术的不断发展和应用,极大地促进了多旋翼无人机在各行业领域的发展。在环境监测领域,因多旋翼无人机具备实时性、传输使用时间短、成本低廉、轻小方便、机动灵活、范围广等优势，已被广泛应用。大气环境的情况是我们每个人都应该关注的话题，因为它关乎每个人的健康。

参考文献

［1］陈剑峰．测绘工程中无人机技术的应用探讨［J］．中国住宅设施，2020（12）：52-53.

［2］高玥，于林，汪洋，等．集输气管道无人机应急集成的标准应用实践［J］．化工管理，2020（35）：95-96.

［3］李雪娇．农业植保中无人机的应用［J］．现代化农业，2020（12）：11-12.

［4］丁承君，宋赛，冯玉伯，等．基于无人机的立体大气环境监测系统设计［J］．传感器与微系统，2020，39（10）：62-65+69.

［5］刘占波．无人机在大气环境监管中的应用分析［J］．技术与市场，2020，27（9）：111-112.

疫情背景下助推"中国智造"转型的启示及对策研究
——以中小企业为例

张名素[①]

(北京科技大学天津学院经济学院,中国 天津 301830)

摘　要：在新冠肺炎疫情的特殊背景下,我国从"中国制造"到"中国智造"的转型进程,无论是从客观上还是主观上都需加速推进。在我国的经济发展中,中小企业又占有举足轻重的地位。因此,本文将以中小企业为例,从人口红利转化为人才红利、创新驱动发展、加速产业升级三个方面来分析疫情带给我们加速向"中国智造"转型的启示和对策。

关键词：中国智造；自主创新；中小企业；产业升级；人才红利；智能工厂

21世纪以来,随着人工智能、大数据、云计算等技术的不断发展,世界自动化和智能化正在加速发展。在这样的大背景下,我国已经不能再依靠原来的劳动密集型产业,利用人力成本和规模优势,作为世界的加工厂在国际市场中站稳脚跟。科技才是第一生产力,在新时代,我们只有依靠自主创新才能摆脱对外国技术的依赖,实现技术的突破,才能在世界市场上占得一席之地。2015年国务院颁布的我国实现制造强国第一个十年的行动纲领《中国制造2025》也强调了制造业自主创新、实现智能制造的重要性。

1 研究方法

1.1 文献资料法

以"中小企业""中小企业数据""中小企业发展"等为关键词,通过中国知网、互联网等平台进行查询,收集到与本研究相关的文献10余篇。

中小企业在我国的经济发展中占有举足轻重的地位,主要体现在六个方面。第一,2019

[①] 张名素,女,1992年12月1日出生,天津人,经济学院教师,硕士,主要研究方向为金融市场、银行风险管理、期货及衍生品应用等。

年我国的中小企业数量已经占我国企业数量的 99.7% 以上。[1] 第二，根据国务院研究发展中心的数据，近年来，中小企业创造了 60% 以上的国内生产总值，贡献了 50% 以上的税收。因此，中小企业是我国未来经济发展的基础，也是未来税收的主要增长来源。第三，我国现在很多的 500 强企业是改革开放以后由中小企业成长而来的。第四，据国务院研究发展中心的数据，中小企业提供的城镇就业岗位已经占到全部新增城镇就业岗位的 80% 以上[2]，中小企业的发展对于稳定社会的就业至关重要。第五，各行业的中小企业为各个城市提供着衣、食、住、行、用等各方面的生活服务。中小企业的稳定发展对于社会的正常、平稳运行起着重要作用。第六，根据国务院研究发展中心的数据，我国改革开放以来，有 65% 的发明专利、75% 以上的技术创新、80% 的新产品是由中小企业完成的[3]，一些优秀的中小企业甚至成长为大型的跨国公司，比如华为、阿里巴巴等。因此，无论从以上哪个角度分析，中小企业在我国经济发展中的作用都是无可替代的。而随着疫情的发生和蔓延，我国中小企业的经营受到严重冲击，根据清华、北大联合调研 995 家中小企业报告所指出的，有 29.6% 的中小企业 2020 年营业收入下降幅度超过 50%，58% 中小企业营业收入下降超过 20%。[4] 因此，保住中小企业就在一定程度上稳住了中国的经济。

1.2 描述性研究法

本研究将中小企业已有的发展现状及问题通过自己的理解，给予叙述并解释出来。

1.3 实地调查法

为保证研究的真实性，在查阅文献资料的基础上，对天津的一些中小企业进行了实地调研，主要走访了东合美（天津）科技有限公司、天津荣钢进出口贸易有限公司、天津市天大银泰科技有限公司等中小企业，了解了中小企业的经营现状和问题。

2 研究内容

新冠肺炎疫情发生之后，各行业都开启了线上模式，比如原来依靠线下服务的家政服务公司通过互联网进行云培训、云面试、云签约等；旅游行业企业也启动云模式，让游客足不出户就欣赏到当地的美景；很多央企也将数字化、智能化融入生产、管理、营销、产业协作等各个方面。可见，线上开展业务是大势所趋。因此，中小企业应当紧跟时代脉搏，掌握必要的技术，加速业务的线上转型。

我们不仅要推动"网络强国"战略的实施，促进中小企业的线上转型，还要从中小企业入手，推动自主创新，从追求中国速度到追求中国质量，创造出一批国际化的中国品牌，努力实现中国经济从"中国制造"到"中国智造"的转变。

2.1 人口红利转化为人才红利

根据国家统计局的数据，自 2016 年以来，我国人口的出生率和自然增长率不断呈下降趋势，2019 年我国的出生率和自然增长率分别降至 10.48‰ 和 3.34‰，而 65 周岁及以上人口数为 17 603 万人，占到总人口的 12.6%，创历史新高，中国的老龄化程度不断加深。[5] 相比于改革开放初期，中国人口结构的变化也使中国的经济发展模式发生根本性的变化。随着人口出生率的不断下降、老龄化人口数的不断增加，中国的劳动力人口比例在不断下降，从 2008 年到 2019 年，中国劳动人口参与率不断下降，由 2008 年的 71.88% 降到 2019 年的 68.19%。[6] 我国的劳动力数量在减少，我国的劳动力成本也在不断上升，这说明我国经济发展所依赖的人口红利正在不断丧失。

当疫情发生之时，一个国家要渡过难关，需要依靠各行各业的优秀人才。而当疫情结束时，一个国家要实现经济的持续发展，同样还是要依靠各行各业的优秀人才。所以，要实现我国经济的持续发展，就应采取措施将人口红利转化为人才红利。

在"中国制造"时期，中国的经济发展主要依靠的是劳动密集型产业，企业依靠的是规模和成本的优势，关注的是如何最大限度地降低生产成本，需要的是劳动效率高、成本低的劳动者，但是要真正实现"中国智造"，中国的企业需要更加关注如何生产出更高品质的产品，如何生产出用户喜爱的产品。因此，在新时期，我们更加需要具有创新精神、能够敏感捕捉消费者需求的专业人才。要培养出这样的人才，我们应当继续重视对教育的投入，增强对海外优秀人才的引进力度。

2.2 创新驱动发展

重视创新一直是我国的发展战略之一。党的十八大明确提出"科技创新是提高社会生产力和综合国力的战略支撑，必须摆在国家发展全局的核心位置"，强调要坚持走中国特色自主创新道路、实施创新驱动发展的战略。2016 年中共中央、国务院颁布的《国家创新驱动发展战略纲要》，又针对实施创新驱动发展战略的目标和路径进行了具体部署。而 2019 年爆发的中美贸易战更让我们看到了自主创新和实现科技赶超的重要性和必要性，大大提高了我国实现自主创新的决心。创新驱动发展不仅是我国把握发展自主权、提高核心竞争力的必然选择，是实现我国经济持续健康发展的必经之路，也是我国企业转型升级的必然要求。

2.2.1 政府

要实现从"中国制造"到"中国智造"的转变，首先，政府要继续深化科技体制改革，充分调动科技人员、技术人员的积极性、创造性，完善专利制度，为中小企业提供良好的创新环境，促进科技改革和高质量经济发展的有机结合。其次，要继续加强中小企业与高校的合作，为中小企业的创新发展提供动力。最后，在疫情发生的特殊时期，政府应继续从各方面加强促进中小企业创新的政策支持和政策优惠。

2.2.2 中小企业

中小企业要跟上"中国智造"的步伐，提供让消费者信赖、喜爱的产品和服务，主要依靠的核心手段就是创新。中小企业在企业活动的各个方面都应当实现创新。不仅要注重技术的创新，也就是硬件的创新，还应当注重营销、品牌等软件上的创新。中国移动通信技术的发展历程就是技术创新的典型代表。中国的移动通信技术经历 2G 时代时，全球移动通信的标准、专利及核心技术都被欧美企业所掌握，中国企业只能跟随；此后经历了 3G 时代，中国的移动通信取得了突破；再到后来的 4G 时代，华为、中兴等大型通信公司成为全球通信设备的供应商，中国在通信领域和全球领先水平并驾齐驱；目前，中国率先进入 5G 时代，在移动通信领域引领全球。[7] 取得这样的技术创新成果不是一朝一夕的，这离不开长期以来国家对移动通信领域的重视和大量的资金投入。因此，中小企业要实现技术创新，也应当立足长远，用发展的眼光看待企业的发展，加大对技术研发和应用的投入，重视专利的积累和保护。

除了技术创新之外，由于在新时代，中国乃至全球都正在经历消费升级，消费者的需求也在不断变化，中小企业应当具备迅速捕捉消费者需求变化的能力。中小企业应当充分抓住移动互联网在中国迅速发展的历史机遇，运用大数据等手段快速了解消费者的需求，并具备工匠精神，用心制造出高质量的产品来不断满足消费者的需求。

此外，中小企业还应重视营销、品牌上的创新，加强与新媒体、新平台的合作，更新产品的卖点，赋予产品以新的价值，适应消费者不断变化的消费需求。一个企业想要做大做强，离不开国外市场的拓展。由于欧美市场的辐射能力强，是国际市场的主流市场，因此，一个企业要想拓展海外市场，可以优先拓展欧美市场。

我国的中小企业在实现了技术创新、产品有了技术支撑之后，就要真正融入国外当地的文化中去，只有这样，产品才能赢得国外消费者的信赖和喜爱，品牌才能真正实现国际化。另外，要实现品牌的国际化，各中小企业不应闭门造车，应当以开放包容的心态参与产业竞争，产业竞争会促进国内整个产业的发展。有竞争力的产业整体走出国门，才能更好地让国内产业和品牌在国际市场上立于不败之地。

2.3 加速产业升级

在过去的几十年间，中国的经济高速增长，主要依靠的是房地产、出口及基建投资等方面，但是由于近几年城市化率的迅速提升，基建和房地产行业很难延续过去的高增长态势。而且随着我国劳动力成本的上升和资源等要素价格的上升，出口的优势也在不断缩小。中国整体的经济增速开始放缓。在经济发展的新时期，进行产业升级是必要的选择。产业升级可以促进企业的持续经营，提高企业的盈利能力；企业盈利能力的提高又能提高劳动者的工资水平，进而促进居民消费需求的提高；消费需求的提高又可以反作用于企业的生产，促进企业的生产和技术水平的提高，这样就可以畅通经济的循环，实现经济的持续发展。我们要从以下三方面着手加速我国的产业升级。

2.3.1 大力培育战略性新兴产业

战略性新兴产业是指对经济社会发展和国家安全具有重大和长远影响，有可能成为一个国家或地区未来经济发展的支柱，并在经济社会发展全局中居主导型地位，正处于高成长过程中的产业。《国务院关于加快培育和发展战略性新兴产业的决定》把节能环保、信息、生物、高端装备制造、新能源、新材料、新能源汽车等作为现阶段重点发展的战略性新兴产业。[8]

中小企业在我国经济总量中的占比很高，是我国经济发展的重要支柱。要发展这些战略性新兴产业，只依靠大企业是不够的，我们更要充分发挥中小企业的作用，特别要扶持科技型中小企业。只有从事战略性新兴产业业务的中小企业多了，才能形成战略性新兴产业的集群效应。

2.3.2 优化中小企业产业布局

中小企业的发展还可以依靠产业集群。产业集群具有强大的竞争优势，主要体现在：第一，产业集群的形成有利于区域内的中小企业降低交易成本；第二，产业集群的形成有利于创立区域品牌；第三，产业集群的形成能够增强集群内部企业的实力，有利于吸引投资；第四，产业集群的形成使同一行业的企业集中起来，有效地降低各企业发生信用问题的可能性；第五，产业集群的形成有利于促进集群内的企业之间的创新和交流；第六，整个行业的企业集中起来，有利于行业内各企业的深度分工，提升专业度和竞争力。我国一些城市的中小企业已经率先形成产业集群,比如温州纺织产业集群、江苏电子家电类产业集群等。[9]各行业的中小企业可以借鉴已有的产业集群的经验,形成在全国乃至在全球具有竞争力的产业集群,推动品牌国际化。

2.3.3 打造"智能工厂"

我国正处于经济发展的转型期,不能再依靠原来的劳动力成本和规模优势在国际市场中取得竞争优势,而是要依靠技术创新。然而,很多行业的技术专利都牢牢地被欧美资本主义大国所掌握。因此,我国要实现弯道超车,尽快在国际市场上取得竞争优势,就需要转变思路,在很多"新领域"掌握核心技术,占领市场。在众多的新领域当中,中国处于世界领先地位的有 5G、智能终端等信息化技术。其中,5G 技术是支撑。5G 技术可以应用到教育、医疗、生产、文化、养老等很多领域。如果能将 5G 技术应用到生产领域中,各行业的生产即会焕然一新,将会诞生一批"智能工厂"。"智能工厂"是人工智能和生产制造系统的有机结合。在"智能工厂"中,不仅生产所需要的人力会大大减少,生产成本大大降低,生产率迅速提高,而且利用信息化技术,企业的设计、生产、销售等各个流程都可以实现互联互通,有助于企业资源得到整体的优化。[10] 虽然打造"智能工厂"是制造业非常热门的话题,然而,打造"智能工厂"需要很多投入,中小企业不应盲目追赶潮流,而应根据自己的行业特点、财务状况等情况综合考虑是否建设。

3 结论

在全球新冠肺炎疫情的大背景下,我国加速实现"中国智造"已成为必然趋势。为了实现这一战略目标,政府应重视人才的培养和引进,加速将人口红利转变为人才红利,政府和企业应重视自主创新,通过大力培育战略性新兴产业、优化中小企业布局和打造"智能工厂"等方面来加速产业升级。

参考文献

[1] 丁国平,袁泽沛. 产业集群的竞争优势分析 [J]. 管理现代化,2006(3):16-18.

[2] 林泽炎. 创新是新时代中小企业持续健康发展的生命线 [J]. 中国发展观察,2017(22):10-13.

[3] 南生. 中国通信历程:1G 时代是空白、2G 跟随、3G 突破、4G 并行,那 5G 时代呢?[EB/OL]. (2019-10-8)[2021-10-5]. https://baijiahao.baidu.com/s?id=1646812140208820099&wfr=spider&for=pc.

[4] 王永顺,沈炯. 战略性新兴产业:成长、结构和对策 [M]. 南京:东南大学出版社,2012.

[5] 许召元. 数字化转型是制造业中小企业"必修课"[EB/OL]. (2020-4-10)[2021-10-5]. https://www.drc.gov.cn/DocView.aspx?chnid=4&leafid=4&docid=2900494.

[6] 佚名. 2019 年中国劳动人口参与率、劳动生产率、国民总收入、月收入分析及 2020 年中国人均购买力平价 GDP 预测 [EB/OL]. (2020-5-25)[2021-10-5]. https://www.chyxx.com/industry/202005/866725.html.

[7] 佚名. 智能工厂自动化新模式实现各个环节的互联互通 [EB/OL]. (2019-6-4)

［2021-10-5］. http://www.elecfans.com/d/951523.html.

［8］张毅. 人口总量增速放缓城镇化水平继续提升［EB/OL］. （2020-1-19）［2021-10-5］. https://baijiahao.baidu.com/s?id=1656126577886462210&wfr=spider&for=pc.

［9］中国产业调研网. 2020年中国中小企业市场现状调研与发展趋势预测分析报告［R/OL］. ［2021-10-5］. https://www.cir.cn/Pdf/JinRongTouZi/08/%E4%B8%AD%E5%B0%8F%E4%BC%81%E4%B8%9A%E7%9A%84%E5%8F%91%E5%B1%95%E8%B6%8B%E5%8A%BF_1901008.pdf.

［10］朱武祥，刘军，魏炜. 清华、北大联合调研995家中小企业，如何穿越3个月的生死火线？［EB/OL］.（2020-2-10）［2021-10-5］. https://baijiahao.baidu.com/s?id=1658104192333004678&wfr=spider&for=pc.

本科会计教育中大数据分析能力培养问题探讨

陈 锋[①]

(北京科技大学天津学院管理学院,中国 天津 301830)

摘　要：本文阐述了财务大数据的内涵和意义，分析了数字经济时代会计教育对提高大数据分析能力的迫切需求，探讨了现阶段本科会计教育中培养大数据分析能力的方法和途径。本文建议本科会计专业教学可将大数据主题嵌入到会计专业的现有课程中及开设相关选修课，并选择合适的大数据分析教学软件来培养具有大数据分析技能的会计专业人员。

关键词：大数据分析；分析能力；本科会计教育；数据挖掘；数据可视化

1 研究方法

本文的研究方法以文献研究法为主，以"会计大数据""财务大数据""大数据时代会计教育""财务大数据可视化分析""big data for accounting"等为关键词，通过中国知网、Researchgate等数据库进行检索，收集到与本研究相关的中英文文献60余篇。在此基础上，结合近年新闻报道等资料进行了系统的文献研究。

2 研究内容

2.1 财务大数据的内涵与意义

大数据通常是指无法在一定时间范围内用常规数据处理软件工具进行捕捉、管理和处理的大量且复杂的数据集合，是需要更新处理模式才能从中发掘出更强的决策力、洞察发现力和流程优化能力的海量、高增长率和多样化的信息资产。1999年，Mashey在USENIX年会应邀发言中首度提出了这个概念。2012年，研究公司Gartner就大数据提出了如下定义：大数据指高速（Velocity）涌现的、大量（Volume）的、多样化（Variety）的信息资产，需要新的处理形式来增强决策能力，发现具有洞察力的见解和进行流程优化。之后企业界和学术界又对大数据特性的描述增加了两个以字母V打头的英文单词的特征描述，即数据价值密

[①] 陈锋，男，1975年2月14日出生，天津人，管理学院讲师，硕士，主要研究方向为投资学、财务大数据分析。2010年7月至今在北京科技大学天津学院工作。

度（Value）和真实性（Veracity），具体释义如表 1 所示。

表1 大数据的5V特性

特性	具体描述
Velocity（高速性）	数据增长速度快，要求实时分析与数据处理及丢弃，而非事后批处理，这是大数据区别于传统数据挖掘的地方
Volume（大量性）	采集、存储、管理、分析的数据量很大，超出了传统数据库软件工具能力范围的海量数据集合，其计量单位至少是 P（千T）、E（百万T）或 Z（十亿T）
Variety（多样性）	数据种类和来源多样，包括不同种类的数据，比如文本、图像、音频、视频定位等，以及各种结构化、半结构化、非结构化数据，不连贯的语义或句意。据调查，企业数据中80%为非结构化数据
Value（价值密度）	海量信息中的价值密度相对较低，如何在大数据中"沙里淘金"，进行分析预测，找到数据的意义和价值，是机器学习和人工智能努力的方向。单位数据的价值低，但聚合后的大数据却价值巨大
Veracity（真实性）	大数据的质量和真实性。大数据的内容是与真实世界息息相关的，真实不一定代表准确，但一定不是虚假数据，这是数据分析的基础

目前国内外学术界和企业界均已认识到大数据在诸如开发新产品、提升企业价值及提高企业竞争力等方面的重要战略价值。传统的财务数据包括企业会计业务信息、由其衍生的财务报表及其补充信息，而在大数据背景下，财务大数据是企业大数据的子集，包括所有可用于分析和预测的更广泛的运营和交易数据。相比传统财务数据，它的范围更广泛，包括来自企业内部和外部的数据，其中许多是新类型的或非结构化的数据，但可以提供有关企业绩效、风险和机遇的新见解。[1] 具体而言，在大数据背景下，财务数据的内涵也发生了变化，这体现在以下三个方面：首先，财务数据量的规模有了实质性的提高；其次，财务数据的范围也更加宽泛，数据不仅来源于企业内部各种业务，也包括来自市场、政府、银行、互联网、物联网、电子商务交易平台、大数据交易平台等诸多外部平台；再次，财务数据更具多样性，价值更大，但利用密度低。这些数据以不同的数据类型存在，数量异常庞大，维度更广，范围更宽，需要分析人员在海量的数据中去挖掘有限的可用信息。[2] 在大数据背景下，财务数据升级成了财务大数据，财务预测和财务分析不再依赖以结构型数据为基础、对有限抽样数据进行分析的传统方法，而是采用利用全部数据的方法，这就需要分析人员在更高的层面上运用更新的大数据分析理念和 IT 技术工具才能够完成。

大数据分析虽然增加了企业需要收集和存储的数据量和分析工作量，但是也会给企业带来更高的回报。2013 年，特许公认会计师公会（The Association of Chartered Certified Accountants，ACCA）和美国管理会计师协会（Institute of Management Accountants，IMA）的联合报告中总结出大数据分析将在数据资产评估、决策和风险管理三个方面给会计和财务职业带来新的机遇和挑战。在数字资产评估方面，财务人员可以通过开发可靠的评估方法来帮助公司评估其数据资产，通过数据管理和质量控制增加数据的价值；在决策方面，财务人员可以通过与企业其他部门合作及与内部和外部利益相关者共享实时信息，来得到更专业的决策支持；在风险管理方面，大数据分析通过扩展用于风险预测的数据资源来查看全局情况，从而能够更好地实时识别风险，有利于进行欺诈检测和法务会计工作，并有助于使用预测分析来评估在新市场和新产品中长期投资机会的风险。[3] 大数据审计的研究与应用也是近年来审计领域的热点，在大数据环境下，审计更加依赖于外部电子数据，审计证据更多；审计不仅限于审计证据之间的因果关系分析，而更依赖利用计算机技术对数据间的相关性进行分析和验证。注册会计师可以更全面地进行审查，从而提高审计质量。[4]

2.2 大数据时代对会计教育提出了新的挑战

近年来，伴随着大数据、物联网、区块链、人工智能、业财融合、财务共享、财务机器人等"热词"在社会上的流行，我国社会经济发展已不可阻挡地进入数字经济时代，在会计教育界也引发了对财务会计向数字化的管理会计转型的关注和讨论。2020年6月，由上海国家会计学院主办的"信息技术赋能会计融合创新"高峰论坛暨2020年影响中国会计人员的十大信息技术评选结果发布会在上海举办，会上揭晓了2020年影响中国会计从业人员的十大IT信息技术，分别是财务云、电子发票、会计大数据技术、电子档案、RPA（机器人流程自动化）、新一代ERP、区块链技术、移动支付、数据挖掘及在线审计。业界普遍认为，在大数据时代背景下，专业人才培养是智能财务事业持续发展的保证。与迅猛发展的新信息技术和丰富多彩的智能财务应用相比，掌握大数据分析技术的财会人才的供给还存在较大缺口，现有的财务人员知识结构已不能适应智能财务事业发展的需求。

时代在前进，时代在召唤，数字经济下的企业财会人员岗位需要的是能够综合运用经济管理知识和大数据分析技术，从企业产业链和价值链全过程的海量信息中挖掘潜在价值，从而提升企业价值，管控风险，提升企业竞争力的具有数字化思维的管理型会计人才。而现有的会计专业本科教育以培养财会能力为核心，教学目标高度同质，专业课程内容单一，教学方法方式和教学效果评估模式相对落伍。这就需要对会计教育进行重构，突出会计人员对管理决策的重要性。会计专业的知识结构也需要转型和提升，减少一些将来会被财务机器人完全取代的常规会计核算的内容，增加业财融合与会计信息智能化的教学内容。[5] 同时也应该认识到，智能会计与大数据分析技术要想在会计领域发挥出应有的作用，一定是建立在使用者具备会计知识、会计思维和会计逻辑基础之上的，而不是直接从海量的、繁杂的、低价值密度的所谓大数据中抓取数据来辅助决策。[6] 也就是说，大数据分析这类智能技术是对原有会计知识架构的辅助和提升，而绝不能完全取代。

2.3 本科会计教育中培养大数据分析能力方法探讨

2.3.1 要重视培养会计专业学生的大数据思维

要想做好大数据分析教学，首先无论从教师到学生都要充分认识到大数据分析对会计专业的意义和价值。如果教师或学生内心不认同大数据分析，对大数据分析的意义缺乏理解，那么会计专业中的大数据分析教学将很难顺利进行，相关教学有很大可能会流于形式而起不到实质效果。其次，大数据分析是建立在逻辑推理思维之上的，教师平时在教学中要注重引导学生培养逻辑思维，避免形成单纯机械式记忆学习习惯而乏于思考，这一点对会计专业学生来说尤为重要。最后，教师在引导学生理解数字经济下大数据分析意义的同时，也要对大数据分析的风险因素和伦理问题进行充分提示和说明。

2.3.2 合理地把大数据分析主题内容整合到现有会计课程中

一项研究总结出，大数据分析框架要求学习者具备七种能力或知识储备，即数据抽取、分析技巧、软件操作、分析式思维加直觉使用、决策、技术知识和人际交往。[7] 相应的，教师在教学中应考虑引导学生发展上述能力。在目前的会计教学中，大部分会计专业课程和大数据分析是不相关的，但是在会计教学计划安排中又很难做到在不牺牲现有的会计教学内容的情况下直接增加财务大数据分析相关课程。因此，为了使学生在会计专业教学中能够学习到大数据分析的知识，可以采用集成方法，即将大数据分析主题嵌入会计专业已经存在的课程，例如应用统计学、会计信息系统、财务会计、管理会计、审计和税务等。会计教育者还应鼓励学生参加和大数据分析相关的选修课，例如数据库设计与管理概论、数据库系统、商业分析基础、商业智能、企业建模等。[8] 鉴于很多会计专业教师目前可能尚不具备大数据分析知识，笔者认为会计专业老师可以考虑和计算机专业老师进行沟通合作，请本校计算机专业老师开设和大数据分析相关的公共选修课供会计专业学生选课学习，或者向会计专业学生推荐一些大数据分析相关的网络公开课。

2.3.3　要有选择性地进行大数据分析软件操作教学

普遍而言，整个大数据分析框架可以分为四大层次，依次是数据规划、数据采集、数据分析和数据决策，在此框架中可能涉及多种大数据分析的具体技术工具。笔者认为，在本科会计教育中，从方法论角度应该注重培养学生数据挖掘能力和数据可视化分析能力。数据挖掘是指从大量的数据中通过算法搜索和挖掘出隐藏于其中的有价值信息，从而对决策提供支持的过程。前文曾提到，数据挖掘技术是影响中国会计从业人员的重要IT技术之一。会计师和会计部门将向数据分析师和数据分析部门方向转型，会计确认要素也将扩展到数据资产和数据资本，并更多地采用多维数据。数据挖掘的结果输出也将更多地利用财务数据可视化分析的工具来展现。清晰直观的动态可视化产品，具有更高的解释效力，有利于用户接收和理解数据背后的信息。[9]

本科会计教育的总课时以及学生的知识水平、时间精力是有限的，教师在教学中应首先向学生讲解整个大数据分析的框架，在应用软件技术层面，可根据实际情况自行选择一到两种在数据挖掘和可视化分析技术中和会计专业相关性较强的软件工具进行教学。如财务数据可视化分析工具可选择Microsoft Power BI软件或Python语言教学。这样培养的学生在步入会计工作岗位时已经对财务大数据分析整体框架有一定认识，又掌握了大数据分析的一到两种具体软件基本使用，有助于提高学生的工作适应能力和继续学习能力。

3　结论与展望

3.1　结论

通过上述分析可以看出，本科会计教育正面临新的巨大挑战，传统的教学内容与课程设置已不能满足数字经济时代的需求，加强对学生财务大数据分析能力的培养已经刻不容缓。笔者认为，目前阶段的会计本科教学应进行改革，首先一定要做到重视大数据思维的培养，并合理地把大数据分析相关主题整合到现有会计专业课程中去，或可开设新的相关选修课；还要合理选择大数据分析软件实施教学，增强学生的实际工作能力。只有这样，本科会计教学才能做到与时俱进。

3.2　展望

随着移动互联网、物联网、人工智能、财务共享机器人、云计算技术和大数据分析等技术应用的进一步推广,未来重复性强的初级会计核算工作将进一步被机器人所取代。而另一方面,社会对既掌握会计和财务知识,又掌握大数据分析和人工智能知识的复合型人才的需求却越来越迫切。财务会计将进一步向智能型管理会计转型。如何培养出能够利用现代信息技术为企业决策提供帮助的高层次财务人员,是会计教育所面临的严峻挑战。

参考文献

[1] Sophie Cockcroft, Mark Russell. Big Data Opportunities for Accounting and Finance Practice and Research: Big Data in Accounting and Finance [J]. Australian Accounting Review. 2018, 28 (3): 323-333.

[2] 张高胜. 大数据时代财务预测的变革探索 [J]. 商业会计, 2016 (6): 14-16.

[3] ACCA, IMA, Big Data: Its power and perils [R], 2013.

[4] 阳秋林, 唐倩倩. 大数据环境下对审计的探究 [J]. 中国管理信息化, 2020, 23 (1): 70-73.

[5] 周守亮, 唐大鹏. 智能化时代会计教育的转型与发展 [J]. 会计研究, 2019 (12): 92-94.

[6] 王爱国. 智能会计:会计转型发展的方向 [J]. 会计之友, 2020 (9): 2-5.

[7] Khadija Dewu, Yasser Barghathi. The accounting curriculum and the emergence of Big Data [J]. Journal of Accounting and Management Information Systems, 2019, 18 (3): 417-442.

[8] Pandula Gamagea. Big Data: are accounting educators ready? [J]. Accounting and Management Information Systems, 2016, 15 (3): 588-604.

[9] 路伟果, 刘光军, 彭韶兵. 数据挖掘技术对会计的影响及应对 [J]. 财会月刊, 2020 (7): 68-74.

格力公司多元化发展的财务绩效研究

邵 帅 1[①] 张 媛 2

(1. 北京科技大学天津学院管理学院，中国 天津 301830
2. 山西省晋中市榆次区人民法院)

摘 要：随着国民经济的飞速增长，格力作为家电企业的标杆，制定了多元化的发展路线。本文主要通过对财务绩效的研究，全面分析格力公司在成本控制、资金营运、资源调动等方面的成果，分析盈利能力、营运能力、偿债能力和成长能力等，找出多元化发展模式下格力绩效进一步提升和改进的措施，进而为我国小型家电企业及其他行业的发展提供实践经验及借鉴。

关键词：财务绩效；多元化发展；格力公司

随着经济形势的变化，企业要顺应时代潮流，传统的单一业务发展模式已经无法提供持续发展的动力，因此企业需要扩大经营范畴，寻求多元化发展。珠海格力电器股份有限公司（以下简称"格力"或"格力公司"），作为一家拥有研究技术、销售渠道、一流服务的企业，近年来先后进入了手机行业、新能源领域等，也在不断探求多元化发展路径，其效果如何，可以直接通过企业的财务绩效反映。

1 多元化发展及财务绩效评价概述

1.1 多元化发展概述

鲁梅尔特指出，多元化（即多角化）战略是通过结合有限的多角化的实力、技能或目标，形成与原始活动相关的新活动模式的策略。多元化的实质是向新领域扩张，强调培育新的竞争优势和扩大现有领域。

对于多元化最早的分类，是 1965 年安索夫在他的书中提出的，他将多元化分为三种模式：横向多样化、多向多样化、复合多样化。其中，横向多元化是以现有的产品市场为中心，向水平方向扩展事业领域；多向多样化模式是虽然与现有产品和市场区域有一定关系，但是完全异构产品的开发，使市场区域多样化；复合多样化模式是在与现有业务领域没有明

[①] 邵帅，女，1987 年 2 月 17 日出生，天津人，管理学院讲师，硕士，主要研究方向为管理科学，2015 年 9 月至今在北京科技大学天津学院工作。

确关系的产品和市场中寻找增长机会，即开发新业务的公司与现有产品和市场无关，必须重新获得所需的技术、业务方法、销售渠道等。

1.2 财务绩效评价概述

财务绩效是企业财务实施和财务管理对最终经营业绩的贡献，它较为全面地反映了企业在成本控制、资产运用管理、资金来源调配及股东权益报酬等方面的效果。[1] 绩效评价是指运用一定的评价方法、量化指标及评价标准，对管理层为实现其职能所确定的绩效目标的实现程度，以及为实现这一目标所安排预算的执行结果所进行的综合性的评价。[2] 财务绩效的指标包括盈利能力、营运能力、偿债能力、成长能力等指标。

2 格力公司多元化发展的绩效表现

2.1 格力公司多元化发展的模式

格力自 1991 年创立至今都广受大众的青睐，但随着市场上不断出现形形色色的产品，单一的产品结构已不再能满足大众对市场的需求，因此，由单一化转向多元化成为必然。格力涉及小家电、手机、机器人、环保等众多领域，在多个市场中，智能制造、智能家电及新能源汽车三大产业板块成为格力多元化发展的重要战略方向。格力不断研发新产品，为了保持强大的市场竞争力，选取了横向多元化的发展模式，包括以下发展措施。

（1）积极发展小家电行业。格力旗下小家电都是独立品牌，如晶弘和大松。2015 年格力处于转型期前期，空调产业的市场需求发展已趋于平稳，格力选择新的利润增长点，积极投资小家电行业，不仅找到了新的发展空间，带来了主营业务收入的不断增长。

（2）试图收购珠海银隆。2016 年，格力宣布斥资 130 亿以发行股票收购估值约 50 亿的珠海银隆估值的 100% 股权，并以同等价格从职工方筹集了约 97 亿元的配套资金，用于银隆项目的建设。2017 年 2 月，董明珠与万达集团联手以自己的名义对银隆新能源项目的资本增加了 30 亿，从此格力电器进入新能源领域。珠海银隆是一家专注于研究新能源汽车的企业，拥有专业化的技术和研发经验，核心产品是钛酸锂电池，能与格力在技术上相互贯通、扬长补短。

（3）坚持核心产业的发展。格力的核心产业是空调，虽然近年来空调产业已接近饱和状态，但是空调产业所带给格力的利润仍在逐年增长，其原因是格力拥有领先技术，并坚持多元化发展道路。格力坚持以空调产业的发展为核心，逐步向其他产业领域迈进。

2.2 格力公司多元化发展的财务绩效评价

2.2.1 格力公司的盈利能力分析

企业盈利能力体现了公司在一定时间里的获利能力，也成为企业能否长久发展的重要依据，是投资者实施投资战略的关键。企业的盈利能力有两方面：一是通过日常的经营活动而获利，二是通过企业现有的各种资产而获利。此处主要选择主营业务利润率、主营业务成本率、资产报酬率、销售毛利率等指标对格力的盈利能力进行分析，如表 1 所示。

表1　格力电器盈利能力分析指标　　　　　　　　　　　　　　　　　%

指标	年份			
	2015年	2016年	2017年	2018年
主营业务利润率	31.69	31.38	31.84	29.35
主营业务成本率	67.54	67.30	67.14	69.77
资产报酬率	11.69	12.82	14.81	15.36
销售毛利率	32.46	32.70	32.86	30.23

数据来源：根据格力电器2015—2018年财务报表。

从主营业务利润率来看，2015—2018年，格力的数据呈现忽上忽下的波动，偏离稳固。这种趋势表明，在多元化转型的同时，企业也面临很大挑战。经分析，呈现这种趋势的原因是格力的产品营销模式存在一些问题，竞争力减弱，主干行业的发展并没有带动其他行业的发展。

从主营业务成本率来看，2015—2018年，格力的数据几乎呈现上升趋势，这种趋势表明，格力的业务成本在逐渐增加，格力开拓了许多新产品渠道，增加了许多产品投资。

从资产报酬率来看，2015—2018年，格力呈上升趋势，这表明格力在这四年内资产的利用率较高。经过研究分析，该指标逐年上升的原因在于格力多元化发展战略取得了初步成功。空调行业一直是格力的主营行业，格力始终秉持着空调业为主、其他行业为辅的理念，加大了对空调产业的创新，不断改善售后服务。与此同时，不断创造智能产品，例如，新能源汽车、家电机器人已投入生产。

从销售毛利率来看，2015—2018年，格力呈现出先上升后下降的趋势，这说明格力在这几年内的营销模式方面还有待继续加强，如果公司不能保持毛利润的稳定增长，则该时期补偿后的利润水平将不会很高，甚至可能会出现该时期无法补偿的情况，不利于企业的长期获利。

2.2.2　格力公司的营运能力分析

营运能力可以反映企业的经营能力，有利于业务经理改善其业务模式，帮助投资者进行更好的投资决策。评价企业的营运能力，是提高企业经济效益的必要途径。此处主要选择应收账款周转率、存货周转率、固定资产周转率、流动资产周转率来进行研究分析，如表2所示。

表2　格力电器营运能力分析指标

指标	年份			
	2015年	2016年	2017年	2018年
应收账款周转率/次	35.28	37.09	33.80	29.32
存货周转率/次	7.31	7.88	7.78	7.56
固定资产周转率/次	6.43	6.53	8.43	11.04
流动资产周转率/次	0.81	0.82	0.94	1.07

数据来源：根据格力电器2015—2018年财务报表。

从应收账款周转率看，2015—2018年间，格力呈现出先上升后下降的趋势，这说明格力的营运资金过多滞留在应收账款上,影响正常的资金周转,资金的回收速度较慢。格力涉及的行业包括方方面面,多元化的转型也需要雄厚资金的支持,因此广泛投入大量资金,这也成为影响应收账款周转率的重要因素之一。

从存货周转率看,格力在2015—2018年呈现出先上升后下降的趋势,数据表明格力的产品创新速度很快,销售业绩较高,价格成为抢占市场份额的重要因素,在同等价位下,消费者大多愿意购买新型产品,格力实施库存化管理,提高存货利用率,以此扩大企业的收益,增加利润额。

从固定资产周转率看,2015—2018年,格力呈现出飞速上升的趋势,这表明企业的固定资产利用率高,固定资产结构分布合理。经研究分析,格力在多元化转型中,投资的智能家电产品、新能源汽车等获得了利润。

从流动资产周转率看,2015—2018年,格力呈现出逐步上升趋势,这表明由于应收账款周转天数延长,导致资金的回收期太长,进而减少了企业的利润。格力可以通过加强企业内部管理、调动闲置资金用于短期投资来创造收益,还可以通过补充流动资金来增加利润。

2.2.3 格力公司的偿债能力分析

偿债能力是企业经济实力和财务状况的主要体现,也是衡量企业运作情况的重要指标。格力有严格的管理制度,拥有许多高技术人才,为新产品创造了很好的先天条件,也为企业的经营管理提供了坚强的后盾。偿债能力也可以反映出企业的诚信度和实力的强弱。此处主要采用资产负债率、流动比率、速动比率进行分析,如表3所示。

表3 格力电器偿债能力分析指标　　　　　　　　　　　　　　　　%

指标	年份			
	2015年	2016年	2017年	2018年
资产负债率	69.96	69.88	68.91	63.10
流动比率	1.07	1.13	1.16	1.27
速动比率	0.99	1.06	1.05	1.14

数据来源:根据格力电器2015—2018年财务报表。

从资产负债率看,2015—2018年,格力呈现出下降趋势,格力一直以来都采取以较低的成本获得较多的利润的战略,以空调产业为核心产业,实施多元化经营战略,采用渠道整合。但是,高负债率反映了格力的长期偿债能力较弱。

从流动比率看,2015—2018年,格力呈现出上升趋势,这表明企业短期债务的期限较短,变现能力强,短期偿债能力也较强。在格力电器多元化发展的过程中,智能电器、小家电行业的投资活动也影响着流动比率,总的来说格力电器趋于一个稳定的上升空间。

从速动比率看,2015—2018年,格力呈现出上升趋势,逐渐大于1,这说明格力电器的短期偿债能力较高,企业在速动资产上投入的资金较多,增加了企业的投资机会,提高了企业的获利能力。

2.2.4 格力公司的成长能力分析

成长能力分析是对企业扩展经营的分析,具体而言是指对企业未来发展趋势与发展速度的分析。成长能力分析会随着市场环境而变化,也与企业的抗风险能力存在一定关联。此处主要采取主营业务增长率、净利润增长率、总资产增长率来进行分析,如表4所示。

表4 格力电器成长能力分析指标   %

指标	年份			
	2015年	2016年	2017年	2018年
主营业务增长率	-29.04	10.80	36.92	33.61
净利润增长率	-11.43	22.98	44.99	17.20
总资产增长率	3.50	12.78	17.87	16.87

数据来源：根据格力电器2015—2018年财务报表。

格力公司的主营业务收入主要来源于空调行业，在过去的时间中，几乎完全依赖于空调产业而获利，近年来，随着空调市场的逐渐饱和，给家电行业带来不小的冲击，导致2015年销售业务直线下滑，净利润在2015年呈负增长趋势。格力公司通过不断开拓市场，研发新产品，逐渐向多元化迈进，最终使净利润增长趋势逐渐回升，但由于格力公司的偿债能力很弱，而且债务较多，它的发展趋势不稳定。格力公司只有坚持走多元化的发展路线，才能平稳地保持高速增长状态。

2.2.5 多元化发展下格力公司的绩效分析结论

（1）盈利能力较强，成本控制较好。从盈利能力分析结果看，产品的自主研发能力较强，空调业一直是格力的主打家电，格力公司不断在空调业上加强创新能力，力争成为国际一流品牌。随着市场波动率不断增大，格力公司必须坚持多元化发展战略，以此来控制闲置资金，进而提升公司的利润。

（2）偿债能力有待加强。从偿债能力分析结果看，格力公司的财务状况一直以来都采取比较冒险激进的方式，即高负债前进式，长期采用这种方法会导致资本结构变弱，抵御财务风险能力弱。因此，公司必须采取多样化的发展战略，增强财务杠杆效应，并努力改善其资本结构，以提高稳定性。

（3）成长能力要寻找新的发展点。从成长能力分析结果看，格力公司的发展波动较大，具有不稳定性，必须寻找新的发展点来带动公司的利润增长，才能使企业保持稳定的增长模式。

3 格力公司多元化发展财务绩效的提升建议

3.1 对格力公司多元化发展的战略建议

3.1.1 开展纵向一体多元化发展战略

格力虽然在空调市场上是龙头行业，有很多创新，但空调市场波动较大，竞争日益激烈，因此格力选择了多元化的发展战略。多元化的转型并不是一帆风顺的，格力要吸取在手机生产上的失败经验，不要盲目开展多元化生产，要充分做好市场调研，以最大化满足股东利益为首要任务，积极在空调业上推进核心竞争力的发展，在小家电领域中积极研发创新，争取研制出真正"便民、为民"的家用电器。要加快智能产业的发展，不断跟进时代需求，对症下药，做到核心发展空调业，广泛发展辅助行业，靠技术和品质抢占市场，坚持多元化发展，稳立国际市场。

3.1.2 完善员工管理,实施内部激励制度

企业生存发展的关键因素,也存在于企业的用人制度中。格力从实施股权制度改革开始,经营状况有了很大的改善,公司的治理水平也达到了新的高度。开展多元化的道路中,管理层要与员工深入融合,管理层的利益应与股东利益一致,管理层可以持股,这样不会大幅度地影响股权结构的稳定性。格力是一个靠高品质和技术发展的企业,在人员待遇问题上应制定严格的薪资制度,按劳分配工资,适当提高员工福利。要健全组织机构制度,为员工创造和谐的工作环境,使员工对企业有很强的认同感和归属感,减少人才的流失。

3.2 对格力公司多元化发展的财务建议

3.2.1 加强对财务风险的控制

格力的应收账款和应收票据占资产的比重较大,资金的回收速度较慢。格力一直以来都是高负债模式,存在一定的坏账,应加强财务杠杆效应来稳定资金流。格力整体的营运能力不强,应增加企业资金的流动性,制订一套完整的风险控制计划,逐步减轻负债压力,紧跟经济全球化的趋势,抓住机遇,迎接挑战。

3.2.2 加强自主创新,稳中求进

格力电器自成立以来,都保持着良好的口碑,技术和创新成为格力抢占市场的重要因素。格力电器在产品材质的研发上花费了大量的时间和精力,不断改进现有产品,并不断拓展新业务。面对差异化的竞争市场,格力大力推广新能源的建设与研发,新能源汽车成为其一个重要的跨界领域。格力也在逐步改善售后服务,争取摆脱之前只有品质而没有服务的状态。高技术的出现,需要得到更多消费者的认同,格力也要深入挖掘潜在的消费者,结合线上线下的销售渠道,积极跟进国家的"一带一路"倡议,争取早日成为大众心里的"龙头标杆"。

3.2.3 调整企业的资本结构

格力的销售毛利率变化趋势不明显,应改善企业的资本结构。由于线下成本投入过多,应加强线上的销售渠道,这将有助于节省资金,优化闲置资产,提高公司的运营能力并加速资金周转。优先发展核心产业,也不要放松对新能源汽车、手机等行业的研发,加大高技术人才的投入,提升企业员工的综合素质。应重视高素质人才的培养,减少企业不必要的薪酬支出。

参考文献

[1] 甄立勇. 基于因子分析法的家电行业上市公司财务绩效评价 [J]. 中外企业家, 2017 (28): 67-69.

[2] 郑伟伟. 绩效评价方法文献综述 [J]. 财讯, 2016 (25): 137-139.

基于 EVA 的唯品会价值评估研究

张小云1[①]　张　军2

(1. 北京科技大学天津学院管理学院，中国 天津 301830
2. 北京科技大学天津学院智能制造学院，中国 天津 301830)

摘　要：本文基于 EVA 模型对企业价值评估进行研究，选取唯品会作为代表性的案例，使用 EVA 模型对企业的财务数据进行相关会计调整，进而得出唯品会的 EVA 值，同时对比唯品会的传统价值指标，探究 EVA 对企业价值评估研究的合理性。最后，对基于 EVA 的企业价值评估优势进行总结，分析归纳该模型的局限性并得出改善建议。

关键词：EVA；唯品会；价值评估

EVA（Economic Value Added），又称经济增加值，这一概念相比于传统会计"利润"评价指标，能够更加直接地在企业价值评估中与股东利益相连。在20世纪90年代初，斯特恩·斯图尔特咨询公司首次提出了该理论，并且在西方发达国家迅速发展，在知名大企业中得到了应用。21世纪初，该理论被引入国内，同时随着国内经济的飞速发展，企业对更为准确的价值评估和避免企业短期行为的要求越来越高，因此 EVA 指标得到广泛认可与推广。唯品会以销售品牌折扣商品为主营业务，经营范围主要有居家、母婴、美妆、服饰等品类。作为一个新兴产业中的佼佼者，过去传统模式下的企业价值评估难以带来合理准确的建议。本文以唯品会近三年财务数据为基础，通过构建 EVA 模型对唯品会的经济增加值进行计算，并且与传统价值评估指标进行了比较分析。

1　文献综述

西方学者对 EVA 业绩评价体系较国内研究更早。Salaga Jakub、Bartosova Viera 和 Kicova Eva 通过研究发现，在使用经济增加值指标来衡量企业利润以及评估价值时，必须先将收集的数据从会计形式向所需模式转变。[1] Nufazil Altaf 在研究中提出，经济增加值相比于传统的基于收入的评估方法，能更好地衡量市场价值，从而帮助管理层进行更为准确的投资决策。[2]

[①] 张小云，女，1989年1月30日出生，河北保定人，管理学院教师，硕士，主要研究方向为工商管理，2016年9月至今在北京科技大学天津学院工作。

国内学者方面,谢玉娟认为,EVA 的价值评估方法相比于传统企业价值所注重的企业会计利润分析,更加注重互联网企业所需要考量的股权价值,能更加高效准确地计算评估互联网企业的价值,为其战略的制定提供有效的支撑。[3] 孙伟和刘烨昭在研究中发现 EVA 与传统财务指标之间在经营绩效上的差异,并在其基础上进行研究,希望能在一定程度上完善传统财务指标的不足。[4] 杜嘉兴在研究中发现,在 EVA 的基础上评估我国互联网企业的价值具有优越性,同时结合互联网企业的价值影响因素,得出基于 EVA 的互联网企业价值评估模型。[5] 蔡天予在研究中总结了"互联网+"零售企业在 EVA 指标下的评估优势,分析归纳得出 EVA 指标的局限性,并提出改善的建议。[6] 徐光华和顾庭瑜对企业中 EVA 模型的具体应用问题进行研究,同时在企业绩效考核中提出改进建议。[7] 何威风、陈莉萍和刘巍提出关于实施 EVA 考核后企业如何完善盈余管理的内容与企业绩效考核方面的研究,为上市企业的盈余管理提供新的支持。[8]

2 基于 EVA 对唯品会的价值评估

2.1 唯品会 2016—2018 年 EVA 的计算

2.1.1 计算税后净营业利润(NOPAT)

税后净营业利润=(净利润+所得税+利息)×(1-T)+研发费用资本化金额+少数股东权益-营业外收支×(1-T)+递延税项贷方余额的增加-递延税项借方余额的增加+本年计提减值(或摊销)+本年新增各项准备金

唯品会 2016—2018 年税后净营业利润如表 1 所示。

表 1 唯品会 2016—2018 年税后净营业利润 金额单位:千元

项目	年份		
	2016	2017	2018
净利润	1 992 767.00	1 892 656.00	2 133 451.00
加:所得税	601 828.00	626 115.00	566 633.50
利息费用	85 195.00	84 624.08	167 444.70
少数股东权益	44 050.00	57 220.00	4 685.00
研发费用资本化金额	0	0	0
本年计提减值	0	0	0
坏账准备增加	54 691.00	0	0
存货跌价准备增加	9 287.00	-4 888.00	-11 556.00
递延所得税贷方增加	-74 833.00	-82 467.90	-13 104.25
减:递延所得税借方增加	12 812.00	88 878.63	89 080.02
营业外收支×(1-T)	323 233.50	403 346.00	301 334.00
税后净营业利润	1 706 992.00	1 430 185.79	1 740 257.63

2.1.2 计算投入资本总额

资本总额=债务资本+权益资本+投资资本调整=一年内到期的长期借款+长期借款+短期借款+应付债券+市场开拓费用资本化金额+各项减值+递延税项贷方余额−递延税项借方余额−营业外收支×（1−T）−在建工程净值+普通股权益+少数股东权益

唯品会2016—2018年调整后投资资本总额如表2所示。

表2 唯品会2016—2018年调整后投资资本总额   金额单位：千元

项目	年份		
	2016	2017	2018
股权资本：			
普通股权益	5 732 180.00	15 225 398.00	17 438 109.60
少数股东权益	49 624.00	46 806.83	51 547.16
股权资本合计：	5 781 804.00	15 272 204.83	17 489 656.76
债务资本：			
一年内到期非流动借款	52 729.00	65 022.00	9 994.00
短期借款	0	0	0
长期借款	0	0	0
应付债券	4 381 698.00	4 361 747.05	4 064 733.00
债务资本合计：	4 434 427.00	4 426 769.05	4 074 727.00
调整事项：			
加：坏账准备	66 575	0	0
存货跌价准备	303 233.00	298 345.00	286 789.00
递延所得税负债	100 583.0	18 115.10	5 010.86
减：递延所得税资产	214 815.00	303 693.63	392 773.65
营业外收支×（1−T）	323 233.50	403 346.00	301 334.00
资本总额（TC）	10 148 573.50	19 308 394.35	21 162 075.97
股权资本比例	56.97%	79.10%	82.65%
债务资本比例	43.70%	22.93%	19.25%

2.1.3 计算加权平均资本成本（WACC）

（1）在进行加权平均资本成本计算时，需要对权益资本成本的无风险收益率及市场风险溢价进行确认，用于计算权益资本成本。根据雅虎财经的数据，唯品会公司的β系数为1.85，在本文中假设该系数保持不变，无风险利率选取2018年国债五年到期收益率2.29%。同时选取我国GDP增长率作为市场风险溢价，结果如表3所示。

表 3　将 GDP 增长率作为市场风险溢价

项目	年份		
	2016	2017	2018
市场风险溢价	6.7%	6.8%	6.6%

（2）计算权益资本成本。采用资本资产定价模型，公式为：

$$K_e = R_f + \beta (R_m - R_f)$$

式中，R_f 表示市场无风险收益率，R_m 表示市场收益率，β 表示贝塔系数，K_e 表示权益资本成本。

唯品会 2016—2018 年权益资本成本如表 4 所示。

表 4　唯品会 2016—2018 年权益资本成本

项目	年份		
	2016	2017	2018
权益资本成本	14.68%	14.87%	14.50%

（3）债务资本成本计算。在进行债务资本成本计算时，通过对唯品会公司债务资本结构的分析，了解到该公司以短期借款、可转换优先债券为主，没有长期借款。由于公司的借款银行主要来自境内银行，所以在本文中使用中国人民银行公布的六个月至一年金融机构人民币贷款基准利率作为短期借款以及一年内到期的非流动借款的利率，同时使用财务报表披露的可转换优先债券的利率（1.50%），结果如表 5 所示。

表 5　唯品会 2016—2018 年债务资本成本　　　金额单位：千元

项目	年份		
	2016	2017	2018
一年内到期非流动借款	52 729.00	65 022.00	9 994.00
六个月至一年金融机构人民币贷款基准利率	4.35%	4.35%	4.35%
短期债务资本成本合计	2 293.71	2 828.46	434.74
应付债券	4 381 698.00	4 361 747.05	4 064 733.00
可转债利率	1.50%	1.50%	1.50%
长期债务资本成本合计	65 725.47	65 426.21	60 971.00
债务资本合计	4 434 427.00	4 426 769.05	4 074 727.00
债务资本成本	1.53%	1.54%	1.51%

（4）计算加权平均资本成本。加权平均资本成本计算公式为：

$$\text{WACC} = K_e \times \frac{S}{S+D} + K_d \times \frac{D}{S+D}(1-T)$$

式中，S 表示权益资本，D 表示债务资本，K_e 表示权益资本成本，K_d 表示债务资本成本，T 表示税率。

唯品会 2016—2018 年加权平均资本成本如表 6 所示。

表 6 唯品会 2016—2018 年加权平均资本成本

项目	年份		
	2016	2017	2018
权益资本成本	14.69%	14.87%	14.50%
债务资本成本	1.53%	1.54%	1.51%
权益资本比率	56.97%	79.10%	82.65%
债务资本比率	43.70%	22.93%	19.25%
加权平均资本成本	8.86%	12.03%	12.20%

2.1.4 计算 EVA

经济增加值（EVA）的计算公式为：

经济增加值=税后净营业利润-加权平均资本成本×资本总额

唯品会 2016—2018 年的经济增加值如表 7 所示。

表 7 唯品会 2016—2018 年的经济增加值　　　　　　　　　　金额单位：千元

项目	年份		
	2016	2017	2018
税后净营业利润	1 706 992.00	1 430 185.79	1 740 257.63
资本总额	10 148 573.50	19 308 394.35	21 162 075.97
加权平均资本成本	8.86%	12.03%	12.20%
经济增加值	807 828.39	-891 982.07	-841 796.90

2.2 唯品会 EVA 与传统价值指标的比较

本节对 EVA 与传统价值评估指标在 2016—2018 年的数据结果进行对比，从而分析唯品会企业创造经济增加值的能力以及 EVA 价值评估的优势。在传统价值评估指标中，主要通过企业盈利能力、流动性、营运能力等方面来对企业进行综合评价，本节选取三种广泛应用于企业的业绩评价指标，分别为净利润、净资产收益率及每股收益。

2.2.1 唯品会 EVA 与净利润的比较

2016—2018 年唯品会净利润与 EVA 的比较如表 8、图 1 所示。

表 8　2016—2018 年唯品会净利润与 EVA 的比较　　　　　　　金额单位：千元

项目	年份		
	2016	2017	2018
净利润	1 992 767.00	1 892 656.00	2 133 451.00
EVA	807 828.39	-891 982.07	-841 796.90
净利润与 EVA 的差值	1 184 938.61	2 784 638.07	2 975 247.90

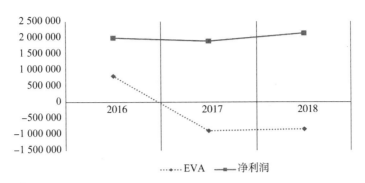

图 1　2016—2018 年唯品会净利润与 EVA 的比较（单位：千元）

从表 8 的数据可知，唯品会在 2016—2018 年的净利润不仅都为正数，还略有上升，说明从传统评价指标净利润来看，唯品会实现了盈利。但是唯品会在 2017—2018 年的 EVA 数值出现断崖式下降，均小于零，其主要原因在于普通股权益的增加导致 EVA 值的大幅度降低，从 EVA 的角度来看，企业只有在当期生产经营中创造的利润大于当期全部资本投入成本的情况下，企业才创造了价值，而唯品会通过其他企业的资金投入和对外融资来满足企业扩张的发展需求，其中，京东、腾讯分别以 2.59 亿美元和 6.04 亿美元，持有唯品会股份。由于扩大经营范围背后所带来较大的资金压力及企业资本成本过高，从 EVA 价值评估体系来看，企业净营业利润的增加并不足以冲减资本成本过高的影响，导致 EVA 为负值。由此可见，在传统指标中占据重要评估地位的净利润指标，与 EVA 评估结果有着很大不同。仅看净利润指标，表明企业有着较好经营情况以及实现了盈利，但是 EVA 值为负数且与净利润差值较大，表明企业经营状况较差。造成这样差异的原因在于，EVA 评价体系不仅对一些会计科目进行了调整，还在计算中考虑了债务及权益资本成本的影响，降低了原有会计处理上对企业真实经营状况的干扰，从而使结论更加合理。

2.2.2　唯品会 EVA 回报率与净资产收益率的比较

EVA 回报率反映了经济增加值与企业资本总额的比值，表明企业在一定经营时间内利用资本成本创造价值的效率。净资产收益率反映了企业税后净利润与净资产的比值，表明了企业利用股权资本创造收益的效率。唯品会 2016—2018 年 EVA 回报率与净资产收益率对比如表 9、图 2 所示。

表 9　唯品会 2016—2018 年 EVA 回报率与净资产收益率对比

项目	年份		
	2016	2017	2018
EVA 回报率	7.96%	4.62%	3.98%
净资产收益率	21.42%	19.11%	13.66%

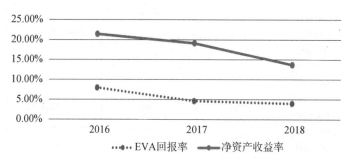

图 2 唯品会 2016—2018 年 EVA 回报率与净资产收益率的对比

通过表 9 和图 2 可知，在 2016—2018 年，唯品会的 EVA 回报率与净资产收益率呈逐年下降的趋势，曲线变化整体趋势相同，该现象也符合互联网零售市场巨头竞争激烈且行业增速放缓的现状。从图 2 可以明显看出，唯品会 EVA 回报率始终低于与之对应年份的净资产收益率，由此可以证明传统指标净利润没有考虑权益资本成本，并且会对企业价值评估的真实性造成一定的影响。综上所述，唯品会提高 EVA 值需要在保持利润稳定或者增长的情况下，减少企业使用的资本总量。或者在企业使用资本总额不变的情况下，追求更多的净利润，也可提高 EVA 值。

2.2.3 每股收益与每股 EVA 的比较

每股收益和每股 EVA 都是反映企业经营成果的指标，其中每股收益反映普通股股东每持有一股能享受到企业净利润或承担的净亏损；每股 EVA 反映普通股股东每持有一股能享受到企业的经济增加值。唯品会 2016—2018 年每股 EVA 与每股收益对比如表 10、图 3 所示。

表 10　唯品会 2016—2018 年每股 EVA 与每股收益对比　　　　金额单位：元

项目	年份		
	2016	2017	2018
每股 EVA	1.13	−0.95	−0.98
每股收益	17.59	16.59	3.22

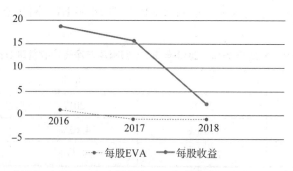

图 3　唯品会 2016—2018 年每股 EVA 与每股收益对比（单位：元）

由表 9 及图 3 可见，唯品会 2016—2018 年的每股收益与每股 EVA 这两项指标均呈现下降趋势，且每股 EVA 值均小于每股收益，符合前文所述 EVA 考虑了权益资本成本的特点。综合来看，EVA 价值评估方法更加全面地考虑了企业在资本成本方面的使用，相比于传统价值评估方法，充分体现出客观合理的优越性，有助于了解企业真实的经营水平。

3 EVA 价值评估优势、不足与改进建议

3.1 EVA 价值评估的优势

3.1.1 强调企业权益资本的使用成本

传统价值评价体系以净利润为关注重点，没有考虑企业权益资本使用所产生的成本，而在 EVA 价值评估中，能够对企业的经营情况有更加准确的了解，且 EVA 价值评估追求股东利益最大化的目标与股东目标一致。采用 EVA 价值评估企业价值，有助于经营者更加合理有效地配置企业资本，避免冲动投资。

3.1.2 有助于消除会计信息失真

现行的会计准则所规定的会计处理方法，会使传统价值指标在评价企业的经营成果时造成一定程度上的失真，EVA 价值评估将有利于企业消除会计信息失真所带来的问题。由于 EVA 主要关注企业经济增加值，这就可以使企业管理者不再只关注如何提高企业会计利润，而是关注企业的经济增加值，从而使企业价值评估更加准确。

3.1.3 有利于构建合理激励机制

企业以 EVA 价值评估体系为管理导向，通常管理层的业绩会以企业 EVA 值为薪酬激励机制的依据，这样企业管理层便会将 EVA 值的提升作为主要目标，这与企业股东财富最大化的目标一致。企业当期的 EVA 值越高，表明企业经营成果有所提升，那么企业管理层会获得更多的激励。以 EVA 为导向的激励机制督促管理者在投资等决策中以股东利益为首，也在一定程度上缓解了企业管理层与股东之间的利益摩擦问题。

3.2 EVA 价值评估的不足

3.2.1 EVA 价值评估适用范围的限制

EVA 价值评估并不适用于规模较小或者周期型的企业，因为 EVA 评价法对企业人力、技术、财力方面要求较高，小规模企业在使用 EVA 指标时，不符合成本效益原则，而周期型企业的各项指标具有明显波动。尤其是 EVA 计算复杂且需要对多种会计项目进行调整，如果各项指标难以预测，EVA 值在这类企业中进行估值就有一定困难。

3.2.2 较强的主观性影响 EVA 值

在构建 EVA 价值评估模型时，需要对企业及其所在行业的特点进行分析，由于需要对一些会计科目进行调整，而如何进行调整，就需要依靠评估专家自身的经验进行评估判断。比如，企业的无风险收益率、市场风险溢价、加权资本成本系数等，都需要基于评估专家的主观判断。不同的评估人员对企业和行业特点的理解不同，会计科目的调整也有所不同，给评估结果的准确性及合理的指标值的选取带来不确定，从而影响评估结果。

3.3 EVA 价值评估的改进建议

首先，需要完善企业信息披露机制，使 EVA 计算中对于数据更加方便获取。由于需要

对一些财务数据进行会计项目的调整,而且部分数据无法较为容易地从财务报表中得到,所以根本上改善企业财务信息披露机制,是 EVA 指标应用的关键。其次,引入平衡记分卡,将非财务因素对企业价值的影响纳入考虑范围,构建评价模型,从财务、客户、企业运营、学习四个维度对企业价值进行合理评估。合理利用平衡记分卡,有助于扩大考量范围,降低主观性的影响,更加全面准确地评估企业价值。

4 结论

本文通过对唯品会的经济增加值进行计算,并且与传统价值指标进行比较分析,由此得出以下结论。

(1) 以贴现现金流法、重置成本法、市场法为代表的传统价值评估模型并不适用于零售企业的价值评估。

(2) 随着零售行业的逐年壮大,对于 EVA 价值评估在零售企业的应用将会更加深入,更多的标准被制定,对零售企业的适应性也越强。

(3) EVA 价值评估在零售企业中的应用处于摸索阶段,所以扩大 EVA 值的影响力,有助于获得公众对评估结果的认可。

参考文献

[1] Salaga Jakub, Bartosova Viera, Kicova Eva. Economic value added as a measurement tool of financial performance [J]. Procedia Economics and Finance, 2015 (26): 484-489.

[2] NuFfazil Altaf. Econnomic value added or earnings: What explains market value in indian firms? [J]. Future Business Journal, 2016, 2 (2): 152-166.

[3] 谢玉娟. 基于 EVA 的互联网企业价值评估 [J]. 中外企业家, 2019 (16): 72.

[4] 孙伟, 刘烨昭. "互联网+" 企业基于 EVA 的财务战略探讨——以 NW 软件为例 [J]. 财务与会计, 2018 (20): 65-66.

[5] 杜嘉兴. 基于 EVA 模型的互联网企业价值评估研究 [D]. 西安: 西安理工大学, 2019.

[6] 蔡天予. 基于 EVA 模型的互联网+零售企业价值评估研究 [D]. 徐州: 中国矿业大学, 2019.

[7] 徐光华, 顾庭瑜. "中国重工" EVA 业绩评价研究 [J]. 财会通讯, 2019 (26): 53-55.

[8] 何威风, 陈莉萍, 刘巍. 业绩考核制度影响企业盈余管理行为 [J]. 南开管理评论, 2019, 22 (1): 17-30.

*ST 盐湖财务困境研究

周小靖[①] 梁可馨 严 骏 张小云

(北京科技大学天津学院管理学院，中国 天津 301830)

摘 要：本文以*ST盐湖为例，从内因、外因两个方面对其财务困境进行了分析，外部原因包括国家宏观政策、企业体制、资源开发利用率低、原材料采购价格上涨。内部因素包括效益失控、只见规模不见效益、投资预算失控、利润增收难增利、资产负债表错配、以债养工程和生产建设安全失控、工程质量存在缺陷等原因。针对上述成因，对*ST盐湖走出财务困境提出了建议，能够为其他被"特别处理"的企业提供借鉴意义。

关键词：财务困境；*ST；财务指标

财务困境是指企业各方面能力缺失，资不抵债，财务状态逐渐恶化的状况。财务困境所指的含义包括以下几点。一是企业现金流无法承担债务的付现成本，例如税、利息等；二是现金流量无法支付到期债务，包括应付款项、各类借款等；三是资产负债比例相差过大。[1] 国外的学者多将企业破产清算或者重组作为财务困境的表现，而国内的学者多将被"ST"的企业，也就是连续两年净利润亏损的企业作为陷入财务困境的标识。[2]

1 *ST 盐湖公司简介

1.1 *ST 盐湖公司经营结构

1958年，*ST盐湖开始修建，是中国最大的钾肥工业生产基地，被称为"钾肥之王"，其股票简称为"盐湖股份"，注册名为"青海盐湖工业股份有限公司"。公司主营业务有以下几项：一是钾肥板块，包括钾肥分公司、青海晶达科技股份有限公司、青海盐湖元通钾肥有限公司、青海盐湖三元钾肥股份有限公司等分（子）公司，生产的产品为氯化钾；二是化工板块，包括化工分公司、青海盐湖海纳化工有限公司、青海盐湖硝酸盐业股份有限公司和青海盐湖海虹化工股份有限公司等分（子）公司，主要生产PVC、尿素、甲醇、水泥等；

[①] 周小靖，女，1992年1月6日出生，河南濮阳人，管理学院助教，硕士，主要研究方向为会计信息与资本市场，2017年9月至今在北京科技大学天津学院工作。

三是镁板块,主要是开展金属镁一体化项目的青海盐湖镁业有限公司,其主要产品为金属镁锭、纯碱、PVC、钾碱、PP、焦炭等;四是锂板块,主要是年产一万吨碳酸锂的青海盐湖佛照蓝科锂业股份有限公司,其主要产品为碳酸锂。

*ST盐湖拥有中国最大的可溶解性钾镁盐矿床察尔汗盐湖,是国内最大的钾肥生产企业,被业内称为"钾肥之王"。且自上市后,其逐渐成为市场公认的大白马,净利润从不足5 000万元攀升至10亿元以上,市值直逼2 000亿元。如今,*ST盐湖却打破A股上市公司年亏损纪录,2019年预亏损超400亿元。

1.2 财务指标分析

通过杜邦分析、偿债能力、营运能力、盈利能力和成长能力从不同的财务角度对*ST盐湖公司进行分析,以探究该公司存在的财务问题。

1.2.1 杜邦分析

杜邦分析通过几种主要财务指标之间的联系,综合反映企业财务状况。表1是*ST盐湖公司2015—2019年杜邦分析的纵向比较。

表1 *ST盐湖公司2015—2019年杜邦分析指标

项目	年份				
	2015	2016	2017	2018	2019
净资产收益率/%	2.75	1.44	-18.58	-18.65	—
销售净利率/%	5.00	2.02	36.65	-20.13	-261.43
总资产周转率/次	0.15	0.13	0.14	0.23	0.37
权益乘数	3.30	3.15	3.71	3.99	-0.77

由表1发现,*ST盐湖公司净资产收益率在2015—2019年呈递减趋势。从影响净资产收益率(ROE)的三大因素来看,首先总资产周转率在经历2016—2017年的下降后,到2018年开始回升。其次,*ST盐湖公司权益乘数在2015—2018年间从3.30上升到了3.99,权益乘数越大,表明公司背负债务水平上升,财务风险也增加。但随着这两项在2017和2018年的升高,ROE反而大幅降低,说明导致ROE下降的主要因素是销售净利率的下降。*ST盐湖公司的销售净利率在2017年达到最高后,2018年起就一直处于负比率,说明企业营收创造净利润的能力很差。销售净利率的下降也表明了*ST盐湖经营效益越来越差,营业利润持续亏损。其中,2019年年末净资产为-290.69亿元,净利润为-466.62亿元,均为负数,表明企业在亏损,企业的净资产在流失,净资产收益率为正数,失去其比率意义,故表格中未列示其数值。

1.2.2 偿债能力

*ST盐湖公司2015—2019年偿债能力指标如表2所示。

表2 *ST盐湖公司2015—2019年偿债能力指标

项目	年份				
	2015	2016	2017	2018	2019
流动比率/%	83.53	69.04	58.65	36.48	31.45
资产负债率/%	69.67	68.21	73.02	74.95	229.01
产权比率/%	245.43	230.69	297.40	336.25	-146.00

流动比率越高,流动负债能够按时偿付的保证就越大,企业面临的短期流动性风险就越小。[2]一般认为,合理的流动比率为2。但*ST盐湖流动比率五年都低于正常值2,且越来越低,说明其流动资产抵偿流动负债的能力较弱,短期偿债能力很低,有较高的资金风险,应重视对流动资产与流动负债的平衡管理。

资产负债率表现企业债务占资产的比重,同时也可检测其财务的稳定情况。一般认为,我国上市公司资产负债率不超过50%。当公司的资产负债率过高时,会影响其未来的融资能力。*ST盐湖资产负债率五年来持续升高,企业的长期偿债能力较低。

产权比率可评估资金结构合理性,也可判断企业财务结构是否稳健。[3]一般情况下,产权比率越低,企业自有资本占总资产的比例越高,长期偿债能力也越好。企业设置的标准值为1∶2。但是*ST盐湖产权比率一直很高,且越来越高,表明该公司是高风险、高报酬的财务结构,并且长期偿债能力很低。

总体来看,*ST盐湖公司的短期和长期偿债能力都很差,应谨慎借款,注意资本结构。

1.2.3 营运能力

*ST盐湖公司2015—2019年营运能力指标如表3所示。

表3 *ST盐湖公司2015—2019年营运能力指标

项目	年份				
	2015	2016	2017	2018	2019
应收账款周转率/次	29.88	24.60	33.06	43.77	33.95
存货周转率/次	1.88	1.90	2.32	4.17	4.98
流动资产周转率/次	0.77	0.65	0.74	1.26	1.69
固定资产周转率/次	0.47	0.32	0.26	0.34	0.56
总资产周转率/次	0.15	0.13	0.14	0.23	0.37

应收账款是企业除存货外流动资产的另一重要科目。应收账款收回得及时,便可以提高企业资金的周转力度。*ST盐湖公司应收账款周转率总体上升,说明其资金使用效率的提高。

存货周转率可以反映存货的周转速度,也就是可以看出存货的流动性和资金占用的合理性。该公司存货周转率也总体上升,可以看出其存货占用水平降低,流动性提高,存货转换为应收账款或者现钱的进度加快。

对于流动资产周转率,*ST盐湖公司是呈上升趋势的,表示该企业流动资产周转速度快,利用得好。

固定资产周转率的次数越多,天数越少,反之周转天数越长。该公司固定资产周转率总体呈下降趋势，说明该企业对固定资产的利用率较低，获利能力也较差。

总资产周转率表示资产投资规模与销售水平比例的关系，该企业总资产周转率虽然整体呈上升趋势，但比率偏低，表明其速度加快，销售能力加强。

综上，*ST盐湖营运能力较为平稳，在缓慢提高。

1.2.4 盈利能力

*ST盐湖公司2015—2019年盈利能力指标如表4所示。

表4 *ST盐湖公司2015—2019年盈利能力指标

项目	年份				
	2015	2016	2017	2018	2019
营业利润率/%	2.05	2.27	-35.07	-18.53	-251.32
销售毛利率/%	52.29	42.68	33.52	26.18	26.47
总资产净利率/%	0.73	0.26	-5.19	-4.57	-95.69
成本费用利润率/%	8.71	5.48	-37.64	-19.35	-281.71

营业利润率综合反映一个企业或一个行业的营业效率。*ST盐湖从2017年营业利润率便呈负增长趋势，表明该企业销售商品带来的营业利润下降，盈利能力较弱。

销售毛利率五年来不断下降，可以看出行业竞争导致价格战爆发或者成本的上涨，这预示产品盈利能力的下降。

总资产净利率体现企业利用所有资产可获得利润的情况。该企业从2017年就一直呈负比率，说明公司投入产出水平逐年降低，资产运营变得无效，控制成本费用的水平变低。

成本费用利润率体现由经营耗费所带来的经营成果。[4] *ST盐湖从2017年成本费用利润率就呈负比率，可以看出其经济效益不好。

综上，可以看出，*ST盐湖从2017年开始，除销售毛利率以外，盈利能力指标均为负数，说明企业要改进策略，想办法提高盈利水平。

1.2.5 成长能力

*ST盐湖公司2015—2019年成长能力指标如表5所示。

表5 *ST盐湖公司2015—2019年成长能力指标

项目	年份				
	2015	2016	2017	2018	2019
营业收入增长率/%	3.89	-4.76	12.88	52.91	-0.23
营业利润增长率/%	-80.32	5.13	-1 833.02	19.21	-1 252
总资产增长率/%	18.87	2.77	-0.64	-9.00	-68.86

对于营业收入增长率，*ST盐湖在2016年和2019年为负增长，其余年份营业收入增长率均为正，可以看出企业营业收入有所增长，市场前景较好。但2019年又开始下降，未来不容乐观。

对于营业利润增长率，*ST盐湖2017年增长率较其他年份下跌严重，2018年增长率缓慢回升了些，但2019年又悬崖式下降，说明企业盈利能力堪忧。

对于总资产增长率，*ST盐湖从2017年便开始持续负增长，可以看出其资产经营规模扩张速度越来越慢。

综上，成长能力指标均呈下降趋势，形势严峻，企业未来经营活动成长态势不佳，抗风险能力较差。

2 ST盐湖财务困境成因分析

*ST盐湖财务困境的成因分为两大类：外部因素，包括国家的宏观政策、企业体制、资源开发利用率低、原材料采购价格上涨；内部因素，包括效益失控，只见规模不见效益，投资预算失控，利息、折旧、资产减值等拖垮利润，增收难增利，资产负债表错配等。

2.1 财务困境外部原因

2.1.1 宏观政策影响

近年来，为了充分利用自然资源，*ST盐湖融资了数百亿元，用来建设化工和镁钠业务，其中，由子公司盐湖镁业建设的金属镁一体化项目的投资力度最大，*ST盐湖低估了该项目的建设难度，建设期被迫延长至2018年。国家生态环境的法规越来越严格，金属镁项目被迫经常性停工。这也导致在项目开工前，累积的财务费用"蚕食"企业的利润，假若开工，*ST盐湖将亏损更多。

2.1.2 体制原因

国企大部分没有在产业上进行转型升级，却在规模上盲目扩张，结果就导致一些央企在行业最高峰的时候大肆扩张。如今经济放缓、产能过剩，这些企业不能应付现在的局势。再者，腐败现象的存在，比如中国铝业、东方航空在内的多家国企，都存在高管腐败的现象。腐败必然导致换帅频繁，新帅上任对企业也势必要有熟悉的过程，这对一家企业经营管理非常不利。

最后，央企机构臃肿，效率低下，无竞争力。活力和生命力的缺乏，让这些央企在垄断的环境内尚可生存，一旦加入市场竞争，生存能力便堪忧。

2.1.3 资源的开发利用率低

察尔汗盐湖是我国最大的可溶性钾镁盐矿床，有着约六百亿吨储量的各种盐类矿物、超过12万亿元的资源开采价值。然而，数据显示，2008年年末钾肥生产对盐湖资源的利用率仅占资源价值的5%左右。

2.1.4 原材料采购价格上涨

企业生产过程受原材料成本变动的影响很大。2019年上半年，镁板块层面，镁业公司由于原材料采购价格上涨等因素影响，导致生产未能按计划实施，因而造成17.8亿元的亏损。化工板块层面，化工系统没有实现既定提升负荷目标，加之部分产品价格下滑，上半年亏损4.27亿元。今后，原材料的价格会持续波动，如果公司无法采取有效措施应对，将对公司毛利率产生重大的影响，亦会影响公司的经营业绩。

2.2 财务困境内部原因

2.2.1 效益失控，只见规模不见效益

*ST盐湖自从单一型产业转变为多元性产业后，就开始不断地扩大规模，进行各种投资，不只是上文提过的金属镁一体化，综合利用一期、二期、海纳PVC一体化项目，还有ADC发泡剂工程、碳酸锂项目等，这些项目资金投资力度大、建设规模宏大，连连亏损，亏损比重超三成，持续地拉垮企业财务状况。

2.2.2 投资预算失控，利润增收难增利

最典型的就是金属镁一体化，在2010年开始建设该项目时，设置的总预算是200亿元，但是2018年投入预算已超400亿元。这个项目亏损也很厉害，开工亏损会更加严重，*ST盐湖2019年启动重整计划，拍卖时流拍数次。这仅仅是该项目的预算失去控制，还有其他例如利息、折旧等财务项目预算失控，让其更加深陷财务困境的泥潭。

2.2.3 资产负债表错配，以债养工程

通过分析现金流量表，可以看出，2011—2015年间，*ST盐湖进行集中扩建，但是投资资金并不足够支付资金需求，因此这个时期*ST盐湖还向外部进行融资，导致负债增加。2016年后企业扩建速度放慢，但偿债压力却越来越大。

2.2.4 生产建设安全失控，工程质量存在缺陷

据媒体报道，*ST盐湖多次发生工厂事故。例如，2011年金属镁一体化项目中，有6人被埋；2016年青海海纳化工有限公司发生混合型气体爆炸，7人死亡，8人受伤；2017年车间管道爆炸；2018年海纳化工有限公司发生闪爆等。这些事故的发生都说明其建设工程存在很大的安全隐患，质量堪忧。

3 *ST盐湖走出财务困境的对策

3.1 突出主营业务

*ST盐湖应将重整作为契机，剥离掉不良的资产。对公司实施市场化改革，继续推动改革脱困和转型升级工作，进一步做优和做强钾、锂主营业务，同时科学培育新的业务增长点。

（1）加大系统研发投入，确保原料供给。积极投资研发，提高自身技术水平，从而提升产品竞争力；加强人才的招聘和培养，改善员工的激励机制，提高研发人员薪酬水平及公司规划的参与权。依托多年来钾肥生产积累的经验，保质保量为钾、锂产品的生产提供充足原料。

（2）做强品牌，推进产业升级。在生产上，着力技术研发体制机制创新，深入分析问题，强化工艺技术攻关，力求在现有基础上取得突破和创新。做强"盐桥"品牌，竭力为客户提供优质产品，不断提升盐湖系列产品的知名度和影响力。

（3）完善公司治理，优化生产要素。建立有效、灵活的决策机制，以及严格的独立董事制度，充分发挥互相监督作用，形成规范、高效、可持续的治理机制。优化完善上市企业

内部管理机制，科学规范治理结构和决策机制，将专业人士引入董事会或监事会，完善上市公司的治理机制，进一步增强其决策的科学性和市场化机制建设的完善性。[5]

3.2 加强企业内部现金流管理

建立新的绩效指标，识别对公司发展有帮助的财务变量。增加日现金净流量，一般来说，企业现金短缺与企业陷入财务困境是相伴而生的，如果想走出财务困境，企业首先要解决的问题便是现金。制订严密的资金使用计划，构建以现金流量为中心的预算管理制度，以适应企业管理的要求。另外，企业可以通过 ERP 系统或者其他管理系统控制应付账款周期，还可以设立专门的资金管理部门。

3.3 建立完善的财务风险预警机制

引进管理型人才，结合自身企业状况，制定一套完善的财务风险预警机制，不仅仅预测财务风险，还设有监督机制，从各方面防范财务风险的发生，规避经营风险，保障企业健康发展。[6] 财务预警机制可从财务环境、财务活动、财务组织预警和财务危机预警四个维度构建。其中，财务环境分为外部财务环境和内部财务环境两个角度。外部财务环境可以建立法律环境预警、金融环境预警和经济环境预警；内部财务环境可分为企业战略、组织结构预警和生产经营预警。财务活动可以建立投资活动预警、筹资活动预警、资金运用预警和财务分析预警。

参考文献

[1] 王耀. 公司财务困境概念研究 [J]. 煤炭经济研究，2007（5）：42-45.
[2] 吴虹雁，沙俊，许未. ST 上市公司财务脱困测度指标筛选与确定 [J]. 财会月刊，2018（3）：20-27.
[3] 张立民，李琰. 持续经营审计意见、公司治理和企业价值——基于财务困境公司的经验证据 [J]. 审计与经济研究，2017，32（2）：13-23.
[4] 高爽. 财务弹性、财务困境和投资能力关系的检验 [J]. 会计之友，2018（20）：54-58.
[5] 李璐. 内部控制缺陷、公司治理结构与财务困境 [J]. 财会通讯，2018（3）：103-107.
[6] 王秋玮，叶枫. 新常态下 ST 公司财务困境预警研究——基于 C5.0 算法的财报面板数据 [J]. 财会通讯，2018（23）：107-111+129.

高校声乐教学中关于歌剧咏叹调演唱的几点思考

刘心纯[①]

(北京科技大学天津学院艺术学院,中国 天津 300385)

摘　要：歌剧咏叹调的演唱是高校声乐专业学生学习的重要部分。本文通过对当前高校声乐专业学生学习歌剧咏叹调现状的分析,深层次挖掘学习与演绎歌剧咏叹调应具备的条件以及歌剧咏叹调在高校声乐教学中存在的一些问题与改进措施,从而正确引导学生学习歌剧咏叹调并使高校声乐教学更加完善。

关键词：歌剧；歌剧咏叹调；高校声乐教育

歌剧咏叹调几乎是所有高校声乐专业学生的必修课程,在各类声乐比赛或考试中学生也经常把咏叹调作为演唱曲目。好的歌者在歌剧咏叹调的演唱中能够做到声情并茂并恰到好处地进行舞台表演,体现出表演者对作品细致的艺术加工与付出,可谓赏心悦目,亦能够深深打动观众。但也有很大部分学生仍然对演唱歌剧咏叹调的方法不求甚解,导致舞台演唱缺乏表现力、表演过于僵化、达不到较好的演唱效果,甚至直到毕业考试仍不够理解歌剧咏叹调、不能较为完整地演绎好一首歌剧咏叹调。针对此类现象,笔者根据教学经验谈一谈学生对歌剧咏叹调的学习与演唱,以及高校声乐教学中存在的一些问题。

1　缺乏对歌剧艺术的认知与学习,不注重歌剧咏叹调的"演"与"唱"

学生极少欣赏歌剧抑或缺乏对咏叹调和歌剧艺术的理解,并对歌剧咏叹调的演唱缺乏认知,是声乐专业学生在学习过程中普遍存在的问题,因此,理解歌剧及咏叹调的概念是演绎好歌剧咏叹调的前提。歌剧是一门综合的音乐舞台表演艺术,简单来说就是用音乐、戏剧表演、舞蹈、舞台艺术、管弦乐等相结合所表现的艺术体裁[1],而歌剧咏叹调是歌剧中人物角色在某一特定歌剧场景中抒发情感及影响剧情发展的独唱曲,是具有戏剧性的表演,是角色表达情感、延续歌剧剧情发展的重要成分。因此,对歌剧咏叹调所出自歌剧的剧情、角色、故事情节等信息进行了解,是演唱和学习歌剧咏叹调的前提；并且还要对所演唱咏叹调的人物角色的性格、唱段、歌词、情感表达等内容进行分析,才能进行较为恰当的演绎。

在我所担任过的声乐考试与比赛的评委工作中,"只唱歌,不演绎"歌剧咏叹调的情况

---

① 刘心纯,男,1988年9月出生,河北迁安人,硕士研究生,北京科技大学天津学院艺术学院音乐系声乐教师,研究方向为声乐演唱与表演。

屡见不鲜。在台上，歌者往往只极力展现其演唱技巧而不重视表现作品的情感与剧中人物的表演，必然达不到演绎歌剧咏叹调的效果。综上所述，要想演绎好一首歌剧咏叹调，单单只掌握其演唱是不够的，首先必须在明确歌剧咏叹调概念的同时了解其整部歌剧所表达的故事情节，并分析角色人物之间的关系，研究所演唱咏叹调的剧中人物角色并对唱段加以分析。这样才能对作品有更进一步认识，使舞台上的表演更加生动并符合剧中人物形象。

2 专业教师在歌剧咏叹调教学中应发挥的作用

专业教师的正确指导是声乐演唱教学的关键。每个人都有其独特的发声器官构造与共鸣腔体，由于歌剧咏叹调由歌剧中的角色所演唱，因此，与唱段声部的匹配至关重要。我们知道，单就男声声部而言包括男高音、男中音、男低音等，而男高音还要细分为抒情男高音、戏剧男高音、假声男高音等，作为声乐教师必须对自己所教授的每一位学生的声部、音色、演唱特点等胸有成竹，并有针对性地为学生布置适合其演唱的歌剧咏叹调作品，切不可在选择作品时较为随意。所选歌剧咏叹调曲目应当难度适中、声部相符，并且学生有能力较好地完成咏叹调中角色的表演。在演唱一首歌剧咏叹调前，需要进行学习与准备工作，包括歌词、读谱、演唱技巧、角色演绎、设计表演、与伴奏的配合等，每一项工作都要认真完成并用心体会，这不仅需要学生刻苦努力进行研究，更需要在合格的专业教师指导下完成。

通常高校的声乐专业学生考试或举办音乐会的伴奏形式往往是钢琴伴奏，在这里我主张声乐教师介入学生和钢琴伴奏的"合伴奏"过程，及时针对"伴""唱"二者的艺术合作与配合进行指正，从而使表演得到更好的呈现。另外，我对于"只教技巧，不教表现"的方式不认同，演唱技巧必然重要，但舞台的表演与演唱表现力是声乐艺术的核心，良好的演唱技巧更是为舞台表现服务的，因此，声乐教师必须在讲授声乐演唱技巧的同时注重学生对作品的情感处理，并培养学生在声乐演唱过程中良好的情感表达能力与演唱表现力。

3 重视并加强中国原创歌剧咏叹调的学习

近年来，我国创作了大量优秀的歌剧作品，如国家大剧院的《运河谣》《冰山上的来客》《长征》等、山东歌舞剧院的《沂蒙山》等作品，为我国歌剧艺术文化的发展做出了突出贡献，其中更是不乏优秀歌剧咏叹调唱段。当前高校声乐教学曲目中的咏叹调仍大多为外国作品，对于刚读大一或大二、初学声乐的学生来说，由于西方歌剧作品的时期、文化、语言上的差异，对歌剧咏叹调的学习较难"入门"，造成对歌剧艺术缺乏兴趣，而只去学习自己认为好听或老师所要求学习的歌剧咏叹调曲目，最终导致尽管能够演唱该咏叹调，但对其所选自歌剧的创作时期、创作背景、剧中情节、人物角色等信息了解甚少。这必然会导致学生"机械地"演唱，无法更好地表达剧中角色人物所要表达的情感。中国原创歌剧的剧本素材大多来源于我国历史、民间故事或文学作品等，演唱中国原创歌剧对于高校声乐专业的学生来说还有一项重要的优势——语言优势，即用中文演唱歌剧能够使学生更容易且较直观理解作品并深入挖掘剧中角色的人物性格与情感表达，这对于学生理解与演绎歌剧艺术是极其有利的，因此，在高校声乐教学中重视并加强中国原创歌剧的学习十分必要。

4 注重歌剧排演实践

歌剧艺术发源于欧洲，欧洲的歌剧表演艺术对于大众来说已十分普及，各大、小剧院的歌剧上演率较高,这也为当地声乐专业的学生提供了大量歌剧表演的机会。而在我国,由于歌剧表演事业发展相对较晚,各剧院的歌剧上演率并不频繁,绝大多数声乐专业的学生很少有在剧院排演歌剧的机会。众所周知,歌剧表演艺术是不能够脱离舞台的,如果学生平日里只进行理论知识的学习、练声、学作品、上课而缺少舞台表演的实践,就无法真正理解与感受歌剧表演艺术。因此,当前声乐教育中应当注重并加强学生的歌剧排演实践,定期制订歌剧排演计划,由专业教师、导演、指挥、伴奏、艺术指导等定期为学生进行排练,合理安排歌剧角色分配。在歌剧的排演过程中不仅能够使学生了解并学习到歌剧从排练到演出的过程细节,还能够促进学生之间相互学习、取长补短、充分调动学生舞台表演的积极性,从而使学生在排演中不断完善舞台表现,使表演更加成熟、完美。[2]

5 结语

近年来随着信息技术的发展和网络的普及,歌剧这门艺术已被越来越多的人所熟知并喜爱,无论是音乐会还是各类声乐比赛中,都经常会上演著名的歌剧咏叹调及歌剧选段。人们对艺术的重视与审美追求也越来越高,追求更高的艺术标准也成为当今高校艺术教育的准则。歌剧咏叹调作为高校声乐教育的重点,不仅要重视学生演唱技巧方面的训练,更应使学生深入理解歌剧艺术、体会剧中人物角色并注重情感表现与舞台表演。高校的声乐教育还应当注重学生全面的歌剧表演素养的提升,并注重舞台实践,引导学生正确学习与演唱歌剧咏叹调。作为高校专业教师也应条理清晰地进行教学并不断提高自身教学水平,从而提升学生的舞台表演能力,为我国歌剧艺术事业培养更多可用之材。

参考文献

[1] 卢广瑞. 中外歌剧舞剧音乐剧鉴赏 [M]. 重庆:西南师范大学出版社,2007.
[2] 张策. 高校歌剧排演思索 [J],音乐生活,2019(12):40-43.

地方特色户外广告公益设计[1]

王千妹　赵博靓　李文红[2]

(北京科技大学天津学院艺术学院，中国 天津 301830)

摘　要：为促进城镇特色独立发展，研究具有地方特色的户外广告公益设计，本文采用文献资料法、实地调查法对地方特色户外广告公益设计进行梳理。本文认为，当前存在城镇地方特色发展不明确、市场活力不足、内部文化建设观念不强、版权意识不强等问题，并针对这些问题提出对策：针对城乡特色的工农业发展，制订一套完整的可持续发展计划；为城镇进行特色包装，提高外部人员的关注度；针对城镇特色，建设专门内部文化框架；劝诫当地宣传部不随意剽窃网上创意直接为己所用。

关键词：户外广告；公益设计；地方特色

户外广告设计是一种典型的城市广告设计，一个城市的地方广告可以说是这个城市的"名片"，它不但可以提高一个城市的软实力，也是城市化进程的重要现象。随着社会经济的发展，户外广告已不仅仅是一种传播媒介形式，也成为现代化城市环境建设布局和城市景观的一个重要组成部分。户外广告的种类有路牌广告、灯箱广告和霓虹灯广告等，它可以以多种形式被广泛应用在如路牌、高立柱、公交站牌、地铁、火车站、高铁站、机场等。[1]

随着科学技术日新月异的发展和信息时代瞬息万变的进步，户外广告因其独特的魅力和多样的表现形式在城市环境中得到展现。一个优秀的地方特色户外广告，能给予市民丰富的生活体验，使城市的服务功能更加完善。地方特色户外广告可以从某种角度去体现这个城市的文明、物质水平、精神面貌等。一个城市的户外广告是城市形象与其自身文化融合的一个重要体现，也是人文景观的组成部分。在当今各大城市的形象定位中，户外广告占据了极重要的地位，包括城市IP形象、户外招贴广告等。大部分的城市吉祥物都结合了地方特色、特产，比如，日本的每个县都有吉祥物，吉祥物的数量多达5 000多个，其中最"出圈"的应该数熊本县的"熊本熊"。一个成功的城市吉祥物不仅可以加深人们对一个城市的印象，甚至可以对整个城市的知名度和收益都带来极大的提升，进而促进当地旅游业的发展。对于那些没有其他经济收入、没有大的工业企业支撑的城市来说，发展旅游业是重要的收入渠

---

[1] 基金项目：天津市大学生创新训练计划项目"天津宝坻区城市建设中户外广告设计"，项目编号202013898011。
[2] 王千妹，女，2000年1月26日出生，河南郑州人，北京科技大学天津学院艺术学院本科在读生。赵博靓，女，2000年3月29日出生，山西大同人，北京科技大学天津学院艺术学院本科在读生。李文红，女，1981年11月28日出生，河北保定人，北京科技大学天津学院艺术学院艺术设计系副主任，硕士，副教授。

道。当下我国的户外广告设计仍然处于起步阶段，还没有形成相对成熟的体系，在设计环境、设计管理等方面出现了各种乱象，这也就造成了城市户外广告与城市其他景观之间不和谐现象。这些乱象不仅影响整个户外广告体系本身的良性发展，更加影响到了一个城市软实力的提升。所以，城市户外广告对整个城市形象影响的研究具有十分重要的意义。

1　国内大部分城镇乡村需要户外广告这样的名片

城镇农村的户外广告市场的发展不容忽视，比如，城镇街道的一些户外喷绘、横幅、墙体广告，电线杆、墙壁上的广告随处可见，但是，这些户外广告形式杂乱、设计粗糙、档次低。优化农村广告环境、广告质量，开拓农村户外广告市场，发挥户外广告的视觉特征，让农村的户外广告有质、有效、有特色，对促进新农村文化建设具有重要意义。[2] 随着我国市场经济的发展，在互联网媒体的影响下，我国越来越重视农村户外广告设计的影响。此次创意团队参与宝坻地方特色户外广告公益设计，根据宝坻区地方特色，选取了当地极具特色的农业和悠久的中国传统文化展开设计。结合宝坻区城镇特点，我们听取相关专家建议，查找相关资料，制作符合城市特色的户外公益广告。宝坻大蒜、宝坻大葱、宝坻天鹰椒，都是宝坻当地的特产，但宣传不到位，没有好的包装宣传。鉴于此，本文从户外广告设计互补性的不足谈起，并对提升互动性的方法进行了总结，以期起到一定的启示作用。

2　我国城镇农村户外广告发展现状

城镇相对于城市来说，有太多的制约和不确定因素。比如，城镇的设计人才远比城市要缺乏，这就制约了城镇户外广告设计的质量和效果；又如，城镇地域范围比城市广，大众的文化素质相对低，对政府来说要形成科学有效的管理制度比较困难。随着城镇化进程的加快、经济的发展，城镇户外广告的现状有所改善。城镇户外广告作为固定性的一种大众媒体，是企业宣传产品、展示形象、赢得市场竞争的重要手段。随着社会主义新农村市场经济的发展，城镇户外广告也必将呈现跨越式、多样化的发展趋势。城镇户外广告的发展水平还处于初级阶段，现户外广告基本只是在数量、尺寸、形式上有所发展，还发挥不出户外广告本身应该具有的视觉引导功能、视觉识别功能、视觉愉悦功能。所以，如果没有统一设计，没有专业人士的宣传设计，城市户外广告只会变成网上随处可见却只是变了城市名字的贴图，对城市形象宣传与发展毫无意义。城市户外广告设计需要的是针对本城市特色加以升华的户外广告，能让人眼前一亮，瞬间联想到该城市的特点。

3　结合我国城镇农村特色寻找户外广告定位

这次的地方特色户外广告公益设计，充分发挥了各人的艺术专长并结合了我国城镇农村特色。以天津市宝坻区为例，宝坻区农业特色鲜明，有丰富的农业特产，利用宝坻大葱、宝坻大蒜、宝坻天鹰椒、宝坻黄板泥鳅、宝坻潮白河鲫鱼、宝坻水稻等农业特色产品，评剧文化、葫芦博物馆、二十四孝等，还有潮白河等元素加以提炼、总结、准确定位、升华，并以社会主义核心价值观、"中国梦"为主题制作出一系列户外广告海报、宣传册等，成为宝坻区文化经济发展的点睛之笔，让更多来到、经过宝坻区的人对宝坻区印象更加深刻，为宝坻区绘制了专属的统一名片，让城市户外广告也成为宝坻一道亮丽的风景。这样既提升了宝坻城市景观的格调，又营造出了和谐美好、文明温馨的人文环境。

4　总结我国城镇农村户外广告优质设计

在设计初期，我们也参考了许多地方特色户外广告设计的优秀案例，比如《地域文化元素在城市综合体中的设计转化——以常德老西门为例》这篇研究论文[3] 提到，擂茶是湖南常德特有的一种饮食文化，有非常独特的制作方式，营养价值也是很高，很受当地群众的喜爱。常德可提取擂茶文化的内涵，深入剖析擂茶文化，创作擂茶文化的专有色彩和独特的感觉，经过巧妙的合理设计，制作出一套优秀的城市户外广告设计。

5　结束语

综上所述，一方面，包含户外广告设计在内的视觉传达设计，从来都不是设计者个人的自娱自乐，其最终目的是要传递信息、传情达意；另一方面，在当今这个视觉图像时代，各类图像信息已经给人们造成了严重的审美疲劳，设计必须要推陈出新、出类拔萃，才能获得他人关注。基于以上两点，让作品呈现出鲜明的互动色彩，正是提升作品质量的重要渠道，可以让观众感受到设计者的诚意，表现出一种人文关怀。[4] 本文也正是基于此目的，就户外广告设计互动性的提升路径进行了总结，也希望今后涌现出更多具有鲜明互动色彩的优秀作品，成为当代艺术设计和户外景观中一道亮丽的风景线。

参考文献

[1] 刘晓喜，李松. 城市景观家具的设计方向［J］. 科技创业月刊，2015，4（10）：98-99.
[2] 杜洁. 浅论新农村城镇户外广告的视觉设计［D］. 长沙：湖南师范大学，2014.
[3] 陈丹妮. 地域文化元素在城市文化综合体中的设计转化——以常德老西门为例［J］. 智库时代，2017，9（5）：240-243.
[4] 程姝文. 广告视觉传达发展趋势的探析［J］. 建材与装饰. 2016，（34）：180-181.

单侧假设检验中假设建立的探讨

郭 萱[①]　梁登星　鲍 勇

(北京科技大学天津学院基础部，中国 天津 301830)

摘　要：假设检验是推断统计中的一项重要内容，现实生活中有大量的事例可以归结为假设检验问题。假设检验问题可以分为参数假设检验和非参数假设检验，本文探讨参数假设检验范畴的内容。在单侧假设检验问题中原假设和备择假设的建立是一个难点。本文首先回顾了假设检验的基本原理、假设检验中的两类错误和 P 值，分别给出三个案例，基于常用的原假设和备择假设建立的原则分别提出原假设和备择假设，探索性地结合假设检验 P 值的大小分析单侧假设检验中原假设和备择假设的建立是否合理。结果表明：单侧假设检验中研究问题背景不同时会提出不同方向的假设检验，在不同的背景下提出左侧假设检验和提出右侧假设检验都有可能是合理的，但针对具体的实际问题，使检验统计量的值和临界值同号的假设方向更合理。

关键词：单侧假设检验；原假设；备择假设；P 值

引言

假设检验是先对总体参数提出一个假设值，然后利用样本信息判断这一假设是否成立。假设检验问题分为两大类：一是参数假设检验，即对总体中某个数字特征提出假设检验；二是非参数假设检验，即是对总体的分布、总体间的独立性及是否同分布等方面的检验。本文只讨论参数的假设检验问题。作为推断统计的一项重要内容，单侧假设检验中原假设和备择假设的建立问题是一个难点；如何在实际问题中选择较为合理的原假设和备择假设，是值得关注的问题。

本文通过三个具体的实际案例，主要围绕在单侧假设检验中如何通过假设建立原则提出原假设和备择假设，在此基础上探索性地结合假设检验 P 值的大小讨论假设方向如何设置更为合理。

[①] 郭萱，女，1992年3月8日出生，山西忻州人，基础部教师，硕士，主要研究方向为概率论与数理统计，2018年8月至今在北京科技大学天津学院工作。

1 假设检验的基本原理、两类错误和 P 值

1.1 假设检验的基本原理

假设检验采用逻辑上的反证法，即为了检验一个假设是否成立，首先假设它是真的，然后对样本进行观察，如果发现了不合理的现象，则可以认为假设是不合理的，拒绝假设；否则可以认为假设是合理的，接受假设。其采用的反证法带有概率性质。所谓假设不合理不是绝对的，是基于小概率原理。生活常识告诉我们，"小概率事件"在一次随机试验（一次抽样）中几乎不会发生，那么一旦发生了，就有充足的理由说明一些问题，故假设检验的原理是小概率原理。

1.2 假设检验中的两类错误

假设检验做出判断时会出现四种情况。
（1）原假设真实，接受原假设，进行正确决策。
（2）原假设不真实，拒绝原假设，进行正确决策。
（3）原假设真实，拒绝原假设，进行错误决策。
（4）原假设不真实，接受原假设，进行错误决策。

在做出统计决策时，由于样本的随机性，可能犯两类错误。[1] 下面以右侧检验 $H_0: \mu \leq \mu_0$，$H_1: \mu > \mu_0$ 为例说明。

第一类错误：$H_0: \mu \leq \mu_0$ 成立，但由于样本的随机性，检验统计量的值也可能大于临界值，落在 H_0 的拒绝域。故当原假设实际成立而拒绝原假设的错误，称为第一类错误或弃真错误。一般地，人们会事先给定允许犯第一类错误的概率的上限 α，用概率表达为：

$$\text{犯第一类错误的概率} = P(\text{拒绝}\,H_0 \mid H_0\,\text{为真}) \leq \alpha$$

第二类错误：如果 $\bar{X}$ 实际上是来自 $H_1: \mu > \mu_0$，在这种场合下按理不应接受 H_0，但同样因样本的随机性，检验统计量的值仍有可能落在 H_0 的接受域。即当原假设实际不成立但没有拒绝原假设的错误，称为第二类错误或纳伪错误。人们常把犯第二类错误的概率的上限记为 β，用概率表达为：

$$\text{犯第二类错误的概率} = P(\text{不拒绝}\,H_0 \mid H_0\,\text{为伪}) \leq \beta$$

这两类错误存在这样的关系：当 α 增大时，β 减小；当 β 增大时，α 减小。两类错误就是一个跷跷板。人们自然希望犯两类错误的概率都尽可能小，但实际很难做到，要使 α 和 β 同时减小的唯一办法是增加样本量，但样本量的增加又会受许多因素的限制，所以人们只能在两类错误的发生概率之间进行平衡，使得 α 与 β 控制在能够接受的范围内。一般来说，发生哪一类错误的后果更为严重，就应该首要控制哪类错误发生的概率，但由于犯第一类错误的概率是可以由研究者控制的，因此在假设检验中，人们往往先控制第一类错误发生的概率。[2]

1.3 假设检验中的 P 值

在一个假设检验问题中，利用样本观测值能够做出拒绝原假设的最小显著性水平为检验的 P 值。[3] 其不同于给定的显著性水平 α，P 值是客观存在的。以单个正态总体均值的假设

检验为例给出 P 值的计算公式，如表1所示。

表1 单个正态总体均值的假设检验

检验法	H_0	H_1	检验统计量	拒绝域	P 值
Z 检验（总体标准差已知）	$\mu \leq \mu_0$	$\mu > \mu_0$	$z_c = \dfrac{\bar{x}-\mu_0}{\sigma/\sqrt{n}}$	$\{z_c \geq z_\alpha\}$	$1-\phi(z_c)$
	$\mu \geq \mu_0$	$\mu < \mu_0$		$\{z_c \leq -z_\alpha\}$	$\phi(z_c)$
	$\mu = \mu_0$	$\mu \neq \mu_0$		$\{|z_c| \geq z_{\alpha/2}\}$	$2(1-\phi(|z_c|))$
T 检验（总体标准差未知）	$\mu \leq \mu_0$	$\mu > \mu_0$	$t_c = \dfrac{\bar{x}-\mu_0}{s/\sqrt{n}}$	$\{t_c \geq t_\alpha(n-1)\}$	$P(t \geq t_c)$
	$\mu \geq \mu_0$	$\mu < \mu_0$		$\{t_c \leq -t_\alpha(n-1)\}$	$P(t \leq t_c)$
	$\mu = \mu_0$	$\mu \neq \mu_0$		$\{|t_c| \geq t_{\alpha/2}(n-1)\}$	$P(|t| \geq |t_c|)$

一般地，若 P 值 ≤ 0.01，称推断拒绝 H_0 的依据很强或称检验是高度显著的；若 $0.01 < P$ 值 ≤ 0.05，称推断拒绝 H_0 的依据是强的或称检验是显著的；若 $0.05 < P$ 值 ≤ 0.1，称推断拒绝 H_0 的理由是弱的，检验是不显著的；若 P 值 > 0.1，则没有理由拒绝 H_0。P 值越小，拒绝原假设的理由越充分。[4]

2 原假设和备择假设建立的探讨

2.1 原假设和备择假设建立的原则

一般来讲，原假设上放原有的、传统的观点或结论，所谓"原有的、传统的"是指原有的理论、原有的看法、原有的状况，或者说是那些历史的、经验的、被大多数人所认可和接受的东西，在没有充分证据证明其错误时，总是假定是正确的，处于原假设被保护的位置。而那些新的、可能的、猜测的东西则处于备择假设的位置；备择假设上放那些新的、可能的、猜测的东西。[5] 基于以上原假设和备择假设建立的原则，分析以下三个案例的原假设和备择假设如何提出。

案例1：某一小麦品种的平均产量为 5 200 kg/hm²。一家研究机构对小麦品种进行了改良，以期提高产量。为检验改良后的新品种产量是否有显著提高，随机抽取 36 个地块进行试种，得到的样本平均产量为 5 275 kg/hm²，标准差为 120 kg/hm²。试检验改良后的新品种产量是否有显著提高。[2]（$\alpha = 0.05$）

案例1中，我们更加关注小麦产量的上限，即平均产量达到多少我们就拒绝原假设，有充足的理由认为小麦产量是显著提高的。备择假设要放新的命题，改良后平均产量增加是新的命题，于是检验的形式为 $H_0: \mu \leq 5\ 200$，$H_1: \mu > 5\ 200$，是右侧检验，也叫上限检验。

案例2：一汽车制造商声称某型号轿车在高速公路上每加仑汽油燃料平均可行驶 35 英里（1英里约等于1.61千米）。一消费者组织试验了39辆此种型号的轿车，发现燃料消耗的平均值为 34.5 英里·加仑$^{-1}$。在正态分布 $N(\mu, 1.5^2)$ 假设下检验制造商的声称是否属实？[6]（$\alpha = 0.05$）

案例2中，如果制造商的说法属实，即每加仑汽油燃烧的平均行驶里程达到 35 英里，我们会选择相信这个制造商，问题是样本均值小于 35 英里时是否相信制造商，由于抽样的随机性，样本均值略小于 35 英里的情况也会经常出现。在这种场合下，更加关注可以容忍的下限，即当每加仑汽油燃烧的平均行驶里程低于什么水平时拒绝。于是检验的形式为 H_0：

$\mu \geq 35$，H_1：$\mu<35$，是左侧检验也叫下限检验。

案例3：一个汽车轮胎制造商声称，某一等级的轮胎的平均寿命在一定的汽车重量和正常行驶条件下大于40 000 千米，对一个由20 个轮胎组成的随机样本进行了试验，测得平均值为41 000 千米，标准差为5 000 千米。已知轮胎寿命的公里数服从正态分布，能否根据这些数据得出该制造商的产品同他所说的标准相符的结论？（$\alpha = 0.05$）

案例3 原假设和备择假设的建立如果是左侧假设检验，设立为：

$$H_0: \mu \geq 40\,000,\ H_1: \mu < 40\,000 \tag{1}$$

如果是右侧假设检验，假设建立为：

$$H_0: \mu \leq 40\,000,\ H_1: \mu > 40\,000 \tag{2}$$

案例3 中，如果像案例2 一样，我们更加关注可以容忍的下限，即当行驶里程低于什么水平时拒绝，假设的提出为式（1）。此时偏向于信任制造商，将其声称的行驶里程大于40 000 千米放在原假设上，相应地提出备择假设。另外一种情况会出现，如果制造商在过往的记录中信誉较差，其陈述的行驶里程大于40 000 千米有很大的概率不成立，此时应该将行驶里程大于40 000 千米放在备择假设上，只有小概率事件的发生，才有充足的理由信任制造商。所以案例3 中，如果是偏向于保守的消费者，假设问题的提出会选择方式（2），以求最大限度保护个人利益；如果按照假设检验一般的提法，会选择方式（1）。

2.2 结合 P 值讨论假设的建立

P 值可以在假设检验中做决策。本文探索性地结合假设检验 P 值的大小讨论假设方向如何建立更为合理。以下分别给出案例1、案例2 和案例3 的计算结果，并结合 P 值进行讨论。

2.2.1 案例1 的假设检验

按照临界值检验法计算如下：

①H_0：$\mu \leq 5\,200$，H_1：$\mu > 5\,200$。

②计算的检验统计量为 $z_c = \dfrac{5\,275 - 5\,200}{120/\sqrt{36}} = 3.75$。

③给定的显著性水平0.05 对应的临界值通过查表得出，为 $z_{0.05} = 1.645$。

④因为 $z_c = 3.75 > z_{0.05} = 1.645$，拒绝原假设，有充足理由认为改良后的新品种产量有显著提高。

右侧假设检验不难得到 $P = P(z \geq z_c) = 1 - \phi(z_c) = 1 - \phi(3.75) = 0.000\,1$。不妨在案例1 中，将原假设和备择假设建立为左侧假设检验，此时计算如下：

①H_0：$\mu \geq 5\,200$，H_1：$\mu < 5\,200$。

②计算的检验统计量为 $z_c = \dfrac{5\,275 - 5\,200}{120/\sqrt{36}} = 3.75$。

③给定的显著性水平0.05 对应的临界值通过查表得出，为 $-z_{0.05} = -1.645$。

④因为 $z_c = 3.75 > -z_{0.05} = -1.645$，不拒绝原假设，可以认为改良后的新品种产量提高。

左侧假设检验中，$P = P(z \leq z_c) = \phi(z_c) = \phi(3.75) = 0.999\,9$。

讨论：左侧假设检验和右侧假设检验都得出了产量有显著提高的结论，但含义是不一样的。右侧假设检验中，拒绝原假设，小概率事件发生有充足的理由认为产量有显著提高。在左侧假设检验中,接受原假设小概率事件没有发生,接受原假设的理由是不充分的,只能说明没有找到备择假设错误,不能说明原假设一定是正确的,即产量提高的结论是不充分的,是没有统计意义的。同时,我们关注到,在两个方向的假设检验中,右侧假设检验检验统计量的值与临界值是同号的,右侧假设检验 P 值较小,否定原假设的理由是充分的。左侧假设检验中 P 值较大,P 值是真实的显著性水平。在左侧假设检验中接受了产量大于 5 200 kg·hm² 的陈述也不会采取任何行动,而右侧假设检验中落入拒绝域小概率事件的发生使得我们认为小麦产量确实提高了,改良的方法可以推广应用。

综上,在案例 1 中结合 P 值右侧假设检验的提法更合理。

2.2.2 案例 2 的假设检验

按照临界值检验法计算如下:

①H_0:$\mu \geq 35$,H_1:$\mu < 35$。

②计算的检验统计量为 $z_c = \dfrac{34.5 - 35}{1.5/\sqrt{39}} = -2.08$。

③给定的显著性水平 0.05 对应的临界值通过查表得出,为 $-z_{0.05} = -1.645$。

④因为 $z_c = -2.08 < -z_{0.05} = -1.96$,拒绝原假设,认为制造商的声称不属实。

左侧假设检验中 $P = P(z \leq z_c) = \phi(z_c) = \phi(-2.08) = 0.0188$,不妨在案例 2 中,将原假设和备择假设建立为右侧假设检验,此时计算如下:

①H_0:$\mu \leq 35$,H_1:$\mu > 35$。

②计算的检验统计量为 $z_c = \dfrac{34.5 - 35}{1.5/\sqrt{39}} = -2.08$。

③给定的显著性水平 0.05 对应的临界值通过查表得出,为 $z_{0.05} = 1.645$。

④因为 $z_c = -2.08 < z_{0.05} = 1.645$,所以不拒绝原假设,认为制造商的声称不属实。

右侧假设检验中 $P = P(z \geq z_c) = 1 - \phi(z_c) = 1 - \phi(-2.08) = 0.9812$。

讨论:左侧假设检验拒绝原假设,P 值为 0.0188,有充足的理由认为制造商声称不属实。右侧假设检验不拒绝原假设,P 值为 0.9812,认为制造商的声称不属实。结合 P 值来看,左侧假设检验 P 值较小,拒绝原假设依据是强的。关注到左侧假设检验中检验统计量的值为负数,临界值也是负数,检验统计量的值与临界值是同号的。结合实际背景即为小概率事件发生了,有充足理由质疑制造商,进行决策时不购买该型号轿车,对消费者有利。

综上,在案例 2 中结合 P 值左侧假设检验的提法更合理。

2.2.3 案例 3 的假设检验

按照临界值检验法计算如下:

①H_0:$\mu \geq 40\,000$,H_1:$\mu < 40\,000$。

②计算的检验统计量为 $t_c = \dfrac{41\,000 - 40\,000}{5\,000/\sqrt{20}} = 0.894$。

③给定的显著性水平 0.05 对应的临界值通过查表得出,为 $-t_{0.05}(19) = -1.7291$。

④因为 $t_c = 0.894 > -t_{0.05}(19) = -1.7291$,不拒绝原假设,可以认为轮胎使用寿命大于 40 000 千米。

左侧假设检验中 $P = P(t \leq t_c) = P(t \leq 0.894) = 0.8087$。不妨在案例 3 中,将原假设和备择假设建立为右侧假设检验,此时计算如下:

①$H_0: \mu \leq 40\,000$,$H_1: \mu > 40\,000$。

②计算的检验统计量为 $t_c = \dfrac{41\,000 - 40\,000}{5\,000/\sqrt{20}} = 0.894$。

③给定的显著性水平 0.05 对应的临界值通过查表得出，为 $t_{0.05}(19) = 1.729\,1$。

④因为 $t_c = 0.894 < t_{0.05}(19) = 1.729\,1$，所以不拒绝原假设，认为轮胎使用寿命小于 40 000 千米。

右侧假设检验中 $P = P(t \geq t_c) = P(t \geq 0.894) = 0.191\,3$。

讨论：案例 3 与案例 1 和案例 2 都不同，其特殊性在于无论提出左侧假设检验还是右侧假设检验，都不会拒绝原假设，即不同的假设方向在这个问题中是没有统计意义的。右侧假设检验的背景是这个轮胎制造商的声誉较差，将均值大于 40 000 千米放在备择假设，小概率事件的发生才有足够的理由信任轮胎制造商；左侧假设检验的背景是这个轮胎制造商声誉较好，保护轮胎制造商的声称，将均值大于 40 000 千米放在原假设。在不知道背景的情况下，站在对消费者有利的角度，会提出右侧假设检验。同时我们关注到，右侧假设检验其检验统计量的值与临界值同号，右侧假设检验中实际犯第一类错误的概率（即 P 值）比左侧假设检验 P 值小。

综上，在案例 3 中结合 P 值右侧假设检验的提法更合理。

3 结论

本文基于假设检验中原假设和备择假设建立的原则分别对三个案例建立原假设和备择假设，在此基础上结合 P 值探讨了三个案例中原假设和备择假设的建立是否合理，得到以下结论。

（1）案例 1 按照原假设和备择假设建立的原则应建立为右侧假设检验，根据给出的样本观测值计算得到的结果为拒绝原假设，即改良后的新品种有显著提高。同时关注到右侧假设检验中 P 值较小且临界值和检验统计量的值均为正数，故在案例 1 中右侧假设检验的建立更加合理。

（2）案例 2 按照原假设和备择假设建立的原则应建立为左侧假设检验，根据给出的样本观测值计算得到的结果为拒绝原假设，即认为制造商声称不属实。同时关注到左侧假设检验中 P 值较小且临界值和检验统计量的值均为负值，故在案例 2 中左侧假设检验的建立更加合理。

（3）案例 3 按照原假设和备择假设建立的原则应建立为左侧假设检验，根据给出的样本观测值计算得到的结果为不拒绝原假设，可以认为轮胎寿命大于 40 000 千米。同时关注到左侧假设检验中检验统计量为正数，临界值为负数，也就意味着 P 值是较大的，在右侧假设检验中检验统计量的值和临界值均为正数，P 值比左侧假设检验 P 值小，即案例 3 中虽然不同的假设方向都落在接受域，但右侧假设检验的建立更加合理。

综合三个案例，在单侧假设检验中，当建立某一个方向的假设检验时，如果计算得到检验统计量的值与临界值是同号的，其 P 值比另一个方向假设检验的 P 值小，此时假设检验的方向是更合理的。

参考文献

[1] 向书坚. 统计学 [M]. 北京：中国统计出版社，2010.
[2] 袁卫. 统计学 [M]. 北京：高等教育出版社，2014.
[3] 茆诗松. 概率论与数理统计教程 [M]. 北京：高等教育出版社，2010.
[4] 盛骤. 概率论与数理统计 [M]. 北京：高等教育出版社，2008.
[5] 贾俊平. 统计学 [M]. 北京：中国人民大学出版社，2018.
[6] 茆诗松. 数理统计学 [M]. 北京：中国人民大学出版社，2016.

神经网络的自适应有限时间容错同步控制

李 强[①]　张悦娇

(北京科技大学天津学院基础部，中国 天津 301830)

摘　要：本文研究了两个神经网络系统的自适应有限时间同步控制问题。首先，设计自适应控制器和参数更新率，对误差动态系统的同步需求进行精准的实时控制。其次，采用故障容错控制方法，解决了神经网络系统中出现的故障问题，保证了闭环系统的稳定运行。再次，利用有限时间同步控制方法，使同步误差系统能快速地收敛到平衡点，从而节约实际成本。最后利用仿真算例，验证了所得结论的正确性和控制策略的有效性。

关键词：神经网络；自适应控制；容错控制；有限时间同步

引言

20 世纪 40 年代，神经元的数学模型首次被国外学者提出，利用人工神经网络模型可以模拟大脑的神经网络活动。随着科学技术的不断发展，神经网络系统模型在医学、数学、电子科学等领域的应用日益广泛。神经网络模型也出现了很多类型，有忆阻神经网络、Hopfield 神经网络、Cohen-Grossberg 神经网络等，并且取得了很多研究的成果[1-3]。近些年，驱动-响应神经网络系统同步的研究受到了国内外众多学者的关注。

对于驱动-响应神经网络系统同步控制的方法有很多，如间歇控制[4]、牵引控制[5]、脉冲控制[6]、自适应控制[7] 等。不同于其他控制方法，自适应控制方法中的控制器增益是实时变化的，会根据同步动态误差系统偏离平衡点的具体情况，相应地发生改变，这样既实现了对闭环系统的有效控制，又节约了实际的成本。因此，通过设计直接调节增益的自适应控制器，对误差系统进行控制的方法得到广泛应用。神经网络系统的渐近同步或指数同步能够保证同步误差在时间趋于无穷时到达收敛，然而在实际生活中，往往希望提高工作中效率、节约时间成本，这种背景下有限时间控制的概念便出现了。具有更好鲁棒性和更快过渡时间的有限时间控制方法被应用在神经网络同步控制中[8-10]。上述文献在研究神经网络系统同步

[①] 李强，男，1993 年 10 月 27 日出生，河北康保人，北京科技大学天津学院基础部助教，硕士研究生，主要研究方向为复杂网络系统、神经网络系统、混沌系统等非线性系统的同步控制问题，2018 年 9 月至今在北京科技大学天津学院工作。

时，并没有考虑系统在长期运行中可能会出现的故障。众所周知，受到外边环境和自身长期运行等因素，系统会出现一些故障，因此研究神经网络系统容错同步控制问题是有意义的。

基于上述分析，本文研究了两个神经网络系统的自适应有限时间容错同步控制问题。主要的贡献如下：一是采用直接调整增益的自适应控制器对同步误差系统进行实时控制；二是考虑神经网络系统出现未知的故障，设计自适应故障容错控制器；三是利用有限时间稳定性和Lyapunov稳定性定理，得到了同步误差系统过渡时间的理论结果。

1 问题描述

研究的神经网络系统模型如下所示：

$$\dot{x}(t) = -Ax(t) + Bf(x(t)) + J(t) \tag{1}$$

其中，$\dot{x}(t) = [x_1(t), x_2(t), \cdots, x_n(t)]^T \in \mathbf{R}^n$，表示神经网络中的神经元在 t 时刻的状态向量，n 表示神经网络中神经元的个数；$A = \mathrm{diag}\{a_1, a_2, \cdots, a_n\} \in \mathbf{R}^{n \times n}$，表示自反馈对角矩阵，且 $a_i > 0$；$B = [b_{ij}] \in \mathbf{R}^{n \times n}$，表示权重矩阵；$f(x(t)) = [f_1(x_1(t)), f_2(x_2(t)), \cdots, f_n(x_n(t))]^T \in \mathbf{R}^n$，表示神经元的激励函数；$J(t) = [J_1(t), J_2(t), \cdots, J_n(t)]^T \in \mathbf{R}^n$，表示外部产生的输入。

根据驱动-响应同步的概念，将式（1）作为驱动系统，那么与之对应的响应系统如下：

$$\dot{y}(t) = -Ay(t) + Bf(y(t)) + J(t) + u(t) \tag{2}$$

其中，$\dot{y}(t) = [y_1(t), y_2(t), \cdots, y_n(t)]^T \in \mathbf{R}^n$，表示神经网络中的神经元在 t 时刻的状态向量；$f(y(t)) = [f_1(y_1(t)), f_2(y_2(t)), \cdots, f_n(y_n(t))]^T \in \mathbf{R}^n$，表示神经元的激励函数；$u(t) = [u_1(t), u_2(t), \cdots, u_n(t)]^T \in \mathbf{R}^n$，表示控制输入的向量。

考虑神经网络系统出现故障，根据文献[11]将故障容错模型描述如下：

$$u^F(t) = vu(t) + \delta(t) \tag{3}$$

其中，$u^F(t)$ 表示有故障的控制输入向量；v 表示未知的执行器效率因子；$\delta(t)$ 表示未知的时变有界信号。

根据上述故障容错模型的描述，具有执行器故障的响应神经网络系统可以表示如下：

$$\dot{y}(t) = -Ay(t) + Bf(y(t)) + J(t) + vu(t) + \delta(t) \tag{4}$$

定义系统的同步误差 $e(t) = y(t) - x(t)$，则由式（1）和式（4）可得同步动态误差系统：

$$\dot{e}(t) = -Ae(t) + B[f(y(t)) - f(x(t))] + vu(t) + \delta(t) \tag{5}$$

为了下面的研究，给出定义、引理，并且针对系统（1）和（4）给出如下的假设。

假设1：假设神经网络系统中的非线性函数 $f_i(\cdot)$ 是连续且有界的，存在常数 $l_i > 0$，使得

$$|f_i(s_i) - g_i(t_i)| \leq l_i |s_i - t_i|$$

其中，$s_i, t_i \in \mathbf{R}$，且 $s_i \neq t_i (i = 1, 2, \cdots, n)$。

假设2：对于未知的执行器效率因子 v 和时变有界信号 $\delta(t)$，分别存在一个常数 $\bar{v} > 0$，

$\bar{\delta} > 0$,满足:
$$\bar{v} \leq v$$
$$\|\delta(t)\| \leq \bar{\delta}$$

定义 1[12]:如果存在一个常数 $0 < T < +\infty$,使得以下式子成立:
$$\lim_{t \to t_0 + T} \|y(t) - x(t)\| = 0$$
并且
$$\|y(t) - x(t)\| = 0, \forall t > t_0 + T$$
则称驱动系统(1)和响应系统(4)是有限时间同步的。

引理 1[13]:假设 $V(t)$ 是连续的正定函数,且满足以下微分不等式条件:
$$\dot{V}(t) \leq -\omega V^{\iota}(t), \forall t \geq t_0, V(t) \geq 0$$
其中,$\omega > 0$ 和 $\iota \in (0,1)$ 为常数。那么,对于任意给定的 t_0,$V(t)$ 满足以下不等式:
$$V^{1-\iota}(t) \leq V^{1-\iota}(t) - \omega(1-\iota)(t-t_0), t_0 \leq t \leq t_1$$
并且
$$V(t) \equiv 0, t \geq t_1$$
其中,
$$t_1 = t_0 + \frac{V^{1-\iota}(t_0)}{\omega(1-\iota)}$$

引理 2[14]:如果 $a_1, a_2, \cdots, a_n, r, p$ 为实数且满足 $0 < r < p < 1$,则以下不等式成立:
$$\left\{\sum_{i=1}^{n} |a_i|^p\right\}\frac{1}{p} \leq \left\{\sum_{i=1}^{n} |a_i|^r\right\}\frac{1}{r}$$

2 主要结果

通过设计自适应容错控制器,使得驱动-响应神经网络系统的同步误差能够在有限时间内达到平衡。所设计的自适应控制器和更新率如下:
$$u(t) = \frac{1}{\bar{V}}\{-K(t)e(t) - \varepsilon_1 \varphi(t) + (A - L|B|)e(t)\} \qquad (6)$$
其中,
$$\boldsymbol{\varphi}(t) = \begin{bmatrix} \text{sign}(e_1(t))|e_1(t)|^{\mu} \\ \text{sign}(e_2(t))|e_2(t)|^{\mu} \\ \vdots \\ \text{sign}(e_n(t))|e_n(t)|^{\mu} \end{bmatrix}, \boldsymbol{K}(t) = \begin{bmatrix} k_1(t) & \cdots & 0 \\ \vdots & \ddots & \vdots \\ 0 & \cdots & k_1(t) \end{bmatrix}$$

$L = \text{diag}\{l_1, \cdots, l_n\}$,$|B| = [|b_{ij}|]_{n \times n}$,$0 < \mu < 1$,$\varepsilon_1$ 是大于零的任意常数。

$$\dot{k}_i(t) = \vartheta e_i^2(t) - \frac{\vartheta \bar{\delta}}{k_i(t)}\|e_i(t)\| - \varepsilon_2 \vartheta \text{sign}(k_i(t))|k_i(t)|^{\mu} \qquad (7)$$

其中,ϑ,ε_2 是大于零的任意常数。

定理 1：在满足假设 1、2 的条件下，驱动神经系统（1）和响应神经系统（4）的运动轨迹能够在自适应容错控制器（6）和自适应更新律（7）的作用下达到有限时间同步。并且过渡时间满足：

$$T^* = t_0 + \frac{V^{\frac{1-\mu}{2}}(t_0)}{\omega(1-\mu)} \tag{8}$$

其中，$\omega = \min\{\varepsilon_1, \zeta\}$。

证明：

构造下列 Lyapunov-Krasovskii 泛函：

$$V(t) = \sum_{i=1}^{2} V_i(t)$$

其中，

$$V_1(t) = \boldsymbol{e}^T(t)e(t) \tag{9}$$

$$V_2(t) = \sum_{i=1}^{n} \frac{1}{\vartheta} k_i^2(t) \tag{10}$$

计算 $V_1(t)$ 沿系统（5）的导数，可得：

$$\dot{V}_1(t) = \dot{\boldsymbol{e}}^T(t)e(t) + \boldsymbol{e}^T(t)\dot{e}(t)$$
$$= 2e^T(t)\{-Ae(t) + B[f(y(t)) - f(x(t))] + v\boldsymbol{u}(t) + \delta(t)\} \tag{11}$$

由假设 1 可知：

$$2\boldsymbol{e}^T(t)\boldsymbol{B}[f(y(t)) - f(x(t))] \leq 2\sum_{i=1}^{n}\sum_{j=1}^{n}|e_i(t)||a_{ij}|l_j|y_j(t) - x_j(t)|$$
$$\leq 2\sum_{i=1}^{n}\sum_{j=1}^{n}|e_i(t)||a_{ij}|l_j|e_j(t)|$$
$$= 2\boldsymbol{e}^T(t)|B|Le(t) \tag{12}$$

结合自适应控制器（6）以及式（11）（12），得到

$$\dot{V}_1(t) \leq -2\boldsymbol{e}^T(t)K(t)e(t) - 2\boldsymbol{e}^T(t)\varepsilon_1\varphi(t) + 2\|\boldsymbol{e}^T(t)\|\bar{\delta} \tag{13}$$

计算 $V_2(t)$ 的导数，结合自适应更新律（7）可知：

$$\dot{V}_2(t) = 2\sum_{i=1}^{n}\frac{1}{\vartheta}k_i(t)\dot{k}_i(t)$$
$$= 2\sum_{i=1}^{n}k_i(t)e_i^2(t) - 2\sum_{i=1}^{n}\|e_i(t)\|\bar{\delta} - 2\varepsilon_2\sum_{i=1}^{n}k_i(t)\text{sign}(k_i(t))|k_i(t)|^\mu$$
$$\leq 2\boldsymbol{e}^T(t)K(t)e(t) - 2\|\boldsymbol{e}^T(t)\|\bar{\delta} - 2\frac{\varepsilon_2}{\vartheta^{\frac{-\mu-1}{2}}}\left\{\sum_{i=1}^{n}\frac{1}{\vartheta}k_i^2(t)\right\}^{\frac{\mu+1}{2}} \tag{14}$$

根据假设 2，结合式（13）（14），有

$$\dot{V}_1(t) \leq -2\boldsymbol{e}^T(t)\varepsilon_1\varphi(t) - 2\frac{\varepsilon_2}{\vartheta^{\frac{-\mu-1}{2}}}\left\{\sum_{i=1}^{n}\frac{1}{\vartheta}k_i^2(t)\right\}^{\frac{\mu+1}{2}}$$

$$\leq -2\varepsilon_1\left\{\sum_{i=1}^{n}|e_i(t)|^2\right\}^{\frac{\mu+1}{2}} - 2\zeta\left\{\sum_{i=1}^{n}\frac{1}{\vartheta}k_i^2(t)\right\}^{\frac{\mu+1}{2}}$$

$$\leq -2\varepsilon_1(e^T(t)e(t))\frac{\mu+1}{2} - 2\zeta\left\{\sum_{i=1}^{n}\frac{1}{\vartheta}k_i^2(t)\right\}\frac{\mu+1}{2}$$

其中，$\zeta = \dfrac{\varepsilon_2}{\vartheta^{\frac{-\mu-1}{2}}}$，因此，

$$\dot{V}(t) \leq -2\omega V(t)\frac{\mu+1}{2} \tag{15}$$

其中，$\omega = \min\{\varepsilon_1, \zeta\}$。

通过引理 1，可以得到当 $t \geq T^*$ 时，$V(t) = 0$，即误差系统（5）在控制器（6）和更新率（7）的作用下是有限时间稳定的，这里 T^* 满足式（8）。

3 数值仿真

本小节给出具体的算例仿真验证设计的容错控制器的有效性。

选取的神经网络（1）和（2）的参数如下所示：

$$\boldsymbol{A} = \begin{bmatrix} 3 & 0 \\ 0 & 3 \end{bmatrix}, \boldsymbol{B} = \begin{bmatrix} -1 & -1 \\ -1 & -1 \end{bmatrix}, \boldsymbol{J}(t) = \begin{bmatrix} 0 & 0 \end{bmatrix}^T,$$

神经元激励函数为：

$$g(x(t)) = [0.5\tanh(x_1(t)) \quad 0.5\tanh(x_2(t))]^T$$

系统的初始条件分别为：$x(0) = [0.4 \quad 0.6]^T$ 和 $y(0) = [1.1 \quad -0.2]^T$。自适应控制器（6）和更新律（7）中的参数选择为：$\mu = 0.72$，$\varepsilon_1 = \varepsilon_2 = 1$，$\vartheta = 1.1$，$l_1 = l_2 = 1$，$\bar{\delta} = 8$，$\underline{v} = 0.5$。$k(t)$ 的初始条件为：$k(0) = [1 \quad 2]^T$。

考虑神经网络系统出现故障的情况，在 $t = 5$ s 之前，系统一切保持正常；在 $t = 5$ s 之后，神经网络系统出现了卡死故障 $\delta = (1, 2)$。具体仿真结果如下：图 1 描述了驱动系统（1）和响应系统（2）之间的有限时间同步误差的运动轨迹，在 $t = 5$ s 之前，同步误差很快便收敛到平衡点，但在这之后系统出现了卡死故障导致同步误差出现了波动，之后很快又在容错控制器作用下，闭环系统达到了稳定；图 2 显示了自适应更新律的变化轨迹，同样显示了发生故障后经历了一小段波动，之后参数很快恢复到了固定值。

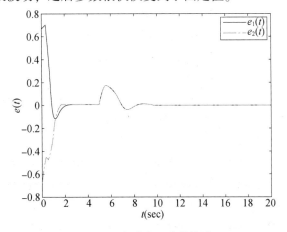

图 1 同步动态误差的轨迹

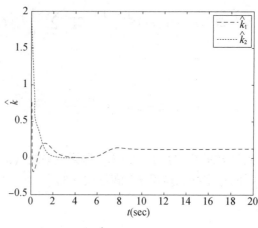

图2 $\hat{k}(t)$ 的轨迹知参数

4 结论

本文针对两个神经网络系统的自适应有限时间同步控制问题展开分析研究。设计直接调整控制增益的自适应控制器，采用容错控制策略解决了神经网络系统出现的故障问题，并且得到了有限时间同步的理论结果。最后，采用具体的数值仿真验证了所设计的故障容错控制器的有效性和可行性。

参考文献

[1] Zhang C L, Deng F Q, Zhao X Y, et al. p-th exponential synchronization of Cohen-Grossberg neural network with mixed time-varying delays and unknown parameters using impulsive control method [J]. Neurocomputing, 2016, 218: 432-438.

[2] Zhang C L, Deng F Q, Peng Y J, et al. Adaptive synchronization of Cohen - Grossberg neural network with mixed time-varying delays and stochastic perturbation [J]. Applied Mathematics and Computation, 2015, 26 (9): 792-801.

[3] Wan Y, Cao J D, Wen G H, et al. Robust fixed-time synchronization of delayed Cohen - Grossberg neural networks [J]. Neural Networks, 2016 (73): 86-94.

[4] Zhang G D, Shen Y. Exponential synchronization of delayed memristor-based chaotic neural networks via periodically intermittent control [J]. Neural Networks, 2014 (55): 1-10.

[5] Wang J L, Wu H N, Huang T W. Pinning control strategies for synchronization of linearly coupled neural networks with reaction-diffusion terms [J]. IEEE Transactions on Neural Networks and Learning Systems, 2016, 27 (4): 749-761.

[6] Yang X S, Cao J D, Ho Daniel W C. Exponential synchronization of discontinuous neural networks with time-varying mixed delays via state feedback and impulsive control [J]. Cognitive Neurodynamics, 2015, 9 (2): 113-128.

[7] Han X M, Wu H Q, Fang B L. Adaptive exponential synchronization of memristive neural networks with mixed time-varying delays [J]. Neurocomputing, 2016, 20 (1): 40-50.

[8] Wu H Q, Li R X, Zhang X W, et al. Adaptive Finite-Time Complete Periodic Synchronization of Memristive Neural Networks with Time Delays [J]. Neural Process Lett, 2015 (42): 563-583.

[9] Liu X Y, Cao J D, Yu W W, et al. Nonsmooth finite-time synchronization of switched coupled neural networks [J]. IEEE Transactions on Cybernetics, 2016, 46 (10): 2360-2371.

[10] Yang F, Mei J, Wu Z. Finite-time synchronization of neural networks with discrete and distributed delays via periodically intermittent memory feedback control [J]. IET Control Theory and Applications, 2016, 10 (14): 1630-1640.

[11] Li Q, Zhang Y J. Finite-time projective synchronization of chaotic systems with unknown parameters and uncertainties via adaptive fault-tolerant control [C]. 32nd Chinese Control and Decision Conference, CCDC 2020, 2020: 1493-1498.

[12] Hu C, Yu J, Jiang H J. Finite-time synchronization of delayed neural networks with cohen-gross berg type based on delayed feedback control [J]. Neurocomputing, 2014, 14 (3): 90-96.

[13] Yang F, Mei J, Wu Z. Finite-time synchronization of neural networks with discrete and distributed delays via periodically intermittent memory feedback control [J]. IET Control Theory and Applications, 2016, 10 (14): 1630-1640.

[14] Liu X Y, Cao J D, Yu W W, et al. Nonsmooth finite-time synchronization of switched coupled neural networks [J]. IEEE Transactions on Cybernetics, 2016, 46 (10): 2360-2371.

Dyck 格路上高度统计量的计数

梁登星[①] 郭 萱 王 娟

(北京科技大学天津学院基础部，中国 天津 301830)

摘 要：Dyck 格路是组合数学中一个重要的组合结构，一个经典的结论表明，Dyck 格路的个数由第 n 个 Catalan 数所计数。本文研究 Dyck 格路上的两个与高度有关的统计量——矮峰与高度为 0 的点。我们证明，半长度为 n 的 Dyck 格路上所有的矮峰的个数以及所有高度为 0 的点的个数，都由 Catalan 数所计数。

关键词：Catalan 数；Dyck 格路；矮峰；点的高度

Dyck 格路是计数组合学中一个经典的组合结构，对于 Dyck 格路上重要统计量分布的研究是组合数学中的重要研究课题。很多学者对 Dyck 格路上的相关统计量进行了研究[1-4]。

1 基本概念

定义 1：在平面直角坐标系上，第一象限内由原点 $(0, 0)$ 到点 $(2n, 0)$ 的一条路径，如果每一步只能是向 $(1, 1)$ 方向或 $(1, -1)$ 方向前进（只走格点），并且保证路径不穿越到 x 轴的下方，这样的路径被称为 Dyck 路。我们称从 $(0, 0)$ 到点 $(2n, 0)$ 的 Dyck 路的半长度为 n，简记为 n -Dyck 路。

这里，步 $(1, 1)$（东北方向）称为上升路径，简称上升；步 $(1, -1)$（东南方向）称为下降路径，简称下降。

在平面坐标系中，Dyck 路是从 $(0, 0)$ 开始，到 $(2n, 0)$ 处结束的一条第一象限的路径，长度为 $2n$，包含上升路径和下降路径，我们用字母 u 来表示每个上升路径，用字母 d 来表示每一个下降路径，通过一个所谓的 Dyck 单词来表示一个 Dyck 路径。

记 D 为所有 Dyck 格路构成的集合，记 D_n 为所有半长度为 $2n$ 的 Dyck 格路构成的集合。一条 Dyck 格路 p，记 $|p|$ 为其半长度。Dyck 格路的计数结果是一个很经典的结论，可参阅 Enumerative Combinatorics-Volume。[5]

引理 1：记 C_n 为半长度为 n 的 Dyck 格路的个数，则 $C_n = \dfrac{1}{n+1}\dbinom{2n}{n}$，称为第 n 个 Cata-

---

[①] 梁登星，女，1986 年 4 月 13 日出生，河北省张家口人，北京科技大学天津学院基础部助教，主要研究方向为空间统计分析、组合数学，2017 年 8 月至今在北京科技大学天津学院工作。

lan 数。

定义2：在 Dyck 路径上，我们称一个上升路径后面紧跟下降路径为峰，对应 Dyck 字为 ud；称一个下降路径后紧跟上升路径为谷对应的 Dyck 字为 du。我们称峰（或谷）中间节点的纵坐标为该峰（或谷）的高度。

定义3：称高度大于1的峰为高峰，称高度等于1的峰为矮峰。

定义4：在一条 Dyck 路径中，终点位于 x 轴的步称为返回步，该路径的终点称为返回点。该路径第一次返回到 x 轴的点叫作第一返回点。

利用 Dyck 路的第一返回点，可以对 Dyck 路进行第一返回点分解。一般地，非空 Dyck 格路 p 一定可以写成形如 $p = up_1 dp_2$ 的形式，其中 p_1, p_2 是两条 Dyck 格路，如图1所示。

图1 Dyck 格路的第一返回点分解

根据第一返回点分解，很容易得到如下经典的结果[5]。

引理2：记 $C(z)$ 为 Dyck 格路关于半长度的生成函数，即

$$C(z) = \sum_{p \in D} z^{|p|} = \sum_{n=0}^{\infty} C_n z^n$$

则

$$C(z) = 1 + zC^2(z) \tag{1}$$

$$C(z) = \frac{1}{1 - C(z)} \tag{2}$$

2 主要计算结果

本节讨论两个 Dyck 格路上与高度有关的两个统计量的分布问题。

定理1：从 $(0, 0)$ 到 $(2n, 0)$ 的所有 Dyck 路径上矮峰的数目总和为 C_n，即对于任意正整数 n，

$$\sum_{p \in D_n} lp(p) = C_n$$

其中，$lp(p)$ 表示 Dyck 格路 p 的矮峰的个数，$C_n = \frac{1}{n+1}\binom{2n}{n}$，为第 n 个 Catalan 数。

证明：

$$T_n = \sum_{p \in D_n} lp(p)$$

$$T(z) = \sum_{n=0}^{\infty} T_n z^n = \sum_{p \in D} lp(p) z^n$$

我们需要证明 $T_n = C_n$。

考虑如下 Dyck 路的二元生成函数：

$$\Omega(t, z) = \sum_{p \in D} t^{lp(d)} z^{|p|}$$

不难发现，$\Omega(t, z)$ 与 $T(x)$ 及 $C(x)$ 具有如下关系：

$$T(z) = \frac{\partial \Omega}{\partial t}\Big|_{t=1}$$

$$\Omega(1, z) = C(z)$$

考虑 Dyck 路的第一返回点分解。考虑到它们的矮峰的个数，又可以分为两种情况：

第一种，p_1 是空路，此时前面的 Dyck 路为 ud，生成函数为 tz；后面的 Dyck 路是一个标准的 Dyck 路，生成函数为 Ω。则该类格路对应的生成函数为 $tz\Omega$。

第二种，p_1 是非空路，此时前面的 Dyck 路 up_1d 中不含矮峰，生成函数为 $C(z) - 1$；后面的 Dyck 路是一个标准的 Dyck 路，生成函数为 Ω。则该类格路对应的生成函数为 $(C-1)z\Omega$。

综上，有

$$\Omega - 1 = tz\Omega + (C-1)z\Omega \tag{3}$$

在式（3）中对 t 求偏导，再令 $t=1$，得到：

$$\frac{\partial \Omega}{\partial t}\Big|_{t=1} = z\Omega\Big|_{t=1} + tz\frac{\partial \Omega}{\partial t}\Big|_{t=1} + (C-1)z\frac{\partial \Omega}{\partial t}\Big|_{t=1}$$

即

$$T(z) = zC(z) + zT(z) + (C-1)zT(z)$$

$$T(z) = zC(z) + zC(z)T(z)$$

故

$$T(z) = \frac{zC(z)}{1 - zC(z)} = zC^2(z) = C(z) - 1$$

其中，第二个等号和第三个等号成立分别由于式（2）和式（1）。

故，对于 $n \geq 1$，$T_n = C_n$。

定理 2：从 $(0, 0)$ 到 $(2n, 0)$ 的所有 Dyck 路径上高度为 0 的点的个数总和为 C_{n+1}。

即，对于任意正整数 n，

$$\sum_{p \in D_n} r(p) = C_{n+1}$$

其中，$r(p)$ 表示 Dyck 格路 p 中高度为 0 的点的个数。

证明：

$$R_n = \sum_{p \in D_n} r(p)$$

$$R(z) = \sum_{n=0}^{\infty} R_n z^n = \sum_{p \in D} r(p) z^n$$

我们需要证明 $R_n = C_{n+1}$。

考虑 Dyck 路关于高度为 0 的点的个数以及半长度的生成函数：

$$\Omega(t, z) = \sum_{d \in D} t^{r(d)} z^{|d|}$$

容易发现，$\Omega(t, z)$ 与 $R(z)$ 以及 $C(z)$ 具有如下关系：

$$R(z) = \frac{\partial \Omega}{\partial t}\Big|_{t=1}$$

$$\Omega(1, z) = C(z)$$

考虑 Dyck 路的第一返回点分解。可以发现，每个非空的 Dyck 路 p，都可以分解为两个 Dyck 路，记为 $p = up_1dp_2$。其中 p_1，p_2 是两条常规的 Dyck 格路。为了考虑高度为 0 的点的个

数,考虑下列两个情形:

第一种,p_2 是空路,此时 Dyck 路仅含有起点及终点 2 个高度为 0 的点,生成函数为 $t^2 zC(z)$。

第二种,p_2 是非空路,此时前面的 Dyck 路的生成函数为 $t^2 zC$;后面的 Dyck 路是一个标准的 Dyck 路,生成函数为 $\Omega - 1$。在计算高度为 0 的点时,连接处重复计算,故该类格路对应的生成函数为 $tzC(\Omega - 1)$。

综上,有

$$\Omega - 1 = tzC(\Omega + t - 1) \tag{4}$$

式(4)对 t 求偏导,令 $t = 1$,得:

$$\frac{\partial \Omega}{\partial t}\Big|_{t=1} = zC(\Omega + t - 1)\Big|_{t=1} + tzC\left(\frac{\partial \Omega}{\partial t}\Big|_{t=1} + 1\right)$$

即

$$R(z) = zC^2(z) + zC(z)(R(z) + 1)$$

$$R = \frac{zC^2 + zC}{1 - zC}$$

又因为式(2),$C - 1 = \frac{1}{1 - zC} - 1 = \frac{zC}{1 - zC}$,则可以得到:

$$R = \frac{zC(C + 1)}{1 - zC} = (C - 1)(C + 1) = C^2 - 1$$

又根据式(1),可以化简为:

$$R(z) = \frac{C - 1}{z} - 1 = \frac{C - 1 - z}{z}$$

进一步可以写为:

$$R(z) = \frac{1}{z}\sum_{n=2}^{\infty} C_n z^n = \sum_{n=2}^{\infty} C_n z^{n-1}$$

即当 $n \geq 1$ 时,$R_n = C_{n+1}$。命题得证。

参考文献

[1] Deutsch E. A bijection on Dyck paths and its consequences [J]. Discrete Mathematics, 1998, 179 (1-3): 253-256.

[2] Deutsch E. Dyck path enumeration [J]. Discrete Mathematics, 1999, 204 (1-3): 167-202.

[3] Deutsch E, Shapiro L W. A bijection between ordered trees and 2-Motzkin paths and its many consequences [J]. Discrete Mathematics, 2002, 256 (3): 655-670.

[4] Sapounakis A, Tasoulas I, Tsikouras P. Counting strings in Dyck paths [J]. Discrete Mathematics, 2007, 307 (23): 2909-2924.

[5] Stanley RP. Enumerative Combinatorics (Volume 1) [M]. Cambridge University Press, 2012.

高校开展信息推送服务对策与建议

郭小光[①]

(北京科技大学天津学院图书馆,中国 天津 301830)

摘 要:高校图书馆信息推送服务是开展读者服务的一个新方向,信息推送服务实践性较强,不仅要加强基础领域的研究,还应该加强理论在实践应用方面的研究。

关键词:高等学校图书馆;信息推送服务;对策建议

国外的一些图书馆很早就意识到主动推送服务的重要性,开展了不同形式的推送服务。20 世纪 90 年代,数字图书馆的建设浪潮从美国兴起,由此带来了互联网环境下图书馆服务大变革。我国最早的 PUSH 产品是"天唐 2000 之咨询天使",由北京世纪集团研发并推向市场,这标志着国内信息推送研究的开始。在图书情报领域,个性化推送在实践上最早的成果是 2000 年北京大学信息管理系开展的名为"基于 Web 的数字图书馆定制服务系统"[1]的项目,该项研究为国内信息推送系统的发展奠定了基础。之后,许多图书馆纷纷尝试开展信息推送服务,并选取与自身技术水平和信息化建设水平相适应的推送方式,主要的推送方式有短信定制、微信微博推送、个人图书馆、RSS、E-mail、客户端软件推送等。

1 资源与人才队伍建设

1.1 加大资源建设力度

逐步加大数据资源的引进力度,完善数据资源的组织与管理机制,深化馆藏资源加工,建立推送信息库。[2] 数据库和电子出版物的引进需要资金的支持,不是图书馆的主观意愿能决定的,可以在申请资金的同时,先做好馆藏资源的深层次加工,提高信息资源的质量。建立一套资源引进的评价机制,提高资源购置的性价比。根据用户需求调研,对个性化程度不高的需求建立推送信息库。

重视资源的深加工。图书馆馆员的工作重点转移到信息的收集、筛选和深层挖掘上,是信息泛滥的网络时代给图书馆信息服务提出的要求。高职院校图书馆与高等院校图书馆在服务对象、服务目的和服务内容上不同。学生专业方面的信息需求主要是专业基础知识和专业

[①] 郭小光,男,1983 年 7 月出生,内蒙古赤峰市人,北京科技大学天津学院图书馆读者服务部主任、馆员,主要研究方向为阅读推广和读者服务,2007 年 4 月至今在北京科技大学天津学院工作。

实践领域基础知识。大一新生则主要表现为对所学专业有整体把控的渴望,例如,希望得到专业相关介绍、就业形势、专业领域内各个工种人才需求情况、需要考取的从业证书情况、取得哪些成绩会有就业优势、怎样参加技能大赛、各种大赛何时举行、需要做何准备等相关信息。这类信息不是找到一本书、搜索一篇文献就能解决的,需要学科馆员的搜集、整理和加工。

将外购电子资源整合。第一,开发或购入资源发现系统,实现所有馆藏电子资源的"一站式"检索。第二,将电子资源与纸质资源一并纳入目录系统,实现所有馆藏资源的"一站式"检索,提高电子资源的利用率,提高读者的信息获取效率。

1.2 加强人才培养

信息服务的多样化对馆员的专业素质提出了较高要求。信息推送服务是集资源、制度、人员优势于一体的较高层次、较复杂的一项服务工作,该项服务涉及的人员多、覆盖的领域广、战线长、体系复杂,需要高效的团队协作和科学的组织运行机制。图书馆员的专业素养和服务能力直接影响到信息推送服务的效果[3],而高职院校图书馆的图书馆员普遍存在知识结构单一、专业知识缺乏、学历层次较低等现状,图书馆具备信息组织分析、社会调查、网络检索等技能的专业人才较为缺乏,因此提高馆员素质势在必行。

转型中的图书馆不但要有"读者第一"的服务理念,更要有信息服务的能力和素质,要有不断学习、寻求突破的勇气和毅力。在日常工作中,馆员会面对许多具体的、新的工作内容,如数据的发布与存储、读者数据的管理、微信公众号的维护、推送数据的筛选与整合、读者反馈的跟踪与处理等。在整个推送服务的流程中,每一项具体的工作都很重要,因此,要加强馆员的培训,帮助其树立主动服务的意识,加强其信息服务的能力。培育出高素质馆员,打造一个高凝聚力队伍,这是开展各类信息服务的前提。

提高图书馆员的专业素养和服务能力,着重提升馆员的网络技术、现代信息技术能力,通过引进人才、岗位培训、在职教育、内部培训、学术交流等整体提高图书馆在岗馆员的专业素养。

要组织馆员参与各类集体活动,增强团队协作力、凝聚力,打造坚实的服务团队。

优化组织结构、改革薪资制度,通过组织优化提高团队服务能力,通过薪资奖励,动员和吸引馆员参与服务,人尽其才、各得其所。深入了解每一位馆员,把每个人都看作独一无二的人才,珍惜每位馆员,制定符合馆员需要的激励机制,为每一位馆员找到最合适的岗位和角色。坚持"小机构、大服务"原则,组建精干高效的推送服务工作组,组织成员毛遂自荐、竞争上岗,对需求调查、信息搜集等工作可实行弹性制,工作任务定时定量下达,工作时间不限定八小时。

寻求外援,利用外部力量壮大服务能力,如邀请校内名师参与推送服务,推荐书目,制定学科信息推送方案;邀请后勤管理人员、招生宣传人员加入团队,编制符合学生需求的服务信息。

2 服务实施

2.1 根据院校特点,开发特色服务

《普通高等学校图书馆规程》第二条指出,高校图书馆是学校的文献中心,为人才培养

和科学研究服务的学术性机构，是学校信息化建设的重要组成部分。一直以来，高校图书馆服务多为面向资源的服务，围绕着实体馆藏展开服务，以及文献的搜集、存储、流通、阅览，是图书馆的传统服务模式。在相当长的一段时间内，图书馆的传统服务模式为高校的教学和科研提供了很强的支撑。由于网络技术和信息技术的发展，网络环境和信息环境发生了巨大变化，图书馆的形态、服务内容和服务方式也随之发生了前所未有的改变，图书馆资源正在经历以数字化、虚拟化为导向的变革，服务模式也正向主动服务、个性化服务转变。高职院校图书馆需要针对本校师生用户的切实需求，寻找适合学校实际情况的服务方式，服务对象上关注新生、毕业生、实习生、技能比赛团队、实践类教师、外聘教师等特殊群体；加强信息组织、开发与整合，提供更多岗位实践类信息，更好地支持教学与人才培养；突破自身的资源局限，实现区域性、行业性资源共享。

2.2 做好宣传推广，广泛寻求各方支持

高校图书馆是学校的教学辅助部门，是学校的信息中心，其重要性不应被忽视，图书馆在做好服务的同时，必须懂得科学营销，围绕用户的需求开展工作，提升用户体验，提升用户满意度，使用户在学习、研究活动中对图书馆形成一定程度的依赖，真正提升图书馆在高校中的地位。

信息推送服务是一项刚刚起步的服务工作，也是一项能间接产生效益的工作，需要得到学校和用户的认可。图书馆要转变服务理念和服务模式，既要做好图书借还、流通等传统的服务工作，又要开辟学科服务、读者咨询、信息推送等新兴服务项目，必然需要学校的政策和资金支持。首先，图书馆内部，从馆长到馆员，要明白推送服务的重要性，坚定开办推送服务的决心，资金不够可以由简入难、逐步深入，要有将服务进行到底的毅力，不可昙花一现、半途而废。其次，加强相关宣传，对学校行政部门和学校领导要加强服务效果宣传，强调推送服务对提高学校知名度、提高新生报到率、提高毕业生就业率的好处；对用户要加大推送机制宣传，最大限度争取用户信任，努力拓展用户群体，做好用户反馈处理，关注并努力维持用户规模，维护推送服务的口碑，以用户带动用户，引发群体效应；对各系部加强服务过程宣传，强调参与人才培养的模式和力度，为自己扩大用户群体的同时，寻求用户支持，扩大舆论压力，进而争取到校领导的支持和资金的投入。

2.3 加大服务交互

举办各种类型的读书会、书友会、读书征文等，加强与读者、与用户交互。许多图书馆还成立了依托于图书馆的学生社团或学生组织，在吸引读者进馆阅读的同时，形成较为固定的读者群，加深了图书馆与读者的交流。但这些交流大多受活动时间和地点的限制，参与交流的读者群体也有限制，交流不够及时与深入。图书馆需要开辟新的平台，增强读者咨询的实时性与便利程度。可以考虑依托校园网的 BBS，开设图书馆论坛[4]；开发问答机器人，提供 24 小时读者咨询服务，更进一步加强与读者的互动，加强读者对图书馆服务的参与程度。

在信息推送服务中，学生很大程度上扮演信息的受众角色，对自身信息需求的认识不清，需要图书馆加强与用户的沟通，拉近与用户间的距离，增强用户的参与度，以便判断用户需求，根据需求变化及时调整推送的内容、途径和形式。具体做法有：一是开办用户培训、比赛、征文等形式多样的活动，调动用户参与图书馆活动的积极性，通过频繁的活动维

持图书馆与用户群体的密切联系；二是定期开展需求调查，深入用户群体，撰写需求分析报告，对推送服务及时做出调整；三是加大服务宣传力度，强调用户参与的重要性，引导用户参与服务反馈。

2.4 重视服务评价与用户反馈

评估和反馈是服务流程上的两个重要环节，评估的目的在于测度服务的成果，反馈是在评估的基础上对服务体系做出调整和修改，使服务体系更加完善。评估和反馈既是测评手段，也是过程控制的手段。一方面，评估结果可作为服务质量的绩效标准，是判断服务质量的重要依据；另一方面，评估和反馈的结果可指导服务体系的修改和调整，有助于服务长期、可持续地开展。另外，通过问卷调查、访谈、图书馆论坛等方式进行用户满意度调查，搜集用户的意见和建议，不仅能从用户那里获得需要的信息，还能扩大图书馆和信息服务的影响力。在针对新生的推送服务中，不同的入学阶段、不同的课程阶段，用户的兴趣和关注点不同，因此要运用用户反馈机制和过程跟踪技术，修改用户兴趣库，解决兴趣变化的问题。

3 用户管理

3.1 重视用户需求和用户管理

创新信息服务的目的是为用户提供更贴近需求、更能解决问题的信息服务产品。因此，产品的设计要符合用户的知识结构、认知能力、思维习惯。否则，再高端、大气、新颖、时尚的服务产品，如不能融入用户的需求，其存在都是毫无意义的。针对新生的信息推送服务，要以解决新生的信息需求为根本目标。

做好新生的信息需求调查，以需求为服务的出发点和落脚点，不盲目追求研究的潮流、华丽的形式和尖端的技术，切实考虑自身的实际情况和用户的实际需求，充分考虑新生群体的知识结构不完善、认知能力有限等特点，选择用户真正需求的信息推送，选择符合用户生活学习习惯的便捷方式开展推送。只有这样，才能赢得用户、维持用户、发展用户，才能使图书馆慢慢融入新生群体的日常生活和学习，渐渐成为新生获取信息的习惯渠道，为新生学期之后的后续信息服务打好基础。

以用户为中心组织资源。以往的信息分类方式多以信息为中心，按照信息载体或类别组织信息，如"中文图书""电子期刊"等，这种分类可能造成用户困扰，使其在心理上产生距离感。可以尝试以用户为中心组织信息，按照用户的特征和体验组织信息，并以用户最易接受的方式命名链接，如"最受欢迎的资源""我要毕业啦"等。

关注学生需求的非学术信息，如课程进度、缴费信息、一卡通记录、成绩，将这些信息也纳入服务系统，并在用户主页上开辟专区和链接，这样"一站式"的服务，能避免"多信息据点"的利用困扰，提高用户对服务系统的使用效率，也会起到带动学术资源的检索和推送的效果。

3.2 重视用户的隐私保护

在现代信息技术环境下，为图书馆提供服务的商业供应商可能会收集用户数据或要求图书馆手机用户数据；云端图书馆系统可能会对用户信息进行储存，并与第三方共享；当用户使用移动设备享受图书馆服务的同时，其定位数据、信息行为数据和身份数据等就有可能被收集、储存和共享。因此，图书馆在推进个性化信息推送服务的同时，要增强保护用户隐私权的意识，拒绝供应商的附加条件，拒绝购买过度收集用户数据的服务。

在开展信息推送服务的过程中，必然会伴随用户隐私的获取。用户的注册信息、通信方式、兴趣爱好等个人隐私在服务过程中，会有泄露的风险。如果用户的隐私得不到保障，则注册信息、定制信息的填写可能会出现偏颇，影响推送服务质量。不安全事件一旦发生，会引发用户对图书馆服务的不信任，影响用户体验，造成用户的不配合。因此，必须重视用户的隐私保护。建立用户信息保护机制，专人管理用户信息库，增强技术保障，服务前与用户签订保密协议，由用户自行确定不同程度个人信息的公开度。

4 思考与建议

高校图书馆信息推送服务是开展读者服务的一个新方向，实践性较强。因此不仅要加强基础领域的研究，还应该加强理论在实践应用方面的研究。

参考文献

[1] 杨梦菲. 国内外高校图书馆信息推送服务比较分析 [J]. 中华医学图书情报杂志，2014，23（4）：42-45.

[2] 高昆栓. 文献资源数据库的个性化服务探析 [J]. 数字图书馆论坛，2013（10）：68-71.

[3] 洛凤军，朱雪刚. 高校图书馆数字化资源主动推送系统的研究 [J]. 图书馆学研究，2007，（11）：6-8.

[4] 赵继海. 论数字图书馆个性化定制服务 [J]. 中国图书馆学报，2001（3）：63-65+84.